Hans Woller

Jagdszenen aus Niederthann

Hans Woller

Jagdszenen aus Niederthann

Ein Lehrstück über Rassismus

C.H.Beck

© Verlag C.H.Beck oHG, München 2022
www.chbeck.de
Umschlaggestaltung und Umschlagabbildung:
Kunst oder Reklame, München
Satz: Fotosatz Amann, Memmingen
Druck und Bindung: CPI, Ebner & Spiegel, Ulm
Gedruckt auf säurefreiem und alterungsbeständigem Papier
Printed in Germany
ISBN 978 3 406 79315 8

myclimate
klimaneutral produziert
www.chbeck.de/nachhaltig

Inhalt

Vorbemerkung

Niederthann gibt es wirklich. Auch die Hauptperson dieser Geschichte ist nicht erfunden, sie trägt nur – aus Rücksicht auf das allgemeine Persönlichkeitsrecht – einen anderen Namen.[1] Und: Die Geschichte selbst hat sich in den 1970er Jahren buchstäblich genau so ereignet, wie sie hier erzählt wird. Nichts daran ist Fiktion. Ich halte mich bei ihrer Nacherzählung an die Quellen, vor allem an die Ermittlungs-, Prozess- und sonstigen Akten, die im Staatsarchiv München verwahrt werden. Bei der Schilderung der Atmosphäre nehme ich mir aber gelegentlich die Freiheit, Lücken der Überlieferung durch einfühlsame Nachempfindungen und realitätsnahe Behelfskonstruktionen zu schließen, die in allen Fällen plausible, aber nicht ganz gesicherte Stützen in den historischen Quellen haben – in der Lokalpresse beispielsweise oder in Interviews mit Familienangehörigen der Opfer, mit Bekannten und Nachbarn des Täters, mit Journalisten und Rechtsanwälten, die mit dem Fall zu tun hatten oder ihn aus der Nähe beobachten konnten.

Die Geschichte begann am 5. November 1972 mit vier Schüssen, die Angehörige einer seit Jahrhunderten geschmähten und verfolgten Minderheit trafen: Zigeuner. Damals nannte man Sinti und Roma so, und dieser Begriff ist auch hier – trotz aller berechtigten Einwände, die ich teile – nicht ganz verzichtbar, sind die zitierten Quellen doch voll davon. Die Zeitgenossen, selbst die meisten Sinti und Roma, kannten und verwandten lange nur diese Bezeichnung, die in den 1970er Jahren wegen ihres diffamierenden Charakters erst problematisiert, dann geächtet und schließlich auf Grund des Druckes der Bürgerrechtsbewegung der Sinti und Roma in einem Akt zerknirschter und Zähne knirschender Selbstreinigung offiziell ad acta gelegt wurde. In diesem Buch geht es um diese Zeit, es geht um den Geist und die Stimmung der 1970er Jahre, die in ihren Ambivalenzen und Widersprüchen nicht eingefangen und mit ihren verletzenden Dimensionen nicht thematisiert werden können, ohne gelegentlich den Begriff Zigeuner heranzuziehen. Auf ihn wird insbesondere dort rekurriert, wo es gilt, die Sprech- und Ausdrucksweisen der Zeitgenossen zu illustrieren und den langsamen Geltungsverfall einer herabsetzenden Zuschreibung zu verfolgen.

Doch sollte man sich nicht täuschen. Die offizielle Delegitimierung ist bis heute nicht in allen Teilen der Gesellschaft angekommen. Zigeuner hin, Sinti und Roma her – die Ressentiments, die sich auch in der Aufbruchszeit der 1970er Jahre gegen sie richteten, sind noch längst nicht überwunden. Sie haben in den Zuwanderungs-, Asyl- und Flüchtlingsdebatten der letzten Jahre sogar neue Virulenz gewonnen und damit auch dem Begriff Rassismus erneut Konjunktur verschafft.[2] Nach 1945 wurde er aus Gründen der Selbstentschuldung aus dem Wahrnehmungshorizont verbannt und von der Fassade eines angeblich «relativ breiten antirassistischen Konsens[es]»[3] verdeckt. Rassismus, so sollte es scheinen, gab es in der geläuterten Bundesrepublik nicht mehr oder nur in Form der Fremden- und Ausländerfeindlichkeit, die man als Devianz betrachtete und von sich schob.[4] Vom «‹Tabu› des Wortgebrauchs»[5] geschützt, galt er als von der deutschen Geschichte selbst erledigtes Phänomen, das nur noch in fernen Ländern wie Südafrika und den Vereinigten Staaten anzutreffen war.

«Wir» schienen frei von ihm zu sein, waren bei genauer Betrachtung aber in der zweiten Hälfte des 20. Jahrhunderts noch stark von ihm durchtränkt. Auch die Gegenwart kennt ihn nur allzu gut. Rassismus ist keine «Anhäufung von Irrtümern und Ausnahmen im Betrieb der Moderne», keine Anomalie, sondern «ein hoch komplizierter Bestandteil» der Moderne, nichts anderes als Normalität.[6] Er herrschte damals überall, und er ist heute in verminderter Form noch immer fast überall präsent. Man findet ihn in der Presse, in amtlichen Verlautbarungen, in Statistiken und vor allem in den Köpfen unzähliger, sogenannter normaler Menschen, also nicht nur in rechtsextremen Milieus. Ständigen Metamorphosen unterworfen, hat er ebenso viele Opfer wie Gesichter. Der Rassismus in seinen modernen Erscheinungsformen (und in seiner maximalistisch-vagen Fassung) ist keine fest gefügte Ideologie, er kann sich in vielfältigen Formen gegen bestimmte Gruppen, gegen Ethnien und Kulturen richten und dabei zu empfindlichen Diskriminierungen führen.

Diese Gruppen werden von außen, durch die Zuschreibung von soziologischen, symbolischen und imaginären Merkmalen definiert, die hier aus einem einfachen Grund nicht näher diskutiert werden müssen: Der auf Sinti und Roma zielende Rassismus, der Antiziganismus,[7] wie er 1972 in Niederthann zutage trat, ist keine neue, sondern eine alte, fast klassisch zu nennende Form des Rassismus, die seit Jahrhunderten in Theorie und Praxis eine stupende Konstanz aufweist und sich auch in der Gegenwart kaum gewandelt hat. Das Objekt der «Konstruktion des Anderen»[8] ist eine vor Langem «erfundene» minoritäre Gruppe. Ihr wurden bestimmte Merkmale biologischer, charakterlicher und kultureller Natur angeheftet, die von der Mehrheitsgesellschaft nicht nur als fremd und minderwertig, sondern als kriminell und so gefährlich betrachtet werden, dass die Gruppe als Ganze immer wieder herabgesetzt und ausgegrenzt wurde und wird[9] – und das, obwohl das inkriminierte Kollektiv sehr heterogen ist und in seiner großen Mehrheit aus deutschen Staatsbürgern besteht.

Ziel dieses Buches ist es, dem Antiziganismus am Beispiel eines Kriminalfalles aus den 1970er Jahren seine düster-irisierenden Farben zu geben, die Makro- und Mikrodimensionen des Rassismus sichtbar zu machen und damit den Begriff selbst aus seiner Pauschalität zu lösen. Dabei entsteht ein kleines Gesellschaftsfresko der deutschen Provinz von erschreckender Aktualität. Denn

die Realität ist noch immer bitter genug und die Frage nicht obso-
let: Die Schüsse von Niederthann – könnten sie wieder fallen,
wen würden sie diesmal treffen und wie würde die Gesellschaft
heute darauf reagieren?

Prolog

Vier Schüsse und viele Fragen

Es ist der Nachmittag des 5. November 1972. Anka steht in einem kleinen Dorf in der Nähe von Pfaffenhofen an der Ilm, 50 Kilometer nördlich von München, keine zwanzig Kilometer von Freising entfernt. Auch Hinterkaifeck (im literarischen Leben Tannöd), der düsterste und rätselhafteste Mordort in Bayern, ist nicht weit. Niederthann, so heißt das Dorf, ist umgeben von sanften Hügeln mit Wiesen, Wäldern und Feldern, aus denen jetzt im Herbst graue Hopfenstangen wachsen und schief zum Himmel deuten. Eine fruchtbare Gegend und uralter Kulturboden; Niederthann wurde fast auf den Tag genau vor 1154 Jahren, am 6. November 818, erstmals urkundlich erwähnt.

Die Kirchturmuhr hat soeben drei Uhr geschlagen. Anka hat jetzt noch zehn Minuten zu leben. Die 18-Jährige ist 1,62 Meter groß, sie hat lange schwarze Haare, dunkle Augen und ein freundliches, offenes Gesicht. Sie trägt eine gelbe Strickweste, eine weiß-blau gemusterte Bluse und einen bunten Rock.[1] Die junge Frau sieht sich um. Die Sonne hat ihren Zenit bereits überschritten, Schleierwolken ziehen über den Himmel, über einem sumpfigen Graben steigen feine Nebelschwaden auf. Das Dorf liegt wie verlassen da: eine romanische Kirche mit einem gedrungenen Turm, ein gepflegter Friedhof, auf dem die Reinthaler, Wohlrab und sogar die Stowasser ihre letzte Ruhe gefunden haben, ein paar stattliche Bauernhöfe, die auskömmlichen Wohlstand im Hopfengeschäft verraten, ein kleines Lagerhaus, ein Lebensmittelladen, ein Wirtshaus mit Metzgerei, ein, zwei Autos davor. Ansonsten

nichts, keine Menschenseele auf der Straße, im Ort herrscht trä-
ger Stillstand, den auch die sieben Schläge der Turmuhr und die
dumpfen Klagen der Türkentauben nicht stören. Es ist, als ver-
daue sich das verkrochene Dorf in solchen Stunden im Schatten
der Kirche selbst, wie jeden Sonntag, wenn die Bauern sich ein
paar Stunden Ruhe gönnen.

Anka wird von vier Mädchen im Alter von elf bis 18 Jahren be-
gleitet. Sie wollen Lebensmittel auftreiben für ihre Leute, die an
der nahen Autobahnraststätte warten, sind aber bisher erfolglos
geblieben. Wo immer sie klopften und fragten – man wies sie ab.
Die Bauern wollen mit den schwarzhaarigen Mädchen in ihren
fliegenden Röcken nichts zu tun haben, sie verstehen sie nicht
und fürchten sie, weil sie anders sind. Zigeuner nennt man sie,
Roma sind sie. Anka ist eine von ihnen und kennt solche miss-
mutigen Zurückweisungen. Die Einheimischen begegnen ihnen
fast überall so.

Am östlichen Ortsrand, direkt an der Straße, keine 150 Meter
von der Kirche weg, liegt ein kleiner unscheinbarer Bauernhof:
zweistöckiges Wohnhaus, Stall, Nebengebäude. Das Zauntor steht
offen, die Haustür ist nicht abgesperrt. Die Bauersleute sitzen im
Wohnzimmer, der Fernseher läuft, Kinder reden laut durcheinander. Ruft Anka, klopft sie an die Tür oder schleicht sie mit den
anderen einfach so in das Haus? Polizei und Justiz stehen später
vor einem Rätsel. Klar ist nur: Die fünf jungen Frauen und Mädchen betreten das Haus und halten sich im Erdgeschoss nicht
lange auf, sie steigen sofort die Treppe hoch, in den ersten Stock,
dann in den Dachboden.

Sie haben nicht viel Zeit, um sich dort oben genauer umzu-
sehen. Denn schon dringen von unten Geräusche herauf – Mäd-
chenstimmen im Flur, eine knarrende Tür, dann Schritte auf der
Steintreppe, die zum ersten Stock führt, und auf der Holztreppe
zum Speicher. Es sind die schweren Schritte eines Mannes, die
sich im ersten Stock verlieren, und die leichteren einer Frau, die
näher kommen, bedrohlich näher. Anka stockt der Atem, sie
muss nicht lange überlegen. Sie gibt ihren Begleiterinnen ein

stummes Zeichen und stürmt schließlich, die vier Mädchen hinterdrein, Hals über Kopf an der Bäuerin vorbei. Die fünf Romnja hören die gellenden Schreie der Frau, sie hören die kreischenden Kinder, die der Mutter mit einigem Abstand gefolgt sind, und hasten weiter die Treppe zum Erdgeschoss hinunter. Drei, die jüngsten, sind schon durch die Haustür entwischt und auf der Straße, als Schüsse fallen, vier trockene Schüsse kurz hintereinander, abgefeuert auf die fliehenden Mädchen. Keiner geht daneben.

Anka ist am schwersten getroffen. Ein Projektil durchdringt ihre Lunge, ihre Speiseröhre und die Brustschlagader, das andere steckt im Unterleib, jeder Schuss hätte für sich allein zum Tode geführt: Die rechte Gesäßhälfte ist verletzt, das Becken zerschmettert, die Gebärmutter durchschossen – und mit ihr der Fötus eines 36 cm großen Kindes; es wäre ein Junge geworden.[2] Anka verblutet auf den untersten Stufen der Treppe. Milena ist auf der Flucht noch über sie gesprungen, wird dann aber kurz vor der Haustür ebenfalls von zwei Schüssen erwischt: Durchschuss der linken Wade und Bauchschuss.[3] Sie kommt schwer verletzt mit dem Leben davon. Still ist es danach nicht mehr in Niederthann, und auch mit der Ruhe ist es für lange vorbei. Vier Schüsse reißen das Dorf aus der gewohnten Ereignislosigkeit.

Die tragischen Vorfälle wühlten das ganze Land auf. Das Fernsehen und zahlreiche Zeitungen berichteten über die «Jagdszenen aus Oberbayern»[4], viele auf der ersten Seite mit Bildern des Täters und des Opfers, und der Schriftsteller Bernd Schroeder schrieb ein stark verfremdetes Drehbuch über den Fall, das der Regisseur Hartmut Griesmayr 1977 für das Zweite Deutsche Fernsehen verfilmte. «Notwehr» hieß der in das Aussteiger-Milieu transponierte Film, in dem Stars wie Günter Lamprecht und Friedrich von Thun zu sehen waren.[5] Sogar der Bundesgerichtshof beschäftigte sich zwei Mal mit dem Fall. In der bayerischen Provinz, so hieß es, war ein «Zigeuner-Krieg»[6] ausgebrochen, der damals nach einer Erklärung verlangte und es heute noch immer tut: Wie kam es zu diesem Blutbad? Wer war der Täter? Ein unbescholtener Bürger, ein schießwütiger Waffennarr oder ein fremdenfeindlicher Fanatiker? Eine «Bestie»[7]? Um wen handelte es sich bei den Opfern? Woher kamen sie? Was hatten sie in Niederthann vor? Welche Rolle spielte die Polizei bei der Aufklärung und welche die Justiz bei der Ahndung des Verbrechens? Was bewog den Verteidiger des Täters, einen politisch weit rechts stehenden Anwalt, der bereits bei den Nürnberger NS-Prozessen mitgemischt hatte, immer wieder Öl ins Feuer zu gießen? Von welchen Interessen ließ sich der renommierte Strafverteidiger Rolf Bossi leiten, als er die Vertretung der Roma übernahm? Wie reagierten die örtliche Gesellschaft und die Medien auf die Schüsse in Niederthann? Wie die große Politik, die schon dadurch in den Fall verwickelt war, dass ein bayerischer Minister aus dieser Gegend stammte, dort seinen Wahlkreis hatte und den Täter persönlich kannte? Wie groß war die Versuchung für die Parteien, die Angst vor den «Zigeunern» zu schüren, um die eigenen Reihen zu mobilisieren, oder die «Zigeuner»-Phobie als schändlichen Anachronismus zu verdammen, um den gleichen Effekt bei anderen Wählergruppen zu erzielen? Schließlich befanden sich Bayern und der Bund Anfang der 1970er Jahre fast permanent im Wahlkampfmodus. Überhaupt und generell: Aus welchen Motiven speiste sich die unerhörte öffentliche Resonanz des Falles, der immer weitere Kreise zog?

Diese Fragen stehen im Zentrum des Buches. Aber nicht sie allein. Es geht auch um die psychischen Folgen des Verbrechens. Wie kam der Täter damit zurecht, dass er das Leben einer schwangeren jungen Frau auf dem Gewissen hatte? Was erlebten und erlitten seine Ehefrau und seine beiden Töchter, die einen Mann und einen Vater hatten, den man zur «Bestie» erklärte? Wie ging die Dorfgemeinschaft mit ihm und ihnen um? Ähnliche Fragen richten sich an die Gruppe der Roma, aus deren Mitte die Opfer von Niederthann kamen. Anka hinterließ einen Mann und zwei Kinder, die ohne ihre Mutter aufwachsen mussten – sogar ohne Erinnerung an sie; so klein waren sie, als die Tat geschah. Fanden sie je heraus aus dem monströsen Schatten, den der Verlust der Mutter warf? Erhielten sie und das zweite Opfer mit seinen schweren Verletzungen Unterstützung? Materielle Entschädigung gar? Oder blieben sie mit ihren Narben allein, weil man sie für gefährliche Fremde hielt, die nicht dazu gehörten und niemanden zu kümmern brauchten?

Nicht zu vergessen die langfristigen politischen Folgen. Niederthann war gewiss nicht überall. Aber überall wuchs wegen solcher und ähnlicher Fälle – und des öffentlichen Streits darüber – das Bewusstsein für die Nöte und Sorgen der Sinti und Roma. Seit Menschengedenken an den Rand gedrängt, geächtet und verfolgt, waren sie im Dritten Reich zu Hunderttausenden ermordet worden, ohne dass sich eine Stimme für sie erhoben hätte. Auch nach 1945 fanden sie lange keinen angemessenen Platz, weder bei Wiedergutmachung und Entschädigung noch in der Erinnerungskultur. Die Sinti und Roma blieben, was sie immer gewesen waren: gefürchtete Außenseiter, von denen man nichts hören und sehen und die niemand zum Nachbarn haben wollte.

Erst Anfang der 1970er Jahre rückte ihr Schicksal langsam in das Blickfeld einer breiteren Öffentlichkeit. Parteien und Kirchen begannen, sich für sie zu interessieren. Zivilgesellschaftliche Organisationen kümmerten sich um ihre Belange. Beherzte Einzelne machten sich zu ihren Fürsprechern. Den Weg dazu ebneten vielfältige gesellschaftliche Wandlungs- und Liberalisierungsprozesse, die den halben Globus erfassten. Zu nennen wären hier nicht zuletzt die Bürgerrechtsbewegung in den USA, die Menschenrechtsdebatte in den Vereinten Nationen, die Studentenbewegung in den Metropolen und der Machtwechsel in Bonn, den SPD und FDP zu einem politischen Paradigmenwechsel stilisierten, der ganz im Zeichen von Reform und Erneuerung zu stehen schien.

Die Aufbruchstimmung veränderte vieles, aber bei Weitem nicht alles. Sie sprach nur bestimmte Alterskohorten und gesellschaftliche Sektoren an und traf zudem auf mächtige Beharrungskräfte, die in konservativen Parteien ihre Speerspitzen hatten und angesichts des allgegenwärtigen Veränderungsdruckes selbst einen wahren Vitalisierungsschub erlebten. Der Weg der Sinti und Roma zu Akzeptanz und Integration war deshalb steinig. Erfolge blieben aber nicht aus, größere sogar, weil auch die vom liberalen Zeitgeist geprägten jüngeren Generationen der Sinti und Roma umzudenken begannen. Sie waren es leid, sich zu verleugnen, als Bittsteller aufzutreten und immer nur Opfer zu sein.

Erste Versuche, sich zu organisieren, um Sichtbarkeit zu gewinnen und ihren Forderungen nach Gleichberechtigung und Gleichbehandlung mehr Nachdruck zu verleihen, hatte es bereits in den 1950er Jahren gegeben. Sie kamen aber nicht wirklich voran und blieben immer wieder im Dickicht der gegen sie gerichteten Ressentiments und Vorurteile stecken. Das änderte sich in den 1970er Jahren – und paradoxerweise auch durch den «Zigeuner-Krieg» von Niederthann. Die tödlichen Schüsse waren ein Weckruf, der viele, zumal junge Sinti und Roma wachrüttelte. Nach Niederthann und einigen anderen Vorfällen ähnlicher Art wuchs ihre Entschlossenheit, die Dinge selbst in die Hand zu nehmen. Sie handelten voller Wut und selbstbewusst auch mit Blick auf die eigene Vergangenheit, die sie nun – wie einige andere NS-Opfergruppen – offen zum Thema machten. Das Ergebnis konnte sich sehen lassen, es bestand nach vielen Rückschlägen und langen Vorbereitungen in der Gründung des Zentralrats Deutscher Sinti und Roma im Jahr 1982, der seitdem dafür sorgt, dass das Leid und die Forderungen dieser Minderheit nicht mehr von der Tagesordnung verschwinden.

Die Tragödie von Niederthann ist, wie erwähnt, kein erfundener Stoff, sondern eine wahre Geschichte, die sich genau so zugetragen hat und anderswo genau so hätte zutragen können. In der bayerischen Provinz prallten damals zwei Welten aufeinander, die sich überall im Land gegenüberstanden: eine fast noch archaische, in der Glaube und Aberglaube sowie ein tief sitzendes Unbehagen gegenüber Fremden und Fremdem die Mentalität bestimmten, und eine vom Reformgeist der 1960er und 1970er Jahre geprägte neue Welt, die ihre Konturen aber viel langsamer gewann, als in der Erbauungsliteratur über «1968» und die liberalisierenden Folgen oft zu lesen ist. Das galt generell, wenn es um Sinti und Roma ging, lagen die Dinge noch etwas anders: Die viel beschworene Liberalisierung der Bundesrepublik, oder besser: die Tendenz, traditionelle Ängste und Ressentiments zu überwinden, machte an den Grenzen Bayerns nicht Halt, sie drang aber auch nicht wirklich durch, sondern hinterließ im Umgang mit Sinti und Roma hier wie anderswo kaum mehr als Spurenelemente.

1

Im Banne von Ressentiments:
Die Polizei im «Zigeuner-Krieg»

Die Polizei traf um 15.12 Uhr am Tatort ein. Etwa zehn Minuten zuvor war ein Anruf bei ihr eingegangen, der den ruhigen Streifendienst am Sonntagnachmittag des 5. November 1972 beendete. In Niederthann, einem kleinen Dorf mit etwa 150 Einwohnern in der Nähe von Pfaffenhofen an der Ilm, war geschossen worden. Und Gefahr, so schien es den beiden herbeigerufenen Polizisten, war noch immer in Verzug, als sie sich am Tatort umsahen. Vor einem bäuerlichen Anwesen stand ein Mann mit einem Gewehr im Anschlag, das auf ein Mädchen und zwei junge dunkelhaarige Burschen gerichtet war.[1] Die drei kamen den beiden Beamten gleich verdächtig vor: Sie stammten nicht aus der Gegend, kleideten sich anders als die Einheimischen, hatten einen dunkleren Teint und redeten in einer Sprache, die niemand verstand.

Die beiden Polizisten erhielten rasch Verstärkung, zuerst durch zwei weitere Beamte der Landpolizei, dann, um 15.35 Uhr, durch zwei Mann der Kriminalpolizeiaußenstelle Pfaffenhofen und schließlich durch einige Experten vom Erkennungsdienst, die sich sofort daranmachten, mögliche Zeugen zu befragen. Die Leitung des Teams hatte Kriminaloberinspektor Josef Witschital (Jahrgang 1919), ein erfahrener Polizist, der auf eine lange Karriere bei der Kripo zurückblickte. Den Polizisten war sofort klar, dass es sich bei den dunkelhaarigen Männern und der jungen Frau um «Landfahrer» handelte, wie man Sinti und Roma seit 1949 im entnazifizierten Amtsdeutsch nannte. Als Witschital er-

fuhr, dass fünf Zigeunerinnen im Hof gewesen und Schüsse gefallen waren, meinte er zu wissen, was passiert sein musste. Seine
«Erfahrungen» sagten ihm, dass die jungen Frauen und Mädchen
in «diebischer Absicht» in das Haus eingedrungen waren; bei der
Rekognoszierung der Lage hätten sie sich auf ihre «geübten Sinne»
verlassen können.[2]

Der Mann mit der Waffe in der Hand hingegen erschien den
Polizisten nicht als Sicherheitsrisiko. Sie kannten ihn und waren
froh, dass er sich als eine Art Ordnungshüter präsentierte, der
drei Tatverdächtige festhielt und der Polizei übergab. Von ihm
befürchteten sie nichts. Er war harmlos, ein umgänglicher, fleißi-
ger Zeitgenosse, der seiner Arbeit nachging und sonst nicht von
sich reden machte. Ein Hochzeitsfoto und andere Aufnahmen,
die einige Jahre zuvor aufgenommen worden sind, zeigen einen
1,77 Meter großen, nicht ganz schlanken Mann, der – mit weißer
Fliege und auch sonst festlich gekleidet – durchaus eine stattliche
Erscheinung war: ovales straffes Gesicht, gerade Nase, markantes
Kinn, volle, schwarze, streng nach hinten gekämmte Haare und
dunkle Augen, die warm, neugierig und verhalten strahlend in
die Zukunft blicken.[3]

Max Brunnwieser, so hieß der Mann, lebte seit 1960 in Niederthann. Er war am 3. Dezember 1933 in Leitersdorf im Landkreis
Mainburg als Sohn einer Bauernfamilie zur Welt gekommen, hatte
acht Jahre die Volksschule und danach eine landwirtschaftliche
Berufs- und Fachschule besucht, ohne dort einen Abschluss zu
machen. Weil der ältere Bruder den elterlichen Hof übernahm,
wollte er Schreiner werden. Aus seinem Berufswunsch wurde
aber nichts, Lehrstellen waren knapp. Brunnwieser musste sich
als Knecht bei seinem Bruder verdingen, bis er 1960 in den Hof
seiner Frau Maria in Niederthann einheiratete. Viel warf das
Anwesen mit seinen 24 Tagwerk Grund nicht ab. Ein bisschen
Weizen- und ein bisschen Hopfenanbau, dazu Federvieh und
Schweine. Über die Runden kam man damit nicht, zumal bald
zwei Töchter und ein Sohn zu ernähren waren. Brunnwieser ging
deshalb zu BMW nach München, wo er es als ungelernte Kraft

zum Facharbeiter brachte, der im Monat schöne 1000 Mark netto nach Hause trug.[4]

Ein geordnetes Leben, vielleicht sogar das kleine Glück im unscheinbaren Frieden, das allerdings bald bittere Schicksalsschläge überschatteten. Brunnwieser war nicht ganz gesund. Er hatte sich Mitte der 1960er Jahre eine rätselhafte Rückenmarknervenentzündung zugezogen, die einen fast zweimonatigen stationären Aufenthalt in der Nervenklinik der Universität München erforderlich machte und auch danach noch längere Zeit behandelt werden musste. Seit dem Frühjahr 1972 plagten ihn außerdem Herz- und Kreislaufbeschwerden, ein nervöser Magen und Schlafstörungen, die der Hausarzt auf den Tod seines Sohnes zurückführte. Der fünfjährige Maxi, «unser aller Sonnenschein», wie es in der bewegenden Todesanzeige hieß,[5] hatte Blinddarmentzündung, war nach der Operation aus dem Bett gefallen und im März 1972 gestorben. Ein schwerer Schlag für die ganze Familie, aber vor allem für den Vater und dessen schwankende Gesundheit, der danach auch unter Depressionen litt und irgendwie rückwärts zu leben schien.[6]

Der Tod des Buben bewegte das ganze Dorf und verstärkte die Sympathien, die Brunnwieser und seine Familie genossen. Er war beliebt und galt als hilfsbereiter Nachbar, guter Katholik, verlässlicher CSU-Mann[7] und schließlich als heimatstolzer Bürger, der 1965 bei dem Wettbewerb «Es grünt und blüht in Haus und Hof» mitgemacht und eine Urkunde für besondere Leistungen erhalten hatte.[8] Nicht nur den herbeigeeilten Nachbarn, auch den Polizisten tat der Mann leid, der ihnen aufgeregt, aber kurz und knapp die Vorfälle auf seinem Hof beschrieb: Mehrere Zigeunerinnen waren in das Gebäude eingedrungen, um Beute zu machen, wie sie es überall seit Menschengedenken praktizierten. Polizeimeister Anton Werther (Jahrgang 1934), der in Pfaffenhofen wohnte, nahm die erste Aussage Brunnwiesers am Tatort auf. «Es waren Landfahrerinnen in meinem Haus», soll er gesagt und sich auf Notwehr berufen haben, weil seine Familie bedroht gewesen sei. Er habe «die Weiber» bemerkt, sein Gewehr geholt und einfach geschossen – in «Richtung der Füße». Er glaube, er habe «ein paar verletzt».[9]

So war es auch, bloß schlimmer. Den Polizisten bot sich ein grässliches Bild.[10] Sie fanden im Hausflur an der Treppe zum ersten Stock die blutüberströmte Leiche einer jungen Frau und vor der Haustür ein schwer verletztes Mädchen; beide wurden kurz danach zur Obduktion beziehungsweise zur Erstversorgung in das Krankenhaus in Pfaffenhofen gebracht. Daran, wer geschossen hatte, gab es keinen Zweifel. Brunnwieser stritt es auch nicht ab. Die Polizei sah dennoch keinen Grund, ihn zu verhaften und ihm Handschellen anzulegen; sie fragte nicht einmal nach seinem Waffenschein. Die Beamten nahmen ihn nur kurz mit auf die Wache, befragten ihn als Zeugen und ließen ihn danach wieder auf seinen Hof zurückkehren, wo er mit einem Polizisten die ganzen Gebäude nach weiteren Zigeunern durchsuchte. Hätte er die Absicht gehabt, Beweismittel verschwinden zu lassen, wäre ihm nichts im Wege gestanden – die Polizeibeamten hatten den Tatort nur kurz inspiziert und ein paar Fotos gemacht, aber sonst nichts unternommen, um Spuren zu sichern.

Das Mitgefühl der Polizisten galt dem Todesschützen, der einen «verstörten und nervösen Eindruck»[11] machte und anscheinend dringend Beistand brauchte. Die Angst vor den Zigeunern stand ihm ins Gesicht geschrieben und quälte ihn umso mehr, als er erfuhr, dass eine ganze Sippe in der Nähe war und vermutlich auf Rache sann. Die Polizisten teilten diese Sorgen, ihnen war die Lage ebenfalls nicht geheuer. Sie rieten Brunnwieser deshalb, auf Nummer sicher zu gehen und bei seiner Schwägerin im benachbarten Aufham unterzuschlüpfen. Sie brachten ihn und seine Familie sogar noch selbst dorthin und stellten seinen Hof schließlich unter Polizeischutz. Mehrere Streifenwagen hielten Wache; auch zwei scharfe Schäferhunde waren mit dabei. Die Polizei sorgte auch in den folgenden Tagen großzügig für Objekt- und Personenschutz[12] und verstärkte ihre Patrouillen in Pfaffenhofen und Umgebung.

Die Vorurteile gegenüber Zigeunern gingen unter den Polizisten so weit, dass sich ihre Ermittlungstätigkeit auch gegen die im Krankenhaus um ihr Leben ringende Milena und die drei Romnja richtete, die am Ort der Tat gewesen waren. Eine von ihnen war dort geblieben und von Brunnwieser festgehalten worden. Die zwei anderen befanden sich noch kurze Zeit auf freiem Fuß, meldeten sich am 6. November aber freiwillig bei der Polizei und wurden umgehend in Haft genommen. Einbruch und Diebstahl legte man ihnen zur Last. Bei den drei handelte es sich um eine 15-Jährige, eine 14-Jährige und ein kleines Mädchen, das noch keine elf Jahre zählte.[13] Man konnte nie wissen und nie sicher genug gehen.

Alles deutet darauf hin, dass die Pfaffenhofener Polizei in dem Bewusstsein handelte, nur ihre Pflicht und Schuldigkeit zu tun. Die Präsenz von Roma verhieß in ihren Augen nichts Gutes und machte umfassende Sicherungsmaßnahmen unumgänglich. Wo diese Menschen aus einer fremden, ungereimten Welt auftauchten, gab es Ärger und Verdruss. Was sagte man ihnen nicht alles nach! Zigeuner galten seit Jahrhunderten als gefährlich, als asoziales und kriminelles Gesindel, das man am besten mied, weil es nur Böses im Schilde führte. Nichts war vor diesen unzivilisierten Nomaden sicher, weder Hab und Gut noch unschuldige Kinder, die angeblich auf ewig in ihren Plan- und Wohnwagen verschwanden.

So dachten nicht nur die Polizei und die überwiegende Mehrheit der einfachen und nicht ganz so einfachen Leute. Ressentiments dieser Art dominierten auch den wissenschaftlichen Diskurs und die politischen und behördlichen Debatten, die sich seit Menschengedenken fast ausschließlich um Themen wie Abschiebung, Ausweisung und Sesshaftmachung unter Zwang drehten und seit Ende des 19. Jahrhunderts zunehmend rassistisch aufgeladen wurden. Die Sinti und Roma verwandelten sich dabei in der öffentlichen Wahrnehmung von ungeliebten Außenseitern zu «artfremden Schädlingen», die das Verbrechertum in den Genen trugen und den gesamten «deutschen Volkskörper» zu zersetzen drohten, wenn man sie gewähren ließ. Seit der Wende zum

20. Jahrhundert gerieten die Sinti und Roma deshalb unter immer größeren Druck. Das war in allen deutschen Ländern so, besonders stark aber in Bayern, das seit Langem die Speerspitze im Kampf gegen die «Zigeunerplage» bildete und schon seit 1899 bei der Polizeidirektion München eine «Zigeunernachrichtendienststelle» unterhielt, die den Ehrgeiz hatte, alle im Deutschen Reich lebenden Sinti und Roma karteimäßig zu erfassen.[14]

Die Polizisten, die am 5. November 1972 in Niederthann im Einsatz waren, wussten vermutlich nichts von dieser Vorgeschichte. Ihnen dürfte aber bekannt gewesen sein, dass Bayern 1926 als erstes Land des Deutschen Reiches ein rassistisch getränktes Antizigeunergesetz verabschiedet hatte, das als «das radikalste und umfangreichste ‹Zigeunergesetz› dieser Zeit» gilt.[15] Und sie ahnten zumindest, dass die Sinti und Roma im Dritten Reich noch ganz anderen Repressalien ausgesetzt gewesen waren als schon zuvor. Nach 1933 mutierte die sogenannte Zigeunerfrage nämlich endgültig zur Rassenfrage, deren Lösung ähnlich radikal ausfiel wie die Endlösung der Judenfrage, die gleichzeitig auf dem Programm des NS-Regimes stand: Tausende wurden gegen ihren Willen sterilisiert, Zehntausende zu Zwangsarbeit verpflichtet und Hunderttausende ermordet.[16]

Nach 1945 sprach kaum jemand davon. Auch in Polizeikreisen schwieg man über diese unerhörten Verbrechen und den Einsatz der Reichskriminalpolizei bei der Verfolgung und Ermordung der Sinti und Roma. Die alten Feindbilder mit den dazugehörigen Ängsten waren noch genauso virulent wie zuvor, obgleich nur wenige Sinti und Roma die Verfolgung überlebt hatten und in ihre alte Heimat zurückkehrten. Die periodischen Berichte der bayerischen Regierungspräsidenten aus den vierziger und fünfziger Jahren enthalten kein einziges mitfühlendes Wort über deren entsetzliches Schicksal im Dritten Reich. Stattdessen sind sie voller Alarmmeldungen, die alle den gleichen Tenor hatten: Das «Zigeunerunwesen»[17] breite sich aus, Zigeuner und Landfahrer nähmen überhand,[18] die nichtsnutzigen Tage- und gewöhnlichen Diebe stellten einen «beachtlichen Unsicherheitsfaktor»[19] dar und bildeten «eine ständige Gefahr für das Eigentum»,[20] die dringend gebannt werden müsse. Am besten eignete sich dafür ein neues Sondergesetz. Das alte aus dem Jahr 1926 war ja von der amerikanischen Besatzungsmacht zum großen Bedauern der Behörden außer Kraft gesetzt worden.[21] Ersatz tat dringend Not.

Insbesondere auf dem Land waren die Sinti und Roma nicht gern gesehen. Die Furcht vor ihnen, «offenbar eine Art Urangst», wie Ursula von Kardorff später in der Münchner Abendzeitung schrieb,[22] wurde von Generation zu Generation weitergegeben und schwächte sich nicht ab. Zigeuner blieben Zigeuner und eine Gefahr, auch wenn es jahrelang kaum Kontakte mit ihnen gab. Man traute ihnen nicht nur alles, sondern auch magische Kräfte zu. Am meisten schreckte die Bauern die Vorstellung, mit «Gesten des Verzauberns» von ihnen verflucht zu werden.[23] Einem solchen Fluch wurden schreckliche Folgen zugeschrieben: Krankheiten für Mensch und Vieh oder Feuer auf dem Dach. Um solche Konsequenzen abzuwenden und die gefährlichen Fremden günstig zu stimmen, händigten ihnen viele Bauern ihre Sparstrümpfe und Lebensmittel aus. Da und dort ließen wackere Christen sogar Haus und Hof von ihnen segnen, um auf der sicheren Seite zu sein.[24]

Tatsächlich ging nach 1945 keinerlei Bedrohung von den zehn- bis zwölftausend Sinti und Roma aus, die in Bayern lebten. Die meisten waren längst sesshaft geworden und gingen bürgerlichen Berufen nach, ohne sich als Angehörige einer ethnischen Minderheit zu erkennen zu geben; nicht wenige erklärten sich zu Juden oder Gastarbeitern, wenn sie auf ihr Aussehen angesprochen wurden. Die alte «Zigeunerfrage» stellten sich die Behörden dennoch erneut und mit großer Dringlichkeit. Um eine Antwort darauf zu finden, bildete die Vorgängerorganisation der Bayerischen Kriminalpolizei deshalb bereits 1946 wieder eine «Zigeunerpolizeistelle».[25] Diese wurde später in «Landfahrerzentrale» und noch später in «Nachrichtensammel- und Auskunftsstelle über Landfahrer» umbenannt und tat nicht sehr viel anderes als die alte Zigeunernachrichtendienststelle, die 1930 reichsweite

Kompetenzen erhalten hatte, 1938 nach Berlin verlegt worden war und von da an als «Reichszentrale für Bekämpfung des Zigeunerunwesens» beim Reichskriminalpolizeiamt ressortierte.[26]

Die Zigeunerpolizisten zielten auch nach 1945 auf die Totalerfassung aller Sinti und Roma in der gesamten Bundesrepublik, die samt und sonders als potenzielle Gefährder betrachtet und deshalb nach allen Regeln der Kunst katalogisiert wurden – in diversen Karteien, die Lichtbilder, Fingerabdrücke, Spitznamen, alle sonstigen persönlichen Daten und natürlich alle Straftaten enthielten, ganz zu schweigen von den Informationen, die im Dritten Reich gesammelt worden waren und jetzt umstandslos in die aktuellen Karteien integriert und weiter genutzt wurden, obwohl den Beamten nicht verborgen geblieben sein konnte, auf welch fragwürdige Weise viele Vorwürfe in der NS-Zeit zustande gekommen waren. 1955 bestanden diese Karteien aus über 9500 Familienakten mit Angaben über mehr als 30 000 Personen, 1960 war der Datenbestand auf fast 11 000 Personenakten angewachsen, «in denen ca. 54 000 Familienmitglieder erfaßt sind»; die Lichtbilderkartei bestand mittlerweile aus 5417 Aufnahmen[27] – und Jahr für Jahr kamen einige Hundert hinzu, sodass nahezu jeder Angehörige der Sinti und Roma seine Polizeiakte hatte.[28]

Dazu passte, dass in der Landfahrerzentrale viele rasch und nachlässig entnazifizierte Polizeibeamte saßen,[29] die vor 1945 an Zwangssterilisationen und Deportationen von Sinti und Roma nach Auschwitz mitgewirkt hatten,[30] und dazu passte auch, dass der bayerische Staat 1953 ein Landfahrergesetz erließ, das nach Geist und Buchstaben fatal an das Gesetz aus dem Jahre 1926 erinnerte und den zuständigen Beamten fast jede Handhabe für eine permanente Überprüfung und Drangsalierung der Sinti und Roma bot.[31] Das Gesetz verpflichtete die Landfahrer, eine Reiseerlaubnis der jeweiligen Kreisverwaltungen vorzuweisen und ein «Landfahrerbuch», eine Art Spezialausweis für Sinti und Roma, zu führen, in dem der Chef der «Horde» die Namen aller Mitreisenden (samt Abdruck des rechten Zeigefingers) eintragen musste. «Die Ausführungsverordnung zur Landfahrerordnung wies die lokalen Behörden an, neu an einen Ort kommende ‹Landfahrer› sofort der nächsten Polizeidienststelle zu melden. Die Verordnung forderte die Kommunen außerdem dazu auf, als Plätze für die ‹Landfahrer› leicht überwachbare Gelände zu wählen. Vorbestrafte ‹Landfahrer› konnten die Behörden dem Gesetz zufolge über die bayerische Landesgrenzen abschieben.»[32] Selbst der Bundesgerichtshof ließ den ubiquitären Vorurteilen freien Lauf, als er die Sinti und Roma 1956 in einem spektakulären Urteil als «primitive Urmenschen» denunzierte, denen ein «ungehemmter Okkupationstrieb», sprich ein unbezähmbarer Drang zur Kriminalität «eigen» sei. Sie neigten insbesondere zu Diebstählen und Betrügereien, weil «ihnen vielfach die sittlichen Antriebe der Achtung vor fremdem Eigentum»[33] fehlten.

Das bayerische Sondergesetz wurde 1970 für nichtig erklärt.[34] Schon fünf Jahre zuvor hatte die Landfahrerzentrale «mangels ausreichendem Arbeitsanfalls» ihren Betrieb eingestellt,[35] so hieß es in einer offiziellen Verlautbarung, die den Tatsachen freilich nicht entsprach. Ihre rein kriminalpolizeilichen Aufgaben wurden auf andere Dienststellen verteilt und die von ihr zusammengetragenen Daten in die Akten der Kripo eingegliedert. Inoffiziell sammelte eine «Auswertergruppe MD-Landfahrer» bis weit über die 1970er Jahre,[36] anscheinend sogar über das Jahr 2000 hinaus Informationen über Sinti und Roma – ohne Ansehen der Person und ohne Anlass. Zigeuner waren keine Individuen, sondern ein verbrecherisches Kollektiv, aus dem es kein Entrinnen gab.

Das alles geschah, obwohl die Führung der bayerischen Kriminalpolizei hätte erkennen können, dass die immer schon aufgebauschte Gefahr auch nach 1945 nicht bestand. Das LKA führte bereits seit Anfang der 1950er Jahre aufwendig Buch über die Verbrechensentwicklung im Freistaat und schlüsselte dabei auch den Anteil der Landfahrer an allen Delikten exakt auf; keine andere soziale Gruppe war dieser Sonderbehandlung ausgesetzt, die nichts anderes war als Ausdruck eines Generalverdachts gegen Sinti und Roma.

Auf dieser Datenbasis brüteten im September 1956 zwei Beamte des LKA über einer Anfrage zur «Prozentualen Beteiligung von Zigeunern an Straftaten». Einer davon war Rudolf Uschold (Jahrgang 1911), der sich zuvor in der Landfahrerzentrale als brennend ehrgeiziger «Zigeunerexperte» profiliert hatte und voller Vorurteile gegenüber Sinti und Roma steckte.[37] Uschold machte sich einige Mühe mit der Anfrage und kam nach Auswertung der Zahlen zu einem Ergebnis, das ihm sichtlich Probleme bereitete: In Bayern lebten rund 11 000 Sinti und Roma, im ganzen Land seien 1955 287 106 Straftäter ermittelt worden, 278 seien Landfahrer, sprich Zigeuner, gewesen. «Auf je 1000 der in Bayern befindlichen Landfahrer entfallen also rund 25 ermittelte Täter, dagegen auf 1000 der übrigen Bevölkerung rund 31 ermittelte Täter.»[38]

Die Sinti und Roma waren also deutlich weniger gefährlich als die übrigen Bayern. Das Ergebnis wäre noch viel eindeutiger ausgefallen, wenn Uschold erwähnt hätte, dass Sinti und Roma so gut wie nie an schweren Verbrechen wie Mord, Totschlag, Raub oder Erpressung beteiligt waren. Wenn sie mit dem Gesetz in Konflikt kamen, dann handelte es sich fast immer um einfache und schwere Diebstähle und Betrug, in Ausnahmefällen um Körperverletzungen, die noch dazu im eigenen Milieu stattfanden. In der Polizeifachzeitschrift «Kriminalistik» stand 1957 nicht von ungefähr zu lesen: «Kommt der Zigeuner mit der Polizei in Berührung, so ist es fast nur wegen Bagatellsachen, die dem ‹Müllkastendezernat› zufallen.»[39]

Dennoch bestand für Uschold ohne Angabe von Gründen kein Zweifel, «dass die wirkliche Kriminalität der Landfahrer um ein Vielfaches über der Polizei u. a. Strafverfolgungsbehörden bekannt gewordenen Kriminalität liegt».[40] Der zweite Beamte, Kriminaloberinspektor Georg Geyer (Jahrgang 1909), ein früheres Mitglied der SS und des SD,[41] gelangte zu keinem anderen Ergebnis. Auch er wollte aber nicht akzeptieren, dass Sinti und Roma relativ friedfertig waren und dass die Angst vor ihren kriminellen Energien künstlich geschürt wurde – immer schon und immer noch mit pseudowissenschaftlichen Argumenten, die bei Sinti und Roma eine genetisch bedingte Disposition zum Verbrechen unterstellten und den Denkhorizont der bayerischen Polizisten auch noch nach 1945 bestimmten. Der Beamte wusste jedenfalls aus der «tagtäglichen Erfahrung im Umgang mit diesen Personen», dass «hier die Statistik trügt»[42] und dass «ein Großteil der gemeldeten nicht aufgeklärten Fälle, deren Zahl immerhin noch ganz erheblich ist, insbesondere soweit es sich hierbei um Eigentumsdelikte handelt, auf das Konto von Landfahrern geht». Geyer hielt Sinti und Roma für asozial, arbeitsscheu und «wesensmäßig» kriminell, für «Plagegeister» und ein «Übel».[43]

Die Statistik trog aber nicht, weder in den 1950er Jahren noch danach. Jahr für Jahr, Monat für Monat ergab sich aus den Verbrechensbilanzen des LKA das gleiche Bild. In manchen Monaten kamen nur ein oder zwei Sinti und Roma mit der Polizei in Konflikt. Im Januar 1958 beispielsweise waren unter den 1939 in ganz Bayern ermittelten Tätern sieben Landfahrer,[44] im Dezember 1965 waren es neun[45] und im Dezember 1970, als die bayerische Statistik zum letzten Mal die Landfahrer als Sondergruppe auswies, 48[46] – eine ungewöhnlich hohe Zahl, die zwischen 1954 und 1970 nur selten übertroffen wurde. Der Spitzenwert lag im November 1970 bei 69 ermittelten Tätern (bei einer Gesamtzahl von 15 439).[47] Die Zahl der bayerischen Kinder, die gegen das Gesetz verstießen und mit der Polizei zu tun bekamen, war während des ganzen Zeitraums um ein Vielfaches höher.[48]

Die örtlichen Polizisten, also auch Witschital und Werther, kannten diese Daten oder zumindest den Trend, der sich darin spiegelte. Die Beilagen zum Bayerischen Landeskriminalblatt und die Tätigkeitsberichte der Kripo erschienen in großer Auflage und lagen in allen Dienststellen aus. Bayern war kein Hotspot von Sinti- und Roma-Kriminalität, der Landkreis Pfaffenhofen ebenso wenig. Abgesehen von kleineren Diebstählen und Betrügereien hatten sich Sinti und Roma hier seit Jahren nichts zuschulden kommen lassen. Die meisten Zeitgenossen hatten noch nie mit einem von ihnen zu tun gehabt.

Einen Sinneswandel bewirkte das aber nicht. Die alten «Zigeuner»-Bilder saßen zu fest und wurden auch in der Ausbildung, bei Fortbildungen und in der Fachliteratur für Polizisten noch in den 1960er Jahren, trotz mancher Anstrengungen, den Anschluss an die neue demokratische Zeit zu finden, ständig bestätigt.[49] Die in der NS-Zeit sozialisierten Beamten der Pfaffenhofener Land- und Kriminalpolizei blieben jedenfalls Gefangene ihrer rassistischen Wissensbestände, die viel zu tief wurzelten – in ihrer Erziehung sowie in ihrer gesamten Erlebniswelt –, als dass sie sich rasch verflüchtigt hätten. Für sie war der Todesschütze deshalb Zeuge und Opfer, bei dem eingebrochen worden war und dem anscheinend noch weit Schlimmeres drohte, sodass er Polizeischutz erhielt, während die junge Romni, die Brunnwieser mit der Waffe in der Hand festgehalten hatte, ebenso verhaftet wurde wie die zwei Mädchen, die in seinen Hof eingedrungen waren – die Polizei hielt sich bei ihren sofort eingeleiteten Schutz- und Verhaftungsaktionen nicht an die offenkundigen Fakten. Sie ließ sich von Ressentiments leiten, die sie im gleichen Maße beseelten wie die überwiegende Mehrheit von Niederthann und Umgebung.

2

Unruhe in einem friedfertigen Dorf

In Niederthann gingen am Abend des 5. November die Lichter lange nicht aus. Die Bauern saßen bis tief in die Nacht mit ihren Familien zusammen und versuchten, sich einen Reim auf die Ereignisse der zurückliegenden Stunden zu machen. Der Redebedarf war auch am Tag danach noch groß. Wer konnte, ließ am Montag seine Arbeit stehen und holte Informationen ein – bei den Nachbarn, im Lebensmittelgeschäft, beim Metzger, im Wirtshaus und auf dem Friedhof, wo sich auch in ruhigen Zeiten täglich eine Art Nachrichtenbörse befand. Die vier Schüsse öffneten auch dem verschlossensten Niederthanner den Mund.

Zwei Fragen waren es vor allem, die im Hin und Her der hundertstimmigen Erörterung immer wieder auftauchten: Musste man Brunnwieser und er sich selbst Vorwürfe machen, weil er geschossen hatte? Und: Was war von den Zigeunern zu befürchten, die sich nur wenige Kilometer entfernt aufhielten und dort weiß Gott was ausheckten? Dass sie einfach weiterziehen und die Dinge auf sich beruhen lassen würden, glaubte keiner. Da lag noch etwas in der Luft; das wusste jedes Kind. Auch wenn nur die wenigsten eigene Erfahrungen, geschweige denn schlechte, mit Zigeunern gemacht hatten, konnten fast alle etwas beisteuern zur großen Negativgeschichte der Zigeuner, die nicht nur in Niederthann kursierte: ein Einbruch da, ein Diebstahl dort, ein Betrugsfall hier, eine Erpressung im nächsten Ort und überhaupt die Verwünschungen und Drohungen, die Zigeuner angeblich überall ausgestoßen und damit die Einheimischen in Angst und

Schrecken versetzt hatten. Ein Sündenregister sondergleichen und eine eindrucksvolle Momentaufnahme des grassierenden Alltagsrassismus obendrein.

Dabei darf man sich Niederthann nicht als eine Art Hochburg gefährlicher Einstellungen vorstellen. Mord und Totschlag gab es hier ebenso wenig wie Diebstähle und Einbrüche. Die Polizei hatte dort kaum etwas zu tun. Das ganz vom Katholizismus geprägte Niederthann war ein ruhiges und anständiges Dorf. Seine Einwohner gingen ihrer Arbeit nach, niemand stand in dem Ruf, dem Herrgott auch nur eine Stunde zu stehlen. Die Bauern und die paar Arbeiter kümmerten sich um ihre Familien und kehrten der Welt, so gut es ging, den Rücken. Hart, aber mitnichten hartherzig, verwandelten sich freilich viele der hier lebenden Menschen, wie fast überall auf dem Land, beinahe reflexartig in anständige Rassisten, sobald Sinti und Roma die Ortsgrenze überschritten.

Brunnwieser, da war man sich deshalb einig, konnte ein reines Gewissen haben. Der unbescholtene Mann hatte nur seine Familie geschützt und seinen Hof verteidigt. Ihr Nachbar war im Recht gewesen, er hatte in Notwehr gehandelt, als er abdrückte – jeder andere hätte an seiner Stelle dasselbe getan. Was hatten «diese Weiber» überhaupt in seinem Anwesen zu suchen? Wer weiß, was sie angerichtet hätten, wenn sie nicht gestört worden wären? Man musste sich von dieser Gaunerbande nicht alles bieten lassen. So oder so ähnlich ging die Rede.

Stille Reserven gegen solche pauschalen Einschätzungen und Zweifel an der Handlungsweise ihres Nachbarn gab es durchaus. Neutral und ruhig denkende Menschen hielten sich das Alter der Eindringlinge vor Augen und sinnierten schließlich über den sich langsam zur Gewissheit verdichtenden Verdacht, dass Brunnwieser und seine Familie nicht wirklich bedroht worden waren und dass sich die jungen Frauen und Mädchen bereits auf der Flucht befunden hatten, als Brunnwieser zu schießen begann. Hatte er sich in der Wahl seiner Mittel nicht doch vergriffen? Vielleicht unter Einfluss von Alkohol?[1] Brunnwieser war ja am

5. November nach dem Mittagessen beim Wirt aufgetaucht und hatte sich dort vier oder fünf Halbe Bier genehmigt. Die Striche auf seinem Bierdeckel waren von den Zechern aus der Nachbarschaft nicht unbemerkt geblieben. Vielleicht waren Brunnwieser, der vor Jahren einmal in einer Nervenheilanstalt in Behandlung gewesen war, auch die Sicherungen durchgebrannt? Das Dorf übersah und vergaß nichts.

Die Skeptiker, die solche Überlegungen anstellten, behielten ihre Zweifel aber für sich. Ein Sozialdemokrat, der damals im Landkreis Pfaffenhofen eine führende Rolle spielte, erinnerte sich noch viele Jahre später an die Fragen, die ihn beschäftigten, als er von den Vorfällen in Niederthann hörte. Junge Frauen, Schüsse von hinten? Unter seinen Parteigenossen sei er damit nicht allein gestanden, es habe aber auch viele gegeben, die den Zigeunern alles zutrauten und zu Brunnwieser hielten.

Die Familie Reinhardt aus Mitterscheyern tat das nicht. Kein Wunder: Die Reinhardts waren selbst halbe Roma. Ihr Vater bzw. Großvater, Ruppert (Jahrgang 1892), ein Vieh- und Haushaltswarenhändler, war noch ständig gereist, ehe er nach dem Ersten Weltkrieg eine einheimische Kellnerin zur Frau genommen und in Mitterscheyern ein Haus gebaut hatte. Sein Enkel Rupert, wie sein Vater mit einer Nicht-Romni verheiratet, berichtet von einer fast makellos erfolgreichen Integrationsgeschichte, die allerdings im Dritten Reich jäh unterbrochen wurde, als seinem Großvater die Einweisung in das Konzentrationslager Dachau drohte. Der Großvater, dessen Familie und die Familien seiner Kinder seien ihren Geschäften nachgegangen und im Dorf von allen als hilfsbereite Nachbarn und gute Katholiken geachtet worden. Rupert Reinhardt (Jahrgang 1947), seines Zeichens Bankkaufmann, kann sich nicht erinnern, je beleidigt oder sonst wie diskriminiert worden zu sein, obwohl alle wussten, dass er aus einer Roma-Familie stammte.[2]

Der Fall Brunnwieser wühlte die Reinhardts und vermutlich auch andere Sinti und Roma in der Region auf. Die Reinhardts hatten sich zwar längst von allem, was mit ihrer Tradition zu tun hatte, losgesagt, sich aber doch ein Stück Mitgefühl für ihre früheren «Verwandten» bewahrt, sodass sie mit anderen Augen auf die Ereignisse von Niederthann blickten. Sie konnten nicht verstehen, weshalb der Nebenerwerbslandwirt auf eine junge Frau und ein Mädchen geschossen hatte, er hätte auch die Polizei rufen können. Angst hatten sie allerdings nicht, kein bisschen. Der Gedanke, dass sich in Niederthann und Umgebung eine Welle der Aversion gegen Sinti und Roma aufbauen und auch sie treffen könnte, lag ihnen ganz fern. Sie rechneten nicht einmal mit einem schiefen Blick, geschweige denn mit irgendeiner Form von Sippenhaft.

Auch die Reinhardts sprachen aber ihre Missbilligung nicht offen aus. Exponieren wollte sich keiner. Niemand fiel dem geschätzten Bauern in den Rücken und störte die Solidarität der Landkreis- und Dorfgemeinschaft, die auch ein örtlicher Pfarrer beschwor, als er seine Gläubigen ausdrücklich dafür lobte, dass sie «wie ein Mann hinter einem der Ihren stehen, der in Not ist».[3] Jeder, der es gewagt hätte, den Konsens in Frage zu stellen, wäre wohl ausgegrenzt worden. Der Gruppendruck ließ abweichenden Stimmen keine Chance und selbst die leiseste Andeutung von Sympathie oder gar Empathie für die Romnja gar nicht erst aufkommen. Gut und Böse waren scheinbar sauber verteilt.

Die vor Ort eingesetzten Polizisten taten anfangs nichts, um die Lage in Niederthann zu beruhigen. Im Gegenteil, sie gossen mit unbedachten Handlungen und ungedeckten Äußerungen sogar noch Öl ins Feuer. Sie verstärkten den Objektschutz für Brunnwiesers Anwesen, forderten die Dorfbewohner zu höchster Wachsamkeit auf und baten sie, zu Hause zu bleiben und jedes verdächtige Indiz sofort zu melden. Der Chef der Landpolizei-Inspektion Pfaffenhofen hoffte, dass Niederthann eine «Landfahrer-Invasion erspart bleibt»,[4] während andere Polizisten «das Schlimmste» befürchteten. Sie hatten davon gehört, dass ein Zigeuner gedroht habe, Brunnwieser, seine Familie und mehr als ein Dutzend Niederthanner niederzuschießen, wenn der Täter seiner gerechten Strafe entgehen sollte.[5] Wie selbstverständlich nahmen sie an, dass die Zigeuner auf Vergeltung sannen und «Blutrache geschworen» hätten.[6] Ein Beamter behauptete sogar ohne den Schimmer eines Anhaltspunktes: «Inzwischen rollt eine befreundete Sippe aus Köln an. Da gibt's nur einen Rat für den Bauern: In der Großstadt untertauchen!»[7] Alles an ihrem Auftreten bewies, wie verängstigt und unsicher die Polizei war und wie sehr die traditionellen «Zigeuner»-Zerrbilder ihr Urteilsvermögen trübten.

«Blutrache»! Es war kein Zufall, dass die Polizeibeamten ausgerechnet auf diese Idee kamen. Das Schreckbild der unerbittlich auf Vergeltung bedachten Sinti und Roma gehörte seit Jahrhunderten zu den Vorstellungen, die in ganz Europa verbreitet waren. Obwohl es nicht den geringsten Anhaltspunkt für solche Praktiken gab, glaubten viele ebenso fest daran wie an das böse Märchen von den Zigeunern als Kinderräuber, das ebenfalls längst widerlegt worden war und trotzdem weiterlebte. Noch im Brockhaus des Jahres 1974 schrieb man den Zigeunern den Brauch der Blutrache zu.[8]

Die wilden Spekulationen der Polizei heizten die angespannte Stimmung in der Region weiter auf. Vor allem Niederthann zitterte vor der «Blutrache der Zigeuner». «Die kommen bestimmt wieder z'ruck», zitierte die Münchner tz einen Einheimischen, «und bringen den Max um.»[9] Die Frauen ließen ihre Kinder nicht mehr aus den Augen, sie blieben in ihren Häusern und riegelten sie bei Einbruch der Dämmerung zu. «I hob so vui Angst, daß i's gor neamand sagn ko», bekannte die Inhaberin des kleinen Kramerladens.[10] Selbst gestandene Männer vernachlässigten die Feldarbeit, sie verließen ihre Höfe nur noch dann, wenn es zwingend nötig war. Auch ihnen stand die «Angst im Gesicht geschrieben». «Wer die Zigeina g'seng hod, wias auf den Brunnwieser los san, der woaß, warum er sich fürcht», kommentierte ein Bauer.[11]

Die Einwohner von Niederthann nannten vor Journalisten weder ihre Namen, noch wollten sie fotografiert werden. Denn: «Da hätten die Zigeuner ja einen Steckbrief von uns und bräuchten uns nur abknallen wie Hunde.»[12] Selbst die friedfertigsten Bauern, die sich nie etwas hatten zu Schulden kommen lassen, verloren die Fassung und ihr Rechtsempfinden. Sie kündigten deshalb an: «Wenn die Sippe nicht verschwindet, vertreiben wir sie mit der Waffe in der Hand»,[13] und forderten ihren Landrat auf: «Herr Landrat, kaufen Sie uns Maschinengewehre.»[14] Es schien, als sei «wie im Mittelalter [eine] uralte Fehde zwischen Bauern und Zigeunern ausgebrochen».[15]

Die Polizei steckte mit ihrer Panikmache auch die Presse an, die ihrerseits alle Zurückhaltung fahren ließ. Die Münchner Abendzeitung zeichnete sich hier besonders aus: «Mitten in Bayern: Bauer von Blutrache bedroht», «Zigeuner erklären Bauern den Krieg», «Pfaffenhofen: Krieg zwischen Zigeunern und Bauern spitzt sich zu», so lauteten ihre Schlagzeilen in den ersten Tagen nach der Tat.[16] Auch andere Organe stürzten sich geradezu mit Wonne auf den Fall. Der Münchner Merkur titelte: «Bauernfamilie droht Blutrache»,[17] und die tz machte mit der Überschrift auf: «Angst vor der Zigeuner-Rache».[18] Sogar die Süddeutsche Zeitung verstieß gegen die Sorgfaltspflicht, als sie behauptete, die fünf Zigeunerinnen hätten am Samstag vor der Tat in Niederthann bei einem Rentner in Dachau eingebrochen und dabei 4800 DM geraubt.[19]

Diese Behauptung stellte sich schon wenige Tage später in jeder Hinsicht als völlig haltlos heraus. Dasselbe galt für die reißerischen Schlagzeilen und die Spekulationen der Polizei, die sie ausgelöst hatten. Die Münchner Blätter transportierten mit ihrer Kriegsberichterstattung aber nicht nur traditionelle «Zigeuner»-Klischees. Fast noch auffälliger war ihre Herablassung gegenüber der bäuerlichen Provinz, die mit einem Bein noch im Mittelalter zu stehen schien – mit ihren archaischen Ängsten vor den Zigeunern und ihren nicht weniger archaischen Selbstjustizfantasien, die in Rechtsstaat und Demokratie keine Grenze fanden. Die Provinz, so schien es, diente den modernen Hauptstadtzeitungen als Deponie für Rassismus und Zigeunerfeindlichkeit, die angeblich nur auf dem flachen Land grassierten, während sie in Wahrheit überall nisteten, selbst in den Redaktionen viel gelesener, freigeistig gesinnter urbaner Blätter, wie ihre ersten Berichte eindrucksvoll bezeugten.

Dass die zahlreichen Artikel der Boulevardpresse aus diesen Gründen problematische Quellen sind, muss nicht extra betont werden. Falsch oder frei erfunden waren sie dennoch nicht, wie spätere Zeugenvernehmungen und nachträgliche Schilderungen von Zeitzeugen belegen. Überzogen in ihren Urteilen, fingen sie gleichwohl Stimmungsbilder ein, die glaubwürdig und zumal in der Zusammenschau der Indizien plausibel erscheinen. Diese Plausibilitätsvermutung bestätigt auch ein Blick in die örtliche Presse. Die lokalen Blätter berichteten nüchterner über den blutigen Sonntag von Niederthann und rügten die Boulevardzeitungen der Landeshauptstadt, dass ihre widersprüchlichen, übertriebenen und «größtenteils nicht der Wahrheit entsprechende[n] Meldungen» über den Zigeuner-Krieg[20] die angespannte Lage unnötig aufgeheizt hätten. Aber auch sie schrieben, dass in Niederthann und Umgebung die Angst umging und sich, in den Worten des Bürgermeisters von Schweitenkirchen, Max Elfinger (Jahrgang 1926), gelegentlich bis zur «Massenhysterie» steigerte.[21]

Angesichts dieser Stimmungslage versuchten die Ordnungshüter schließlich vieles, um den von ihnen selbst angerichteten Schaden zu begrenzen. Der Polizeichef aus Pfaffenhofen versicherte den gereizten Bürgern: «Wir haben Polizeibeamte und Hundeführer von vier Dienststellen zusammengezogen. Jede Nacht sind drei Patrouillen hier unterwegs.»[22] Außerdem warnte er die an der Autobahnraststätte verbliebenen Roma, die Dinge nur ja nicht auf eigene Faust zu regeln, sonst drohten sofortige Festnahmen und die Abschiebung über die jugoslawische Grenze. Auch in einer kurzfristig anberaumten Bürgerversammlung im Gasthof Grebmair versuchte der Polizeichef, unterstützt vom Landrat, die Einwohner von Niederthann zu beruhigen und ihre Angst vor Racheakten zu zerstreuen. Aus «polizeilicher Erfahrung heraus», betonte er nun, «neigten die Zigeuner nicht grundsätzlich zur Gewalt». Die betroffene Landfahrergruppe habe sich der Polizei gegenüber «stets diszipliniert» gezeigt, sie trage «ruhig und still ihre Trauer». Mit Gewalttaten von ihrer Seite sei «keinesfalls zu rechnen».[23]

Diese verspätete Versicherung und die Warnung des Landrats vor unbedachten Handlungen halfen aber nicht viel. Die Angst blieb auch dann noch virulent, als die Sinti und Roma bereits abgereist waren, das Gefühl der Ohnmacht ebenso. Der Zorn der Einheimischen, der daraus erwuchs, richtete sich dabei nicht primär gegen die Polizei, die sie ja kannten, weil die Beamten aus der Gegend stammten und hier fest verwurzelt waren. Er richtete sich gegen den Staat, der versagt hatte und seine Bürger nicht schützen konnte.

Niemand brachte den Unmut deutlicher zum Ausdruck als Max Elfinger von der CSU. Die zahlreichen Anrufe verängstigter Bauern hatten dem Bürgermeister anscheinend so stark zugesetzt, dass er ganz vergaß, welche Partei den Freistaat Bayern seit Langem regierte und für die Sicherheit zuständig war. Der gelernte Metzger hielt es für eine «Sauerei», «dass ein anständiger Gemeindebürger wegziehen muß wegen dem Gesindel». Mit der «inneren Sicherheit» sei es «saumäßig bestellt». Elfinger erntete dafür einhellige Zustimmung unter seinen Bauern, die in den Zigeunern eine ebenso große Plage sahen wie er und sie am liebsten des Landes verwiesen hätten. «Jawoi, a Sauerei is des», pflichteten sie dem Bürgermeister bei.[24] Auch sie waren, wie Elfinger, der Meinung, dass es nur eine Lösung des Problems geben könne – die Entfernung.[25]

Der Mann, der diese Eruptionen der Staatsverdrossenheit ausgelöst hatte, dürfte davon kaum etwas mitbekommen haben. Wo war Brunnwieser überhaupt? Diese Frage stellten sich nicht nur seine Nachbarn, sondern vor allem auch die Journalisten, die Niederthann auf der Suche nach Hintergrundinformationen durchstreiften und nur zu gerne mit dem Todesschützen gesprochen hätten. Bekannt war nur: Brunnwieser befand sich auf freiem Fuß, war aber nicht zu Hause auf seinem Hof. Nur die wenigsten wussten, dass er sich und seine Familie auf Anraten der Polizei im Nachbarort Aufham bei seiner Schwägerin in Sicherheit gebracht hatte. Die Angst vor der Rache der Zigeuner ließ ihn aber auch dort nicht los, seinen beiden Töchtern und seiner Frau ging es nicht anders. Sie fürchteten nicht nur um ihr Leben, sondern wurden vermutlich auch die beklemmenden Bilder vom Sonntag nicht mehr los: die Tote in ihrem Haus, das viele Blut an der Treppe und in der Diele. Schwer traumatisiert fanden sie auch in Aufham keine ruhige Minute. Die Frau und die beiden Töchter flohen deshalb schon bald nach München und später nach Österreich, wo sie sich bei Freunden oder Verwandten am Brenner einquartierten und einige Wochen blieben.[26]

Nicht weniger stark ängstigte Brunnwieser der Gedanke an ein juristisches Nachspiel, während ihn das Schicksal der Romnja nicht allzu sehr berührte; es ist jedenfalls aus den Tagen nach der Tat keine Bemerkung oder Geste überliefert, die so etwas wie schlechtes Gewissen oder Reue erkennen ließe. Brunnwieser war vor allem mit seiner Zukunft beschäftigt, die ihm nicht allzu rosig erschien. In seinen Sorgen bestätigte ihn Rechtsanwalt Michael Georg Laqua aus Panzenhausen, den er bereits drei Stunden nach der Tat konsultierte. Seine vier Schüsse, betonte der Rechtsanwalt, konnten nicht folgenlos bleiben. Die Ermittlungen würden sich hinziehen, ein Strafprozess konnte über mehrere Instanzen gehen – Ausgang ungewiss. Laqua riet Brunnwieser deshalb, einen befreundeten Sozius aus seiner Kanzlei in München, Dr. Dietrich Nippold, einen Experten für Strafrecht, einzuschalten, den der in seiner Bewegungsfreiheit nicht eingeschränkte Brunnwieser am Tag nach der Tat aufsuchte und auf der Stelle engagierte.

Kaum aus München zurück, musste sich Brunnwieser in das Unvermeidliche schicken. Die Polizei fuhr am Nachmittag des 6. November in Aufham vor und nahm ihn mit auf die Wache in Pfaffenhofen, wo dann auch die ersten richtigen Verhöre begannen. Die Initiative dazu ging nicht von ihnen aus, gaben die örtlichen Beamten verlegen zu verstehen. Auf seiner Festnahme hatte Staatsanwalt Wolfgang Kellner von der Staatsanwaltschaft München II in einer Besprechung mit den ebenso pflichtvergessenen wie nachsichtigen örtlichen Polizisten bestanden.

Kellner (Jahrgang 1936)[27] gehörte zu einer jüngeren Generation von Juristen, die sich aus dem Dunstkreis ihrer im Dritten Reich sozialisierten und tätigen Vorgänger gelöst hatten und auch für die Lehren aus der deutschen Geschichte empfänglich waren. Er galt allgemein als «sehr sachlicher und objektiver Mann»[28] und konnte über die Saumseligkeit der Polizisten vor Ort nur den Kopf schütteln. Er hielt die ursprüngliche Annahme, der Nebenerwerbslandwirt habe aus Notwehr geschossen, für «bedenklich»[29] und drängte darauf, das Landeskriminalamt einzuschalten, das vielleicht freier war als die in den örtlichen Netzwerken verstrickte Landespolizei und die unteren Stellen der Kripo.

Damit war Brunnwiesers Freigängerei beendet. Nach einer Nacht auf der Wache in Pfaffenhofen erging am 7. November Haftbefehl, in dem es hieß: Er werde «beschuldigt, einen Menschen vorsätzlich getötet zu haben, ohne Mörder zu sein, und durch eine weitere Handlung versucht zu haben, einen Menschen vorsätzlich zu töten, ohne Mörder zu sein».[30] Er habe sich des Totschlags und des versuchten Totschlags in Tateinheit mit schwerer Körperverletzung schuldig gemacht. Der Haftrichter kannte zu diesem Zeitpunkt noch nicht alle Einzelheiten des Tatherganges. Er kam anhand der Verhörprotokolle, des Obduktionsberichts und nach einer Befragung des Beschuldigten aber zu dem Schluss, dass Brunnwieser von hinten auf die fliehenden Mädchen geschossen und die zweite Romni erst ins Visier genommen hatte, als die erste schon «regungslos an der Treppe lag». In beiden Fällen habe er «zumindest billigend in Kauf» genommen, «daß seine Schüsse tödliche Wirkung haben könnten».[31] Brunnwieser wurde wegen dieser Verbrechen, aber auch wegen Verdunklungsgefahr und weil nicht auszuschließen war, dass er seine Frau und seine beiden Töchter bei ihren Zeugenaussagen beeinflussen könnte, in Untersuchungshaft genommen.

3

Die Odyssee der Opfer

Als Max Brunnwieser am 7. November 1972 in U-Haft kam, hatte sich der Nebel aus Gerüchten und Spekulationen schon etwas gelichtet. Die Polizei wusste jetzt zumindest, wer die sieben Personen (fünf Frauen und Mädchen und zwei Männer) waren, die sich am Nachmittag des 5. November an der Raststätte Pfaffenhofen/Schweitenkirchen in einen weißen Fiat 125 mit Mailänder Kennzeichen gesetzt hatten und ein paar Kilometer nach Westen gefahren waren, bis sie schließlich in Niederthann landeten. Die sieben gehörten zu einer Gruppe von 50 bis 60 Roma, die aus Rumänien und dem früheren Jugoslawien kamen und sich länger in Italien aufgehalten hatten, ehe sie in die Bundesrepublik aufbrachen, wo sie seit Sommer 1972 anscheinend von Ort zu Ort zogen. Ihre letzte Station war München gewesen. Sie hatten dort auf dem berüchtigten Durchfahrerplatz an der Kranzberger Allee Halt gemacht, der an einem «gottverlassenen» Feldweg lag, zwischen einer stinkenden Müllhalde und einem Straßenstrich.[1] Der durch einen Erdwall von der übrigen Menschheit abgeschirmte Standplatz verfügte über nichts, weder über sanitäre Anlagen noch Wasser und Strom, und galt ganz zu Recht als Schandfleck der Stadt. Von hier aus sollte es auf der Autobahn Richtung Norden gehen.

Warum die Gruppe mit ihren sechs Pkw und Wohnwagen schon nach 50 Kilometern Fahrt in Pfaffenhofen pausierte, muss ebenso offen bleiben wie die Frage nach ihrer genauen Zusammensetzung. War die Unterbrechung der Fahrt geplant, entsprang sie einer Laune, oder hatte der Zufall seine Hand im Spiel? Sicher scheint zu sein, dass es sich bei den vier, fünf Dutzend Roma im Kern um einen Familienverband handelte, der bereits in Rom zusammengelebt und sich einige Monate zuvor auf den Weg nach Norden aufgemacht hatte. In Rom hatten sie keine Perspektive mehr gesehen. Die kaltherzigen Polizisten, die ihnen das Leben schwer machten, und die zum Himmel schreienden Verhältnisse in den Baracken am Rande der Stadt hatten die Roma-Familien bewogen, ihre Zukunft in Ländern wie Holland, Schweden oder Deutschland zu suchen. Es konnte dort nur besser werden, hofften sie. Wovon sie auf der Reise lebten und wohin die Fahrt genau gehen sollte, blieb ihr Geheimnis.

Die Polizei in Pfaffenhofen fragte nicht danach und hätte wohl auch kaum ehrliche Antworten erhalten. Sinti und Roma mieden den Kontakt zu deutschen Ordnungshütern. Sie misstrauten ihnen, weil sie wussten, dass sie in speziellen Karteien erfasst wurden und dass jede ihrer Bewegungen genauester Beobachtung unterlag. An allen Ankunftsorten erwartete sie in der Regel schon die Polizei, die mit ihren Fragen und Formularen nur eines bezweckte – sie so lange zu traktieren, bis sie weiterzogen. Kein Wunder also, dass sich Sinti und Roma in Schweigen hüllten oder falsche Angaben machten. Was ging es die Polizei auch an, ob sie nach Köln, in das Ruhrgebiet oder, wie man auch hörte, nach Skandinavien fuhren?

In den ersten Vernehmungen kam aber immerhin so viel heraus: Keine der fünf Romnja war nach damaligem deutschen Recht volljährig. Anka Denisov war die älteste der fünf. Die Katholikin mit jugoslawischer Staatsangehörigkeit kam im Januar 1954 in Negotin im östlichen Serbien an der Grenze zu Rumänien zur Welt.[2] Ihr Vater war Gleisarbeiter, die Mutter kümmerte sich um die Kinder. Anka hatte drei Brüder und zwei Schwestern und eine große Zahl an Tanten und Onkeln, Cousins und Cousinen, die alle in der Umgebung lebten und zur Familie zählten. Not, Entbehrung und rassistische Anfeindungen waren ständige Begleiter, und auch die politischen Umstände meinten es nicht gut mit der Großfamilie. Seit je im Königreich Jugoslawien drangsaliert und verfolgt, wurde es für die Roma noch schlimmer, als 1941 die Deutschen in Serbien das Kommando übernahmen und mit ihren regionalen Verbündeten eine Schreckensherrschaft errichteten, der zahlreiche Roma zum Opfer fielen. Zu ihnen zählte auch der Großvater von Anka Denisov, der bei einem Massaker auf einer Donaufähre sein Leben verlor; SS-Leute oder ihre einheimischen Hilfstruppen schnitten ihm und anderen Roma die Kehle durch.[3]

Anka verbrachte nur ihre Kindheit in Jugoslawien. Noch keine fünfzehn besuchte sie mit einer Bekannten eine aus Serbien stammende Roma-Familie in Italien, wo sie sich in den drei Jahre älteren Zeko Slavic (Jahrgang 1951)[4] verliebte und hängen blieb. Das junge Paar lebte in Quarticciolo, einem eher verkommenen Viertel von Rom, in dem die Faschisten in den 1930er Jahren zahlreiche Einheitswohnungen für kinderreiche Familien errichtet hatten, die nach 1945 zusammen mit baufälligen Baracken als Unterkünfte für ärmere Leute dienten. In Quarticciolo gebar Anka auch ihre beiden Kinder – Nedelko und Guran, die zum Zeitpunkt der Tat in Niederthann drei Jahre und zwölf Monate alt waren. Ihr Vater, Zeko Slavic, war italienischer Staatsbürger und mit Anka nach «Zigeunerart» verheiratet. Was das hieß, erklärte er später vor Gericht so: «Es ist bei uns [...] so, daß man als verheiratet gilt, wenn man mit einer Frau mehrere Kinder hat.»[5]

Slavic saß im November 1972 in dem weißen Fiat, der Anka und die anderen nach Niederthann brachte. Mit dabei war außerdem deren Cousine Mila Denisov (Jahrgang 1957), die aus Derventa in Bosnien gebürtig war und sich anscheinend länger in Turin auf einem Stellplatz in der Via Roma aufgehalten hatte.[6] Auch sie hatte bereits zwei Kinder, die zweieinhalb Jahre und sieben Monate alt waren; das jüngste, eine Frühgeburt, lag noch in einem Krankenhaus in Ulm. Mila war ebenfalls jugoslawische Staatsbürgerin und ebenfalls auf «Zigeunerart» verheiratet. Ihr Mann Duro Konstantinov, ein 1951 geborener Italiener, lenkte den Fiat, der zwischen zwei und drei Uhr nach Niederthann fuhr.

Komplettiert wurde die Truppe durch Duros kleine Schwester Maza, die 1961 in Italien auf die Welt gekommen war, Lidija Pavlov (Jahrgang 1958), die im östlichen Kroatien geboren wurde, und durch die 16-jährige Milena Ivanov (Jahrgang 1956), die wahrscheinlich aus der kleinen Stadt Ruma in Serbien stammte und zuletzt ebenfalls in Turin gelebt hatte;[7] auch sie war bereits verheiratet.[8]

Von den sieben hatten bis dahin zwei mit der Polizei zu tun gehabt. Mila Denisov war im August 1972 in Prüm in der Eifel wegen des Verdachts des Diebstahls erkennungsdienstlich behandelt, dann aber anscheinend nicht weiter belangt worden, und gegen Milena Ivanov hatte die Staatsanwaltschaft in Trier ein Ermittlungsverfahren wegen Hühner- und Gelddiebstahls eröffnet, das anscheinend ebenfalls niedergeschlagen worden war.[9] Im bayerischen Landeskriminalamt ging man zwar generell davon aus, dass «ein hoher Prozentsatz dieser Personen, zum mindesten zu irgendeiner Zeit, einmal mit den Gesetzen in Konflikt kam».[10] Bei den sieben von Niederthann bestätigte sich dieser Generalverdacht aber nicht. Hinweise auf eine schwerwiegende kriminelle Vergangenheit gab es beim LKA ebenso wenig wie beim Bundeskriminalamt, das sogar die jugoslawischen Behörden um Amtshilfe gebeten hatte. Auch hier Fehlanzeige – gegen Anka Denisov, Mila Denisov und Lidija Pavlov gab es keine «gerichtlichen Vorgänge»[11], hieß es aus Belgrad.

Von den fünf Romnja hatte keine eine Schule besucht oder eine Lehre genossen. Sie sprachen kein Wort Deutsch und konnten weder lesen noch schreiben. Wo hätten sie es auch lernen sollen? In Bosnien, Rumänien oder Serbien sicher nicht. Die Schulpflicht für Roma bestand dort nur auf dem Papier. In Italien war die Lage besser, aber deshalb noch lange nicht gut. In Rom oder Turin ging zwar jedes zweite Roma-Kind in die erste Klasse der Elementarschule. Die Kleinen fehlten aber oft und ließen sich in den ebenso fremden wie abweisenden Lehranstalten mit ihren strengen Regeln bald überhaupt nicht mehr blicken; in den fünften Klassen zählten die Statistiker keine fünf Prozent Roma-Kinder.[12]

Entsprechend schwierig gestalteten sich die Vernehmungen. Die Polizei war hier auf die Hilfe einer Dolmetscherin aus Niederscheyern angewiesen, die, wie ein später hinzugezogener Kollege, ihre liebe Mühe hatte, weil die drei festgesetzten Mädchen in allen Zungen redeten, aber keine Sprache außer Romanes wirklich beherrschten.[13] Die kleine Maza beispielsweise sprach ein bisschen Türkisch, ein bisschen Italienisch und Kroatisch oder Serbisch, nichts davon aber präzise, sodass die Dolmetscher kaum damit zurecht kamen. Die von den drei Romnja mit Kreuzen unterzeichneten Vernehmungsprotokolle hatten deshalb ihre Tücken und boten den Verteidigern Brunnwiesers später immer wieder die Möglichkeit, auf fehlerhafte Übersetzungen und Unstimmigkeiten hinzuweisen.[14]

Bei der Rekonstruktion des Tathergangs waren die drei jungen Romnja jedenfalls keine große Hilfe. Alles deutet jedoch darauf hin, dass die siebenköpfige Truppe nicht gezielt nach Niederthann gefahren war. Der Zufall wollte es so, und er wollte es anscheinend auch, dass die Romnja schließlich vor Brunnwiesers Haus standen. Die fünf Mädchen wollten dort Brot und Eier kaufen, während die zwei Männer 50 Meter entfernt vor ihrem Auto warteten. Sie hatten auch genügend Geld für diese Einkäufe, versicherten die drei Romnja immer wieder, verstrickten sich dabei aber in ebenso viele Widersprüche wie bei der Schilderung ihres Eindringens in das Anwesen. Die Haustür sei offen gewesen, sagte die eine, während eine andere versicherte, sie sei zu gewesen. Sie wollten gerufen und geklopft haben, ohne dass ihnen geöffnet worden sei, und seien schließlich in den ersten Stock – in einer anderen Version auf den Dachboden – gestiegen. Brot und Eier zu kaufen, nichts sonst hätten sie vorgehabt. Eine dritte Version lautete dagegen: Sie hätten das Haus überhaupt nicht betreten, Brunnwieser habe sie vor der Tür bemerkt und einfach geschossen.[15]

Besonders glaubwürdig wirkten diese widersprüchlichen Aussagen nicht. Alle Indizien sprechen dafür, dass die Romnja widerrechtlich in den Bauernhof eingedrungen waren, das aber vor der

Polizei und dem Haftrichter nicht zugeben wollten. Ihre aben-
teuerlichen Ausreden hatten aber auch noch andere Gründe: Die
drei Romnja waren noch halbe Kinder und heillos überfordert.
Alles war ihnen fremd – das Land, die Sprache und insbesondere
das forsche Auftreten der bayerischen Beamten, die den Täter wie
ihresgleichen behandelten, während sie ihnen nur Misstrauen
entgegenbrachten. Und: Sie hatten weder einen Rechtsanwalt an
ihrer Seite noch sonst eine Stütze.

Die Gruppe, mit der sie schon seit geraumer Zeit reisten, befand
sich nämlich nicht mehr auf dem Autobahnrastplatz in Pfaffenhofen. Die 50 bis 60 Roma waren fassungslos, als sie die Nachricht
aus Niederthann erreichte. Sie waren Drohungen, Kontrollen und
Schikanen aller Art gewöhnt und ließen sich dadurch nicht leicht
einschüchtern. Aber dass man sie niederschoss, wühlte sie zu-
tiefst auf. Wut, grenzenlose Wut bemächtigte sich ihrer. Noch
größer aber war die Angst, dass es bei den vier Schüssen nicht
bleiben würde und die aufgebrachten Bauern auf sie losgehen
könnten. Die Älteren erinnerten sich sofort an die brutalen Ver-
folgungen vor 1945 und fühlten sich in ihrer Meinung bestätigt,
dass den «Gadsche», zumal in ihrer deutschen Variante, alles
zuzutrauen sei. Das Gerücht von der Blutrache, das die Polizei in
die Welt gesetzt hatte, schlug jetzt auf diejenigen zurück, die sie
angeblich geschworen hatten. Die Roma-Gruppe wartete deshalb
nur noch die Freigabe des Leichnams von Anka nach der Obduktion ab und machte sich dann so rasch wie möglich auf den Weg
nach Köln, wo sie sich sicherer fühlte und wo am 10. November
auf dem Westfriedhof die Beerdigung nach katholischem Ritus
stattfinden sollte.

Dass die junge Frau ihre letzte Ruhe ausgerechnet dort fand,
war kein Zufall. In Köln lebten seit Kriegsende zahlreiche Sinti
und Roma. Unter ihnen befanden sich auch einige Verwandte
von Anka Denisov, mit denen sie und ihre Familie bereits in der
Barackensiedlung in Quarticciolo zusammengelebt hatten. In
Köln, so scheint es, ging es ihnen besser als in vielen anderen
deutschen Städten und Gemeinden, wo man die nicht sesshaften

unter ihnen in der Regel so lange schikanierte, bis sie freiwillig weiterzogen. In Köln herrschte ein etwas anderer Geist. Hier kümmerte sich der Sozialdienst Katholischer Männer e. V. seit mehr als einem Jahrzehnt um die Interessen der Sinti und Roma. Auch die sozialdemokratisch geführte Stadtverwaltung zeigte sich ihnen gegenüber aufgeschlossener als die Stadtväter anderswo. Sie wies ihnen Stellplätze zu und nahm 1971 ein extra für sie gedachtes Wohnungsbauprojekt in Angriff, an dem ein gewählter «Zigeunerrat» von Beginn an mitwirken konnte. Auch in Köln gab es Anfeindungen, und auch hier blühten die Ressentiments. Selbst die engagierten Katholiken waren nicht frei von tief sitzenden Vorurteilen, die sich immer wieder Bahn brachen und das Klima belasteten. Dennoch: Köln tat etwas für die Sinti und Roma, Integration war hier kein ganz leeres Wort,[16] wie auch die Tatsache unterstreicht, dass das Sozialamt der Stadt einen Teil der Beerdigungskosten für Anka Denisov übernahm.

Dutzende Freunde und Verwandte versammelten sich auf dem Kölner Westfriedhof, wo Anka Denisov im November 1972 in einem schlichten Grab ohne Kreuz und sonstigen Schmuck bestattet wurde. Sie kamen aus Rom, Mailand, aus holländischen und deutschen Städten und versuchten, einander zu trösten. Ein Reporter der Münchner Abendzeitung beobachtete in der Aussegnungshalle erschütternde Szenen, die sich am offenen Grab wiederholten. «Warum musste dieses Mädchen sterben?», diese Frage war in aller Munde. Eine andere ebenfalls: «Darf man denn Zigeuner einfach töten, sind wir denn keine Menschen?» Man könne mit «dem Gewehr drohen und die Polizei rufen, aber doch nicht auf Wehrlose schießen». Auch das ungeborene Kind wurde nicht vergessen. Eine alte Frau hob sieben Finger hoch. «So viele Monate, bald ein Baby.» Der Täter habe «zwei getötet». Ein weiterer Trauergast verwahrte sich entschieden gegen den Vorwurf, seine Verwandten und Freunde dächten an Rache. «Wir sind Zigeuner, keine Banditen.»[17]

Ankas Eltern fehlten bei der Beerdigung in Köln. Sie lebten noch immer in Serbien und wussten nicht, dass ihre Tochter tot war. Erst Tage nach der Bestattung las der Vater in einer serbischen Zeitung eine kleine Nachricht, die sich – ohne Nennung von Namen – auf die Bluttat von Niederthann bezog. Eine junge schwangere Romni tot – konnte das Opfer Anka sein? Für die Eltern und Verwandten begann eine schwere Zeit der unbeantworteten Fragen, die nicht verstummen wollten. Sie hatten kein Telefon und keine Adresse ihrer Tochter, an die sie hätten schreiben können. Sie waren allein mit ihren Fragen und der Ungewissheit, die Tag und Nacht an ihren Nerven nagte. Einen Monat lang, ehe ein Telegramm mit der bitteren Nachricht eintraf, die vor allem dem Vater einen schweren Schlag versetzte. Der kräftige, gesunde Mann zog sich von der Familie zurück, aß nichts mehr, trank nichts mehr und starb nach drei Monaten.[18]

Auch Lidija Pavlov, Maza Konstantinov und Mila Denisov nahmen an der Beerdigung nicht teil, Milena Ivanov ebenso wenig. Die zwei älteren Mädchen waren in Haft, Milena lag im Krankenhaus, wo die Ärzte nach der Notoperation am 5. November noch immer um ihr Leben rangen. Währenddessen stand auch sie unter polizeilicher Obhut, die anfangs so streng gehandhabt wurde, dass nicht einmal ihr Mann sie besuchen durfte. Ansonsten fehlte es der zarten jungen Frau mit ihren schulterlangen rotbraunen Haaren in der Klinik an nichts. Die Ärzte und das Pflegepersonal kümmerten sich rührend um ihre Patientin, die nach zwei Wochen erneut operiert werden musste, weil ein Darmverschluss drohte. Danach kam sie langsam wieder zu Kräften. «Die Menschen waren alle sehr nett zu mir», sagte sie einem Reporter des Ilmgau Kuriers, der sie im Krankenhaus besuchte und einen sehr empathischen Bericht darüber schrieb. «Milenas größter Wunsch: Sie will heim zu ihrem Mann», so lautete die Überschrift des Artikels, der eindrücklich bewies, dass im Landkreis Pfaffenhofen nicht nur rassistische Scharfmacher zu Hause waren.[19]

4

Rolf Bossi: Ein Staranwalt für Roma

Milena Ivanov verließ die Frauenabteilung des Krankenhauses von Pfaffenhofen Anfang Dezember 1972 auf eigenen Wunsch. Sie war noch längst nicht wieder gesund, aber doch so weit hergestellt, dass sie zu ihren Angehörigen nach Köln reisen konnte, wo sie sich erneut in ein Hospital begeben und bis kurz vor Weihnachten bleiben musste.[1] Mila Denisov, Lidija Pavlov und Maza Konstantinov befanden sich zu diesem Zeitpunkt nicht mehr in Haft. Dass sie wieder frei waren, hatten sie vor allem Rolf Bossi zu verdanken, einem der prominentesten Strafverteidiger der Republik, der sich bei Zeko Slavic gemeldet und ihm angeboten hatte, seine Interessen und die seiner beiden Kinder als Nebenkläger in dem bevorstehenden Prozess zu vertreten; auch um die drei inhaftierten Romnja wollte er sich kümmern.

Rolf Bossi (Jahrgang 1923) galt als ein ebenso engagierter wie fähiger Anwalt, der sich immer wieder spektakulärer, aber aussichtslos scheinender Fälle annahm und sie mit ebenso unkonventionellen wie innovativen Methoden zu einem für seine Mandanten guten Ende führte. Republikweit bekannt wurde er 1968/69, als er den Fall des Serienmörders Jürgen Bartsch übernahm, der zuvor Jahre lang die Aufmerksamkeit der Öffentlichkeit gefesselt hatte. Bartsch (Jahrgang 1946) hatte zwischen 1962 und 1966 vier Buben im Alter von acht bis 13 Jahren auf sadistisch-perverse Weise gequält und dann «buchstäblich geschlachtet»[2]. Das Landgericht Wuppertal verurteilte ihn daraufhin als voll zurechnungsfähigen Erwachsenen zu lebenslänglicher Haft, machte sich aber nicht die Mühe, mit Hilfe eines psychiatrischen Gutachtens die Hintergründe der Taten auszuleuchten, sodass etwa auch die Leidensgeschichte des Täters als Opfer sexuellen Missbrauchs in einem katholischen Heim unentdeckt blieb.

Bossi legte Berufung beim Bundesgerichtshof ein, der den Fall zur weiteren Behandlung an die Jugendkammer des Landgerichts Düsseldorf überwies, das sich bei der Urteilsfindung auf die «Elite der psychiatrischen und psychologischen Wissenschaft»[3] stützen konnte. Bossi selbst hielt Bartsch für einen kranken, hochgradig triebgestörten Sexualtäter, also für schuldunfähig, der in eine psychiatrische Anstalt statt in ein Gefängnis gehörte. Er konnte das Gericht zumindest partiell von dieser Einschätzung überzeugen und trug so entscheidend dazu bei, dass dieser Fall die Praxis des deutschen Strafrechts veränderte, und zwar dauerhaft. In ähnlich gelagerten Fällen rief man von da an nicht mehr «nach dem Henker, sondern nach dem Arzt», wie es in der Presse hieß.[4]

Trotz solcher Leistungen in einigen sogenannten Jahrhundertfällen war Bossi in manchen Kreisen als publizitätssüchtiger Blender und als «Blut- und Sperma»-Anwalt abgestempelt, zu dessen Geschäftsmodell es angeblich gehörte, sich von seinen Mandanten die Persönlichkeitsrechte abtreten zu lassen, um etwaige Sensationen dann an die Presse zu verscherbeln, zu gesalzenen Preisen, versteht sich. Von der Öffentlichkeit unbemerkt, verteidigte Bossi aber auch viele straffällig gewordene gesellschaftliche Außenseiter, die Mühe hatten, ihre Rechte zu behaupten. Das Schicksal seines Vaters dürfte ihm dabei immer vor Augen gestanden haben: Der in Como geborene Italiener hatte die deutsche Staatsbürgerschaft angenommen und Karriere im badischen Innenministerium gemacht, ehe er 1936 als Verwaltungsoffizier bei der Luftwaffe in Erding und später beim Flakregiment München 5 landete. Dort kam es 1942 zu Unterschlagungen von Lebensmitteln und Spirituosen,[5] wobei Bossis Vater – selbst an der Tat anscheinend nicht beteiligt – die Täter gedeckt haben sollte. Der streng katholische Mann, der sich politisch zur Zentrumspartei bekannte und Hitler und den Nationalsozialismus ablehnte, wurde daraufhin wegen Wehrkraftzersetzung zum Tode verurteilt und hingerichtet. Bossi sah darin nichts anderes als einen «Justizmord an einem standhaften Antifaschisten»,[6] der ihn ebenso prägte wie seine Erfahrungen als junger Jura-Student, der im Rahmen eines Seminars die Haftanstalt München-Stadelheim besuchte. Er sah dort, eigenen Angaben zufolge, durch ein Guckloch in der Zellentür Kurt Huber und Alexander Schmorell, beide Angehörige der Widerstandsgruppe Weiße Rose und beide zum Tode verurteilt. «Wir mußten sie besichtigen, wie gefährliche, endlich eingesperrte Tiere.»[7] Dieser Schock und das Schicksal seines Vaters waren Schlüsselerlebnisse, die Bossis politisches und soziales Gewissen weckten und vermutlich auch seine Empathie für das Los der Minderheit der Sinti und Roma begründeten, die von Beginn seiner Karriere an zu seinem Kundenkreis zählten.

Als seine Kanzlei die Vertretung des Mannes und der beiden Kinder von Anka Denisov als Nebenkläger übernahm, dürfte Bossi auch auf die Berichterstattung der Münchner Presse, namentlich der Abendzeitung, reagiert haben, die mit ihren grellen Reportagen über Niederthann anfangs ganz auf die Sensationsgier ihrer Leser gesetzt und dabei vor allem die alten «Zigeuner»-Klischees bedient hatte. Nach ein paar Tagen änderte sich aber der Ton. Ursula von Kardorff, als bewährte NS-Gegnerin und SZ-Redakteurin eine moralische Großinstanz des deutschen Journalismus, brachte mit einem Gastbeitrag die Redaktion der Abendzeitung zur Besinnung. «Mußte das sein? War das Notwehr? Zückte eine der Zigeunerinnen […] eine Waffe? Wurde der Pfaffenhofener Bauer bedroht?», fragte sie und schob eine weitere Frage nach, die den «Zigeuner-Krieg» von Niederthann nicht mehr als blutiges Provinzspektakel erscheinen ließ, sondern gleichsam historisierte: «[…] leben wir vielleicht immer noch im Nachfolgestaat Hitlers, in dem Zigeuner das Signum ‹Untermenschen› trugen und in Auschwitz in ein Sonderlager kamen, wo man erst medizinische Experimente an ihnen machte, ehe man sie vergaste und es fast fertigbrachte, sie insgesamt auszurotten?»[8] Ursula von Kardorff stand mit solchen Fragen nicht allein, schon gar nicht in München, wo sich neben der katholischen Kirche sporadisch auch die seriöse Presse um die Sinti und Roma zu kümmern begann. Sie berichtete schon seit Längerem über einzelne Schicksale im Dritten Reich und griff insbesondere die Not und das Bildungselend der Kinder immer wieder in bewegenden Artikeln auf. Das größte Engagement zeigten aber die von der Studentenrevolte geprägten Jungsozialisten, die in den 1960er Jahren eine besondere Sensibilität für verfolgte und marginalisierte Minderheiten entwickelten und so auch das Thema Sinti und Roma entdeckten. Die Jusos setzten dieses Thema auch in ihrer Mutterpartei, der SPD, auf die Tagesordnung und ließen nicht mehr locker, bis die von Sozialdemokraten geführte Stadtverwaltung tätig wurde. Zu so großen Hilfs- und Reformprojekten wie in Köln und Freiburg konnte sich die Stadt München nicht aufraffen. Sie entschloss sich Anfang der 1970er Jahre aber immerhin, das völlig verwahrloste «Zigeunerghetto» an der Kranzberger Allee durch einen neuen Stellplatz an der Burmester Straße zu ersetzen, der 1974 bezogen werden konnte.[9] «Neben der Verbesserung der tatsächlichen Lebensbedingungen», hieß es in einem Konzeptpapier des Sozialreferats, «soll die Einrichtung des Platzes den Übergang dieser Randgruppen in die Gesamtgesellschaft ohne gravierenden Identitätsverlust beschleunigen und gewährleisten».[10] Der unmittelbare Anstoß dazu ging von Edith von Welser, der späteren Ehefrau des Münchner Oberbürgermeisters Christian Ude, aus, die sich schon seit Jahren für die Interessen der Sinti und Roma stark machte und dabei zunehmend häufiger Unterstützung in Politiker- und Intellektuellenkreisen fand.

Die Süddeutsche Zeitung, das Sozialreferat der Stadt München, Edith von Welser und Ursula von Kardorff sprachen und schrieben wie selbstverständlich von «Zigeunern». Dass sich eine verbale Wende anbahnte und dass zumindest die Vertreter der ersten, noch ganz losen organisatorischen Zusammenschlüsse der Sinti und Roma darauf pochten, den Begriff Zigeuner endlich fallen zu lassen, hatte sich ihnen noch nicht erschlossen. Es schadete aber auch nicht, weder ihnen noch der Sache, die immer größere Aufmerksamkeit erlangte. Die Abendzeitung schwenkte jedenfalls nach der wuchtigen historischen Reminiszenz von Ursula von Kardorff vollkommen um. Sie veröffentlichte Zuschriften, in denen ihre Leser vor Empörung über Brunnwieser geradezu schäumten. «Armes Bayern», meinte ein Herr aus Baden-Baden. «In vollendeter Wildwestmanier wurde eine Zigeunerin, die ja auch ein Mensch ist, von solch einem Dorftrottel erschossen.» Er schäme sich, «Deutscher zu sein», betonte einer aus München[11] und setzte hinzu: «Der Deutsche will doch in den Augen anderer Völker auch als Mensch gelten und nicht wie Freiwild abgeknallt werden.»[12]

Schließlich unterstützte die reuige Abendzeitung noch eine Spendenaktion für die Sinti und Roma, die der Filmemacher Fritz Kracht und seine Frau gestartet hatten. Es müsse «doch Menschen geben, deren Rechtsempfinden im Mittelalter nicht stehen geblieben ist».[13] 100 DM war ihnen die Sache wert, genauso viel wie Toni Stadler, einem mit Preisen überhäuften emeritierten Professor an der Akademie der Bildenden Künste, und seiner Frau Priska von Martin, die so erschüttert war, dass sie sogar an Bundespräsident Gustav Heinemann schrieb.[14] Ihr «natürliches Rechtsempfinden begehre» auf gegen das Verhalten der Landpolizei, die sich «schützend hinter die Übeltäter» stelle. Die Zigeuner seien als «Pack» bezeichnet worden. «Das ist eine Denkweise, wie wir sie im Dritten Reich unter Hitler hatten. Damals war es das ‹Judenpack›, auf das man mit rassischer Verachtung herabsah.»[15]

Auch viele überregionale Blätter griffen den Fall auf, und auch dort nahmen manche Leser kein Blatt vor den Mund. Im Nachrichtenmagazin Der Spiegel schrieb ein Mann aus Berlin, ihm stünden nicht nur die Haare zu Berge, sondern ihm sei nun auch «plausibler» geworden, «warum die CSU bei den Bundestagswahlen so gut abgeschnitten hat. Welch ein frappierender Unterschied zwischen der schönen Landschaft und den Menschen, die dort wohnen.» Andere Leser hieben in dieselbe Kerbe. Ein Herr aus Kassel etwa meinte: «Die Tatsache, daß es in unseren Landen, besonders in Bayern, tödliche Ignoranz und Voreingenommenheit gibt, zeigt, wie wenig manche Leute aus der Geschichte gelernt haben. Der Scharfrichter aus Pfaffenhofen, den die Justiz noch schützt, wird nicht der letzte Beweis dafür sein.»[16]

Bossi spürte anscheinend, dass sich allmählich eine Welle der Sympathie für die Sinti und Roma aufbaute. Bekannt und berüchtigt für seinen agonalen Stil,[17] wusste er sie sofort zu nutzen. Er ging massiv gegen die Polizei in Pfaffenhofen vor und erstattete sogar Anzeige gegen den örtlichen Polizeichef wegen «Begünstigung im Amt», weil dieser den des Totschlags verdächtigen Brunnwieser nicht an Ort und Stelle verhaftet, sondern unter Polizeischutz gestellt hatte. Was die Polizei sich in Niederthann geleistet habe, so Bossi, sei «ungeheuerlich».[18] Zugleich reichte er eine Dienstaufsichtsbeschwerde gegen den Staatsanwalt ein, der den Haftbefehl gegen die im Krankenhaus liegende Milena Ivanov erwirkt hatte. Deren «lebensbedrohliche[r] Zustand», betonte Bossi, schließe «jeden nur vorstellbaren Haftgrund von vornherein aus».[19] Schließlich nahm der prominente Strafverteidiger sich auch noch Eduard Zimmermann, den Fernsehfahnder der Nation, und dessen Sendereihe «Aktenzeichen XY … ungelöst» vor. Das Verhalten der Niederthanner Landbevölkerung sei auch auf eine kurz zuvor ausgestrahlte XY-Sendung zurückzuführen, «in der durch verantwortungslose Verallgemeinerung vor Zigeunern gewarnt worden war».[20]

Mit seinen Angriffen auf Polizei und Justiz drang Bossi nicht durch. Er hatte sein Mandat aber mit einem unüberhörbaren Paukenschlag begonnen, der die Ermittlungsbehörden so massiv unter Druck setzte, dass sie gar nicht anders konnten, als die Haftbefehle gegen die Romnja außer Kraft und diese auf freien Fuß zu setzen: Bei der schwer verletzten Milena Ivanov ordnete die Staatsanwaltschaft am 14. November an, den Haftbefehl auch dann nicht zu vollziehen, wenn ihr «Gesundheitszustand die Verhaftung» zuließe.[21] Drei Tage später wurden die Haftbefehle gegen die 11-jährige Maza Konstantinov und die 14-jährige Lidija Pavlov aufgehoben und am 22. November der Haftbefehl gegen Milena Denisov; alle drei waren bereits einige Tage zuvor aus der Haft entlassen worden – nach über einer Woche Verwahrung wegen Diebstahls, der nicht stattgefunden hatte und wofür es folglich auch keine Beweise gab.

Bei Lidija Pavlovs Entlassung aus der Haft hieß es, sie besitze nicht die «sittliche und geistige Reife», um für ihre Tat verantwortlich zu sein, wegen ihrer «geistigen und seelischen Retardierung» fehle ihr die «erforderliche Einsichtsfähigkeit». Auf nichts als einem bloßen Verdacht basierte auch ein eigens eingeholtes psychologisches Gutachten über Milena Denisov. Das ihr zur Last gelegte Delikt sei nicht nur auf ein «bloßes jugendliches Verhalten» zurückzuführen. Die Ursachen lägen tiefer. «[…] bedingt durch die ihr durch ihre Erziehungsberechtigten aufgezwungenen Lebensumstände, ist die Tat Symptom einer sich verstärkenden Fehlentwicklung.»[22] Erzieherische Maßnahmen durch ein Vormundschaftsgericht oder ein Jugendamt seien nicht möglich, «da die Beschuldigte mangels jeder Schulbildung auf das Leben in ihrer erweiterten Gemeinschaft angewiesen ist und damit ständig unter wechselndem Aufenthalt umherziehen muß».[23] Die Legende vom ewig unstillbaren Wandertrieb der nicht sozialisierbaren Zigeuner war auch bei meinungsstarken Psychologen schnell bei der Hand. Die Macht der rassistischen Ressentiments bewährte sich auch bei ihnen.

Bossi ließ es bei diesem Erfolg nicht bewenden. Seine Kanzlei kümmerte sich intensiv um die Betroffenen. Vor allem sein Partner Gunter Widmaier, der später zu einem der angesehensten Strafverteidiger der Republik avancierte, zeigte großes Engagement. Das «juristische Hirn»[24] der Kanzlei Bossi fungierte als Pfleger für die minderjährige Milena Ivanov und als Vormund für die Kinder der Getöteten. Bossi selbst bemühte sich unterdessen, in München einen Standplatz für die Roma zu finden, und er appellierte an die Spendenbereitschaft der Münchner,[25] die sich tatsächlich nicht lange bitten ließen: 450 Gäste besuchten im Augustiner-Keller ein Benefizkonzert des Jazzgeigers Nipso Brantner, selbst Sinto, der später auch für Marius Müller-Westernhagen spielte, für die Kinder von Anka Denisov.[26] Der Erlös belief sich auf 1300 DM, die Bossi dem Ehemann der Getöteten übergab.

5

Der verstockte Täter und seine Ratgeber

Weniger Erfolg hatte Bossi, als er Brunnwieser aufforderte, die Beerdigungskosten für Anka Denisov zu übernehmen und Unterhaltszahlungen für ihre zwei kleinen Kinder zu leisten. Der Todesschütze zeigte weder Schuldgefühle noch Gewissensnöte. Er ließ Bossi nicht nur ungerührt abblitzen, sondern antwortete sogar mit einer Anzeige gegen Maza Konstantinov, Lidija Pavlov und Mila Denisov wegen gemeinschaftlichen Diebstahls, obwohl er wusste, dass in seinem Haus nichts weggekommen war.[1] Warum? War er wirklich so hartherzig, wie er sich am Tatort und in den Tagen danach gab? Hatte er tatsächlich ein steinernes Herz? Oder doch nur ein müdes, das aus dem Rhythmus geraten war? Niemand in seiner Umgebung hatte Brunnwieser je als gänzlich gefühllos erlebt. Er galt als fürsorglich und hilfsbereit, war aber nach dem Tod seines Sohnes oft von diffusen Ängsten heimgesucht, die den Umgang mit ihm erschwerten. Er kränkelte, war nervös und leicht reizbar, ohne dass sich diese Reizzustände aber in offene Aggressivität verwandelt hätten. Sein Missmut und sein Lebensverdruss richteten sich eher nach innen als nach außen.

Im Grunde hatte nichts in seiner Biografie auf die Vorfälle vom 5. November vorausgedeutet. Brunnwieser ging Streit aus dem Weg, war nie in Handgreiflichkeiten verwickelt und hätte vermutlich nur verständnislos mit den Achseln gezuckt, wenn er als Rassist bezeichnet worden wäre. Was an Hass, Wut und Zorn in ihm schlummerte und gegen wen sich diese Gefühle richten mochten, gab er nicht preis; vielleicht hatte er auch nur keine

Worte dafür. Zu denken gaben im Nachhinein höchstens der Kauf eines Kleinkalibergewehrs und die Tatsache, dass er auch noch einen ansehnlichen Vorrat an Munition anlegte und diesen gut versteckte: 450 Long Rifle Patronen, 56 Flobertpatronen und 18 Schrotpatronen stellte die Polizei bei ihm sicher.[2] Einen Waffenschein hatte er dafür nicht, er brauchte ihn auch nicht. Man konnte Waffen dieser Art bis zu einer Gesetzesänderung Anfang 1973 umstandslos beispielsweise über den Versandhandel kaufen. Brunnwieser bewaffnete sich erst kurze Zeit vor der Tat wegen der vielen Bisamratten, die in der Umgebung seines Hofes ihr Unwesen trieben, vor allem aber, weil die «Zeiten so unsicher»[3] waren, wie er betonte. Er wollte vorbereitet sein und sich im Falle des Falles selbst verteidigen können.[4]

Was am 5. November 1972 mit vier oder fünf Halbe Bier intus in ihm vor sich ging, wusste selbst er nicht genau. In seinem Kopf drängten und stießen sich damals vermutlich so viele Gedanken, dass er keinen zu fassen bekam. Der Zufall hatte ihn in diese Lage gebracht, Zeit, groß nachzudenken, blieb ihm nicht: Fremde Menschen befanden sich in seinem Haus, Zigeunerinnen, wie er unmittelbar nach der Tat sagte, die dort nichts zu suchen hatten. Er wurde von ihnen nicht bedroht, seine Frau und seine Töchter waren außer sich, aber unversehrt, als die Romnja an ihm vorbei die Treppe hinab- und zur Haustür hinausstürmten. Er drückte dennoch auf die Fliehenden ab – aus Angst, aus Empörung über die frechen Eindringlinge, wegen des Alkohols oder wegen vager rassistischer Ressentiments gegen Zigeuner, die vielleicht auch er hegte?

Brunnwieser hätte auf keine dieser Fragen eine Antwort geben können. Er hatte bereits vor dem 5. November in die Zukunft wie in ein dunkles Loch geblickt. Nach seiner Verhaftung sah er nur noch schwarz. Er war mit den Nerven am Ende und hatte keine Vorstellung davon, was ihn vor dem Ermittlungsrichter, dem Staatsanwalt und später vor Gericht erwartete. Er orientierte sich deshalb an den Ratschlägen seiner Verteidiger, die ihm nahelegten, seine ersten, recht eindeutigen Aussagen in den Bereich des

widerspruchsreichen Ungefähren zu ziehen und sich als über-
forderten Mann zu präsentieren, der nicht wusste, wie ihm geschah. Brunnwieser hörte außerdem auf seine Nachbarn und
Freunde und nicht zuletzt auf die Botschaften des Bürgermeisters, der sich kurz nach der Tat bei ihm gemeldet und ihn seiner
Solidarität versichert hatte. Schließlich dürfte ihn auch die Presse
beeindruckt haben, zumal die ersten Berichte, die genau zu wissen schienen, wie die Geschehnisse einzuordnen waren. Er war
im Recht gewesen, hieß es überall, er durfte seinen Hof verteidigen, ja, er musste sich wehren, gegen wen auch immer. Wenn die
fünf fremden Frauen und Mädchen in sein Anwesen eingedrungen waren, dann mussten sie auch die Konsequenzen tragen.
Freispruch, was sonst? Ein anderes Urteil konnte es nicht geben.

Brunnwieser wären auch andere Wege offen gestanden. Er
hätte um Verständnis für seine schwierige Lage werben und
Reue zeigen können, beispielsweise mit einer Geste gegenüber
den Romnja. Niederthann lag wenige Kilometer von Pfaffenhofen entfernt. Ein Besuch bei der schwer verletzten Milena im
Krankenhaus wäre ein Leichtes gewesen und hätte den «Zigeuner-Krieg» sofort beendet und vielleicht auch die bevorstehenden juristischen Auseinandersetzungen erleichtert. Brunnwieser
entschied sich anders – nicht ahnend, dass er sich damit in eine
Sackgasse manövrierte, aus der er nie mehr herausfinden sollte.
Er hielt sich an die Ratschläge, Empfehlungen und Insinuationen
seiner Umgebung, die letztlich alle darauf hinausliefen, die
Romnja zu diskreditieren, ihnen eine erhebliche Schuld zuzu-
schieben und sich selbst zum Opfer der Umstände zu stilisieren.
Seine «ganze Umgebung», betonte später ein mit dem Fall befass-
ter Richter, habe sein Verhalten für richtig gehalten. «Er kann ja
gar keine Schuldeinsicht haben, wenn er sogar von zwei Geistlichen bestätigt bekommt, daß er im Recht war.»[5]

Die Folge davon war ein Verwirrspiel aus Ausflüchten, Ablen-
kungsmanövern und glatten Lügen, von Bedauern und Reue
hingegen keine Spur. Das zeigte sich bereits bei der ersten Vernehmung durch den Haftrichter am 7. November. Brunnwieser

konnte nicht abstreiten, dass er geschossen und die beiden Romnja von hinten getroffen hatte; das Ergebnis der Obduktion und der ärztlichen Untersuchungen war eindeutig. Aber, betonte er: Er habe in seinem Haus «langhaarige Gestalten» gesehen, die «zigeunermäßig gekleidet» waren, und nicht unterscheiden können, ob es sich um Männer oder Frauen gehandelt habe – schließlich sei es draußen neblig und drinnen schon dunkel gewesen. Am Tatort hingegen hatte er eindeutig von «Weibern» und Landfahrerinnen, also Zigeunerinnen, gesprochen. Warum er geschossen hatte, war ihm schleierhaft. Er habe nicht schießen wollen, versicherte er mehrmals im Gegensatz zu seiner ersten Aussage gegenüber der Polizei. Er habe um sein Leben und das Leben seiner Familie gefürchtet und deshalb und vor lauter Aufregung abgedrückt, dabei aber nur auf die Füße gezielt. Vielleicht habe ihn aber auch eine der vorbeistürmenden Gestalten gestoßen, sodass die Schüsse von allein losgegangen seien, als er «das Gewehr nach unten gehalten» habe. Auch auf die Zigeunerinnen, die nach den Schüssen aus dem Haus gerannt waren, kam er zu sprechen. Sie waren in seinen Augen moralisch verwahrloste Wesen. Eine sei auf der Straße stehen geblieben und habe angefangen, «sich zu entkleiden. Sie riß sich den Oberteil ihrer Kleidung auf, sodaß die Brüste sichtbar wurden, hob ihre Röcke hoch und zog ihren Schlüpfer bis zu den Knien. Dabei machte sie wiegende Bewegungen.»[6]

Nach diesen Einlassungen war es nur folgerichtig, dass der Anwalt noch am 7. November Haftbeschwerde einlegte und die sofortige Freilassung seines Mandanten verlangte. Denn: Es sei zweifelhaft, «ob Brunnwieser der vorgeworfenen Tat noch dringend verdächtig ist. Bestätigt hat sich nur, daß durch Schüsse aus einem halbautomatischen Kleinkalibergewehr, das Brunnwieser in der Hand hielt, eine Landfahrerin tödlich getroffen und eine weitere Landfahrerin verletzt wurde.» Außerdem bestehe nicht die geringste Fluchtgefahr, und schließlich könne auch von Verdunklungsversuchen keine Rede sein. Brunnwieser müsse entlassen werden, weil sich die in Österreich untergebrachte Familie «ohne ihren Vater» nicht nach Hause traue.[7]

Der Antrag auf Haftentlassung scheiterte zunächst ebenso wie der Versuch von Rechtsanwalt Nippold, den Haftbefehl außer Vollzug setzen zu lassen. Nachdem Brunnwieser aber versichert hatte, dass er 10 000 DM Kaution zahlen könne, nahm sich die 1. Strafkammer des Landgerichts München II am 13. Dezember die Anträge Nippolds noch einmal vor. Brunnwieser tischte beim Haftprüfungstermin seine Version des Tathergangs ein weiteres Mal auf und ließ dabei erneut alle wesentlichen Fragen offen. Warum er geschossen hatte, ob er und seine Familie angegriffen worden waren: Er gab vor, es nicht zu wissen, deutete zugleich aber an, eine «wilde Horde» sei auf seine Frau und ihn losgegangen, er habe Angst gehabt, dass seine Kinder umgebracht würden, es sei ein «richtiges Handgemenge» gewesen. Er habe bei alledem unter Schock gestanden.[8]

Keine vier Wochen zuvor hatte die 1. Strafkammer des Landgerichts München II die Haftbeschwerde als unbegründet verworfen, jetzt – am 13. Dezember 1972 – setzte sie den Haftbefehl außer Vollzug. Unter strengen Auflagen, die in der Praxis aber nicht viel bedeuteten: Brunnwieser musste Personalausweis und Reisepass abgeben und sich zweimal wöchentlich bei der Polizei melden. Er durfte Niederthann nicht verlassen – außer zur Arbeit in München – und musste 10 000 DM Kaution hinterlegen. Ansonsten war er ein freier Mann.[9]

Die Rückkehr in die dörfliche Gesellschaft verlief reibungslos. Brunnwieser fuhr zur Arbeit, kümmerte sich um den Hof und ließ sich ansonsten nichts anmerken. Die Nachbarn und Freunde standen zu ihm, nie fiel ein böses Wort, von niemandem. «Sie halten alle zu ihm und helfen, wo sie können», hieß es in einem Untersuchungsbericht des Landgerichtsarztes beim Landgericht München II.[10] Auch seine Familie kehrte wieder auf den Hof zurück, brauchte dort aber geraume Zeit, ehe sie sich eingewöhnt hatte. Vor allem seine Frau Maria tat sich schwer, zum alten Leben zurückzufinden. Sie hatte Angst vor den Zigeunern und fürchtete sich vor deren «Blutrache», die ihr auch dann nicht aus den Sinnen ging, nachdem sie sich einen scharfen Wachhund zugelegt hatten.

Die «Mare», sagte eine Nachbarin einer Münchner Boulevard-zeitung, «die macht niemandem auf. Und recht hat sie. Denn die Zigeuner, das sind Banditen. Und sie sind blutrünstig.»[11] Jedes ungewohnte Geräusch ließ Maria Brunnwieser aufhorchen, bei jedem Anruf zuckte sie zusammen. Sie beruhigte sich erst ein wenig, als sie erfuhr, dass ihr Mann nicht mehr Schicht arbeiten musste. BMW war ihm entgegengekommen und hatte ihn von der Nachtschicht befreit. Wenigstens abends und nachts war sie nicht mehr allein mit ihren Töchtern und ihrer Mutter in dem etwas abseits stehenden Gehöft, in dem in allen Zimmern, in den Stallungen und im Schuppen Gefahren zu lauern schienen. Ihr reichten aber schon die trüben Nachmittagsstunden, wenn die Sonne schon um vier Uhr hinter den Hügeln verschwand und wenn sich das kleine Wäldchen am Hang hinter dem Hof in ein Schattenreich verwandelte, in dem alles Mögliche hausen konnte.

Maria Brunnwieser traute dem Frieden lange nicht und hatte recht damit. Schon bald erhielten die Brunnwiesers nämlich mehrere anonyme Anrufe mit Morddrohungen und schließlich Anfang Januar 1973 einen Erpresserbrief, der mit Camillo Pavlic unterschrieben war und eindeutige Forderungen enthielt. Brunn-wieser sollte 5000 DM zahlen, andernfalls würden seine Frau und seine beiden Töchter ermordet. «Sie kein Mark bringen ich machen tot dein Frau und Kind», hieß es in dem Schreiben.[12] Brunnwieser sollte den geforderten Betrag auf der Autobahn an einer genau bezeichneten Stelle aus dem Auto werfen, wo der Er-presser dann aber nicht erschien. Ob der Absender überhaupt ein Rom war, ob er zu der Gruppe von Anka Denisov zählte, ob es sich vielleicht sogar um den Ehemann der Getöteten handelte oder um jemanden, der die Situation ausnutzen wollte, blieb Gegenstand wilder Spekulation, an der auch die Polizei nicht unbeteiligt war. Die Kripo ermittelte jedenfalls in Richtung Roma und ließ zugleich verlauten, sie sei sich «nicht ganz sicher».[13] Sie schürte mit dieser durch nichts gedeckten Äußerung ein weiteres Mal die tief sitzenden Vorurteile gegenüber Roma und stürzte die Familie Brunnwieser in noch größere Verzweiflung.

Schlechter hätte das neue Jahr für sie nicht beginnen können. Wann würden die Zigeuner zuschlagen? Wo und wie? Durfte man die beiden Töchter auch nur eine Sekunde aus den Augen lassen, sie noch allein in die Schule schicken? Diese Fragen begleiteten vor allem Maria Brunnwieser und ihre Mutter wie ein unsichtbarer Schatten. Schon ein Gang in die Stallungen erschien ihnen wie eine Mutprobe. Das Gespenst der Zigeuner lauerte überall und wetzte überall seine Messer. Es raubte der Familie Brunnwieser über Wochen den Schlaf, zumal die Kriminalpolizei sich als ohnmächtig erwies, ehe sie fast zwei Jahre später fündig wurde und eine böse Überraschung erlebte.

6

Vier Tage vor Gericht

Staatsanwalt Wolfgang Kellner wollte Klarheit. Er war bereits eingeschritten, als die Polizei in Pfaffenhofen nach der Tat keinen Anlass gesehen hatte, Brunnwieser in Haft zu nehmen. Im März 1973 wurde er erneut aktiv. Kellner bereitete die Anklageschrift vor und musste sich dabei nach den verwirrenden Aussagen Brunnwiesers fragen, ob der potentielle Angeklagte strafrechtlich voll verantwortlich war oder ob es nur dessen Verteidigungsstrategie entsprach, wenn er sich als Mann im Ausnahmezustand präsentierte, der nicht wusste, was er getan hatte. Der Staatsanwalt beantragte deshalb beim Gericht ein psychologisches (bzw. psychiatrisches) Gutachten über Brunnwiesers strafrechtliche Verantwortung[1] und schlug damit einen Weg ein, den Anfang der 1970er Jahre nur die wenigsten Staatsanwälte beschritten. Gutachten dieser Art holten damals nicht einmal alle Strafverteidiger ein, obwohl Rolf Bossi diesen juristischen Brauch nicht lange zuvor im Fall Bartsch initiiert hatte. Er leistete damit Pionierarbeit, die sich freilich erst später als so wegweisend erwies, dass auch fast alle Staatsanwaltschaften diese Praxis übernahmen, die Strafverteidiger sowieso.[2]

Oberregierungsmedizinalrat Dr. Eberhard Bundschu, ein Experte für Nerven- und Gemütskrankheiten, der mit der Erarbeitung des Gutachtens beauftragt war, untersuchte Brunnwieser und konnte keine Anzeichen einer Geisteskrankheit feststellen; es war alles richtig mit ihm. Die große Erregung bei der Tat, die depressive Verstimmung wegen des Todes seines Sohnes und eine nicht auszuschließende organische Hirnschädigung könnten aber zu «affektiven Entgleisungen» geführt haben, zumal in Verbindung mit Alkohol, dem Brunnwieser beim Mittagessen und danach beim Wirt reichlich zugesprochen hatte. Genaueres könne man erst nach eingehenden Untersuchungen sagen, weshalb er eine längere stationäre Beobachtung vorschlug.[3]

Kellner wollte es noch genauer wissen und forderte deshalb Mitte Mai 1973 die Einweisung Brunnwiesers in eine Heil- und Pflegeanstalt; von bis zu sechs Wochen Inspektion war die Rede.[4] Die Wahl fiel auf das Nervenkrankenhaus Regensburg, das sich unter der Leitung von Dr. Sebastian Maier einen hervorragenden Ruf als Zentrum für kinder- und jugendpsychiatrische Diagnostik und Therapie erworben hatte. Brunnwieser blieb dort fünf Tage, vom 15. bis zum 19. September – danach lagen zwei Gutachten vor. Das erste stammte aus der Feder einer Diplom-Psychologin und war ein testpsychologisches Zusatzgutachten. Brunnwieser sei mit einem Intelligenzquotienten von 109 «gut durchschnittlich» intelligent, hieß es darin, eine hirnorganische Schädigung liege nicht vor, er sei in puncto Merkfähigkeit, Reaktionen und Konzentrationsleistung völlig normal, reagiere aber mitunter merkwürdig. Auf eine Frage habe er «etwas paranoid mißtrauisch» geantwortet. Außerdem hätten sich «Hinweise für leicht neurotische Störungen» ergeben. Menschen wie Brunnwieser «neigen zu Argwohn, Mißtrauen und Verfolgungsideen und sind etwas überempfindlich».[5] Was das für die Tat bedeutete, musste sich der Staatsanwalt selbst zusammenreimen.

Eindeutiger äußerte sich Sebastian Maier in seinem Gutachten vom 2. Oktober 1973. Maier hielt Brunnwieser für gesund, also für voll zurechnungsfähig. Er sei «psychisch nicht auffällig», wirke aber sehr ergriffen, wenn die Rede auf den Tod seines Sohnes komme. Zur Tatzeit habe «kein irgendwie gearteter Ausnahmezustand» bestanden, «wenngleich man davon sprechen muß, daß er erregt und affektiv beeinträchtigt war». Brunnwieser, schrieb der Psychiater, «stellt den Vorfall so dar, daß er in hochgradiger Angst war, daß er sozusagen durchdrehte, daß er sich nicht anders helfen konnte. Es sei Notwehr gewesen. Er habe gedacht, seiner Frau und den Kindern geschehe etwas.»[6]

Staatsanwalt Kellner hatte jetzt in dem wichtigen Punkt der Zurechnungsfähigkeit Gewissheit. Sein ganzes Handeln deutet darauf hin, dass er nie daran gezweifelt hatte. Nachdem er schon zuvor alle relevanten Zeugen befragt, die Berichte der Polizei studiert und wichtige Gutachten eingeholt hatte, unter anderem ein schusstechnisches Gutachten des Bayerischen Landeskriminalamtes, machte sich Kellner an die Abfassung der Anklageschrift, die am 7. Januar 1974 vorlag und an Deutlichkeit nichts zu wünschen übrig ließ. In ihr hieß es: Brunnwieser sei «strafrechtlich vollverantwortlich», er habe «ohne rechtfertigenden Grund» in «unverantwortlicher Weise» vom ersten Stock aus zuerst auf die fliehende Anka Denisov geschossen, dann sei er der ebenfalls davonlaufenden Milena Ivanov ein «Stück gefolgt» und habe erneut geschossen – und zwar nur auf Grund der Tatsache, dass «fremde Personen sich in seinem Haus aufhielten». Es sei ihm «gleichgültig» gewesen, ob die Frauen «dadurch getötet wurden oder nicht». Brunnwieser werde deshalb beschuldigt, «einmal einen Menschen vorsätzlich getötet zu haben, ohne Mörder zu sein, und zum anderen versucht zu haben, einen Menschen vorsätzlich zu töten, ohne Mörder zu sein». Damit seien der Tatbestand des Totschlags und der Tatbestand eines versuchten Totschlags erfüllt.

Den getöteten, bereits 36 cm großen Embryo von Anka Denisov erwähnte Kellner mit keiner Silbe, was spätere Beobachter nicht nur wegen der Anfang der 1970er Jahre erhöhten Sensibilität für das ungeborene Leben, Stichwort: Abtreibungsdebatte, sondern auch aus rechtlichen Gründen in Erstaunen versetzte. Die Einlassungen Brunnwiesers, seine Frau und seine Kinder hätten in großer Gefahr geschwebt, es sei im Treppenhaus dunkel gewesen, er habe nicht erkennen können, ob Männer oder Frauen im Haus waren, er habe nicht schießen wollen und wisse selbst nicht, wie es dazu habe kommen können – diese Einlassungen hielt Kellner für «nicht glaubhafte Schutzbehauptung[en]», die im Zuge der

Ermittlungen entkräftet worden seien. Im Übrigen meinte Kellner, Brunnwieser habe sich nicht in einem Ausnahmezustand befunden, auch sei keine wesentliche «Alkoholbeeinflussung» festzustellen gewesen.[7] Auf dieser Basis beschloss die 1. Strafkammer des Landgerichts München II am 12. Februar 1974, die Außerkraftsetzung des Haftbefehls aufzuheben und mit der Hauptverhandlung am 18. März 1974 zu beginnen.[8] Brunnwieser musste deshalb am 18. Februar wieder einrücken, diesmal in die Justizvollzugsanstalt München-Stadelheim, wo er bis zum Prozessbeginn blieb. Alle Versuche seines Verteidigers, den Haftbefehl wieder außer Kraft setzen zu lassen, waren vergeblich; selbst das Angebot, die Kaution auf 20 000 DM zu erhöhen,[9] konnte das Amtsgericht nicht umstimmen.

Das Oberlandesgericht blieb ebenfalls hart. Es folgte am 7. März 1974 dem Antrag des Staatsanwalts am OLG, die neuerliche Beschwerde des Verteidigers zu verwerfen. Der Angeklagte, so hatte der Staatsanwalt argumentiert, «neigt zu Kurzschlußreaktionen». Dies und die «recht erhebliche Straferwartung lassen konkret befürchten, daß er sich im Falle der Entlassung dem Verfahren durch Flucht oder Untertauchen entzieht».[10] Auch seine Parteifreunde vermochten nichts auszurichten. Eine CSU-Delegation aus Schweitenkirchen kehrte mit leeren Händen aus München zurück, wo sie im Justizministerium vorstellig geworden war und um eine bessere Behandlung Brunnwiesers gebeten hatte.

Während Brunnwieser in Stadelheim saß, kehrte in Niederthann langsam wieder Ruhe ein. Aber nicht für lange. Am Wochenende vor dem Prozess war im Dorf der Teufel los. Ein Fernsehteam war da – Mikrofone, Kameras, Scheinwerfer, ein Kameramann, ein Tontechniker und ein Redakteur, die Bilder und O-Töne für einen Bericht des Zweiten Deutschen Fernsehens brauchten. Natürlich ging es um Brunnwieser, über den ohnehin schon jeder sprach, und selbstverständlich waren die Einheimischen nicht begeistert. Sie hatten sich ihre Meinung über den Fall gebildet und wollten nichts zu tun haben mit den Schnüfflern von außen, die für zwei, drei Stunden einfielen und sich dann im Besitz der Wahrheit wähnten – über den Fall, aber auch über die rassistischen Bauern-fünfer in der Provinz, die sich angeblich in ihrer Welt abschotteten und den Regeln des Rechtsstaates ihre eigenen entgegensetzten.

Dem Fernsehteam schlug deshalb eine Welle der Ablehnung entgegen. Niemand wollte mit dem Redakteur sprechen, Maria Brunnwieser schon gar nicht. Sie verwies das ZDF-Team um den bekannten Journalisten Peter Doebel ihres Hofes, während einer ihrer Verwandten es nicht bei stummem Protest beließ. Er steuerte mit seinem BWM zweimal auf die Fernsehleute los, sei es, um ihnen einen Schreck einzujagen, sei es, um sie «über den Haufen zu fahren», wie die Münchner Abendzeitung meinte und damit vermutlich ein bisschen übertrieb.[11] Ein Kameramann und ein Tontechniker konnten sich jedenfalls mit einem Sprung zur Seite retten. Sie erstatteten Anzeige, die anscheinend ohne Folgen blieb.[12]

Die Leute aus Niederthann und Umgebung waren also richtig eingestimmt, als sie sich am Morgen des 18. März 1974 nach München aufmachten, wo der Prozess gegen Brunnwieser um 9.00 Uhr begann. Schauplatz war der Justizpalast nahe des Hauptbahnhofs und dort der Saal des Schwurgerichts, der sich rasch als viel zu klein erwies, sodass auch die Empore geöffnet werden musste. Unten wie oben herrschte wimmelndes Durcheinander. Pressefotografen stießen sich im Kampf um die beste Aussicht in die Rippen. Ihre Kollegen von der schreibenden Zunft, mehr als ein Dutzend, reckten ihre Hälse und begannen alsbald emsig zu notieren. Ein Fernsehteam drängelte ungebührlich weit nach vorne, während sich hinten, auf den Zuschauerbänken, Freunde und Bekannte Brunnwiesers sowie Peter Breitner, der CSU-Landtagsabgeordnete und stellvertretende Landrat aus Pfaffenhofen als Vertreter der regionalen Obrigkeit, niederließen und mit angespannten Mienen und voller Skepsis beobachteten, ob ihrem Mann Gerechtigkeit widerfahren würde.

Das Gerichtsverfahren dauerte vier Tage, vom 18. bis 21. März.

Den Vorsitz führte Wilhelm Paul (Jahrgang 1931),[13] ein ebenso korrekter wie scharfsinniger Richter, der für seine ausgewogenen Urteile bekannt war und später den spektakulären Mordprozess gegen die Schauspielerin Ingrid van Bergen leitete, wo er wieder mit Rolf Bossi als Verteidiger zusammentraf. Er sei, schrieb Der Spiegel über ihn, «nicht nur nach Shakespeare ein ehrenwerter, er ist ein ausgezeichneter Mann».[14] Im Vordergrund stand zunächst die Vernehmung des Angeklagten, der im Wesentlichen das wiederholte, was er schon der Polizei und der Staatsanwaltschaft berichtet hatte. «Ich habe geschossen, bevor ich wußte, was los ist. [...] Ich wußte nicht, wohin ich schieße», heißt es im Protokoll der Sitzung des Schwurgerichts. Und: «Warum ich ausgesagt habe, daß ich langhaarige Gestalten, die zigeunermäßig gekleidet waren, gesehen habe, weiß ich nicht.»[15] Brunnwieser wies alle Schuld von sich, pochte auf Notwehr und hielt ansonsten alles im Ungefähren. Nur in einem besonders wichtigen Punkt legte er sich fest: «Ich meine», betonte er, «alle [Schüsse] von einer Stelle abgegeben zu haben». Um dann präzisierend hinzuzufügen: «Ich bin sicher, daß ich nicht mehr geschossen habe, nachdem ich aus dem ersten Stock gekommen bin.»[16]

Die Befragung von Zeugen und Sachverständigen brachte ebenfalls keine großen Überraschungen. Wichtig für die Entscheidungsfindung war nur, dass der mittlerweile zum Polizeiobermeister beförderte Anton Werther bei seiner Aussage blieb, Brunnwieser habe ihm am Tatort gesagt, es seien «Landfahrerinnen» in seinem Haus gewesen, er glaube, er habe «ein paar verletzt», und dass der Meteorologe vom Wetteramt München bestätigte, die Sicht sei zur Tatzeit «noch sehr gut» gewesen.[17] Beide Aussagen bedeuteten für Brunnwiesers Verteidigungsstrategie nichts Gutes, behauptete er doch erneut, er habe die Eindringlinge wegen der schlechten Lichtverhältnisse nicht erkennen können; er sei sich nicht einmal sicher gewesen, ob er Männer oder Frauen in seinem Haus gesehen habe.

Von den vier jungen Romnja, die sich zusammen mit der toten Anka Denisov im Haus von Brunnwieser zu schaffen gemacht hatten, erschien keine vor Gericht. Die Kanzlei Bossi hatte seit Mitte 1973 keinen Kontakt mehr zu den Tatzeuginnen, aber vor Prozessbeginn alle Hebel in Bewegung gesetzt, um sie ausfindig zu machen und nach München zu bringen, wo sie gegen Brunnwieser aussagen sollten. Eigentlich wäre die Suche nach den Zeuginnen Sache der Staatsanwaltschaft gewesen, die sich aber wegen fehlender Kontakte ganz auf die Kanzlei Bossi verließ. Diese nutzte ihre Drähte zu Sinti- und Roma-Familien in ganz Europa, schaltete Botschaften, Konsulate und Polizeidirektionen ein und nahm die Dienste der Zeitschrift Les Études Tsiganes in Paris in Anspruch. Vergeblich. Die vier waren wie vom Erdboden verschluckt. Wie sich später herausstellte, war eine nach Amerika ausgewandert, eine zweite nach Schweden, während die beiden anderen unauffindbar blieben. Roma aus Südeuropa, so hieß es allgemein, hätten nur «recht lose und zufällig» Kontakte zu westeuropäischen Sippen.[18]

Lediglich Zeko Slavic, der Mann der getöteten Anka Denisov und der Vater ihrer beiden Kinder, konnte dank der Mithilfe eines Sinti- und Roma-Oberhaupts aus Amsterdam in letzter Minute gefunden und zusammen mit den beiden Kindern nach München eingeladen werden.[19] Der «sogenannte Ehemann», «klein und struwwelpeterköpfig», wie ihn der Münchner Merkur abschätzig nannte,[20] zog nach den Tod bringenden Schüssen von Niederthann von Ort zu Ort, von Land zu Land. Er hielt sich in Frankreich, Belgien und in Holland auf, kehrte aber auch gelegentlich in die Bundesrepublik zurück, wo er im April 1973 in Hildesheim erkennungsdienstlich behandelt wurde – ohne Folgen.

Zeko Slavic hatte vor Gericht einen schweren Stand. Er sprach kaum Deutsch und musste sich für jede missglückte Formulierung den Spott des Publikums anhören. Er konnte weder zum Verbleib der vier Zeuginnen noch zum Tathergang sachdienliche Hinweise liefern. Er versicherte am ersten Verhandlungstag nur erneut, dass die fünf Mädchen bei Brunnwieser «nur Nahrungsmittel für die Kinder» besorgen wollten.[21] Im Übrigen sei es ihm egal, «ob der Mann schwer bestraft wird. Er hat auch sein Leben kaputtgemacht. Und meine Frau kommt nicht wieder.»[22]

Der zweite Prozesstag stand nach einer erneuten Befragung von Zeko Slavic anfangs ganz im Zeichen einer Tatortbesichtigung in Niederthann. An eine konzentrierte Inspektion war dabei aber nicht zu denken. Im Schlepptau des hohen Gerichts befanden sich nämlich Journalisten, Fotografen und Schaulustige aus der Umgebung, die sich nicht nur auf dem Hof tummelten, sondern auch im Haus selbst umschauten. Dabei kam es zu grotesken, aber auch zu tragischen Momenten, wie ein Pressefoto dokumentiert: Brunnwieser und Zeko Slavic, der Täter und der Mann des Opfers, standen keine drei Meter voneinander entfernt, inmitten einer Traube von Menschen, vor dem Haus, in dem Anka Denisov tödlich getroffen verblutet war. Es sei eine Tortur gewesen, sagte Slavic der Presse, den «Platz zu sehen, wo meine Frau starb. Ich fürchte mich hier.»[23]

Überflüssig war die Tatortbesichtigung dennoch nicht. Im Gegenteil. Allen Beteiligten musste nämlich klar geworden sein, dass Brunnwiesers Behauptung, er habe nur vom ersten Stock aus geschossen, mit großer Wahrscheinlichkeit nicht der Wahrheit entsprach. Nicht nur die im Zuge der Ermittlungen aufgenommenen, von medizinischer Seite für glaubhaft gehaltenen Aussagen der Romnja sprachen dagegen. Entscheidend war zweierlei, wie sich das Gericht jetzt mit eigenen Augen überzeugen konnte: die Beschaffenheit der Treppe und der Fundort der Munitionsteile, den ein Kommissar von der Kriminalpolizeiinspektion Ingolstadt demonstrierte. Die Steintreppe zum ersten Stock verlief nicht Stufe für Stufe gerade nach oben, sie hatte auf der Hälfte eine Art Podest und ging von dort im 90 Grad-Winkel nach oben. Und: Ein Projektil war auf dem Fußabstreifer im Erdgeschoss, eine Hülse oberhalb des Podestes und eine Patrone auf dem Podest selbst gefunden worden.[24] Konkret hieß das in der Zusammenschau mit anderen Ermittlungsergebnissen und Zeugenaussagen: Brunnwieser hatte vom ersten Stock aus dreimal geschossen, war den fliehenden Mädchen dann nachgelaufen

und hatte schließlich vom Podest aus noch einmal auf sie ge-
feuert. Der letzte Schuss fiel mit ziemlicher Sicherheit erst, als die
schon angeschossene Milena Ivanov bereits die Haustür erreicht
hatte. Das Notwehrmotiv war damit endgültig entkräftet.

Am Nachmittag des zweiten Verhandlungstages hatten einige
Nachbarn Brunnwiesers, der Bürgermeister von Schweitenkirchen
und ein Vorgesetzter von BMW Gelegenheit, ihre durchweg posi-
tive Einschätzung des Angeklagten zu Gehör zu bringen. Brunnwieser sei im Gemeinderat, betonte der Bürgermeister von der
CSU. Er kenne ihn sehr gut. «Der Angeklagte ist sehr ruhig und
hilfsbereit. Er ist nie negativ aufgefallen.»[25] Dann kamen Oberregierungsmedizinalrat Bundschu und der Direktor des Nervenkrankenhauses Regensburg Maier an die Reihe. Zur Überraschung
der Staatsanwaltschaft fielen ihre mündlichen Stellungnahmen
deutlich positiver für Brunnwieser aus als ihre schriftlichen Gutachten. Bundschu äußerte sich auch zum Alkoholisierungsgrad
des Angeklagten, der bis dahin keine maßgebliche Rolle gespielt
hatte. Bei zwei Maß Bier ging er von 0,8 Promille und einer
«gewisse[n] leichte[n] Enthemmung» aus. Mehr nicht. Ansonsten
bewies er nun großes Verständnis für Brunnwieser. Der Angeklagte habe aus «einer plötzlichen Angst heraus» geschossen, die
Sorge um seine Familie sei die «Triebfeder für dieses Geschehen»
gewesen, Brunnwieser habe «unüberlegt gehandelt».[26]

Der Klinikdirektor ging nicht ganz so weit. Zur Wahrheits-
findung trug aber auch er wenig bei – um so mehr zur Verwir-
rung der Gemüter. Bei Brunnwieser, meinte er, sei weder eine
«echte Amnesie» zu diagnostizieren, noch ein «hochgradiger
Affekt» zu erkennen gewesen. Auch von einer Bewusstseinsstörung könne man nicht sprechen, nur von einer geringen Alkoholbeeinflussung, die aber auch er nicht besonders ernst zu nehmen
schien. Aber, so heißt es im Protokoll: Brunnwieser war in seinem
«Steuerungsvermögen erheblich beeinträchtigt […] und zwar
aufgrund der nicht ausschließbaren Möglichkeit einer bestehen-
den depressiven Verstimmung zusammen mit einer affektiven
Erregung infolge der Schreie seiner Frau und des Auftretens der

langhaarigen Gestalten. Dies führte zu einer Verminderung der Willens- und Steuerungsfähigkeit. Das Einsichtsvermögen des Angeklagten war jedoch zu keiner Zeit vermindert oder ausgeschlossen.» Übersetzt hieß das ungefähr: Brunnwieser wusste, was er tat, er konnte aber nichts dafür. Wobei – selbst die Annahme des Paragrafen 51 StGB, also Unzurechnungsfähigkeit und Schuldunfähigkeit, wollte Maier nun nicht ganz ausschließen.[27]

Eine große Hilfe waren solche Gutachten weder für das Gericht noch für den Staatsanwalt, der am dritten Tag mit seinem Plädoyer begann. Dabei ließ sich Kellner von den Kursschwankungen der Experten nicht beirren. Er ging bei seiner Deutung des Tathergangs von Tatmehrheit, also zwei Taten, aus und beantragte deshalb unter dem wütenden und verächtlichen Gemurmel des Publikums sieben Jahre für Totschlag und fünf Jahre für versuchten Totschlag, was einer Freiheitsstrafe von neun Jahren entsprach, weil die Gesamtstrafe die Summe der Einzelstrafen nicht erreichen durfte.[28]

In den Augen der Nebenkläger fiel das Strafmaß viel zu niedrig aus. Bossi und sein Mitstreiter Widmaier bezogen sich in ihren Stellungnahmen nicht nur auf die juristischen und psychologischen Feinheiten des Falles, sie brachten auch die Verfolgung der Sinti und Roma im Dritten Reich und die nach 1945 fortbestehenden rassistischen Vorurteile ihnen gegenüber zur Sprache und warnten vor diesem Hintergrund wie schon Staatsanwalt Kellner davor, das Leben verschiedener Menschen «unterschiedlich zu werten»; das Argument, es sei ja nur eine Zigeunerin getötet worden, verbiete sich von selbst. Die Anwälte der Kanzlei Bossi legten sich zwar nicht auf ein exaktes Strafmaß fest, sie waren aber der Ansicht, dass Brunnwieser wegen vollendeten Totschlags und wegen «drei Verbrechen des versuchten Totschlags» verurteilt werden musste. Der Täter, so Widmaier, habe den Opfern «nachgeschossen [...] wie Karnickeln».[29] Der Verteidiger hingegen sah die Dinge ganz anders. Er pochte auf Notwehr und plädierte unter dem Beifall des Publikums auf Freispruch für seinen

Mandanten: «Brunnwieser hatte keine Tötungsabsicht, sondern einen Verteidigungswillen.»[30]

Am letzten Verhandlungstag wartete alles gespannt auf die Urteilsverkündung. Der Saal war, wie in den Tagen zuvor, überfüllt, aus Niederthann und Umgebung hatten sich erneut Dutzende auf den Weg in die Landeshauptstadt gemacht. Brunnwieser, der blass und unruhig wirkte, konnte sich über fehlenden emotionalen Rückhalt also nicht beklagen. Ein aufmunterndes Kopfnicken, ein freundlicher Zuruf – «Wird schon, Max» – gaben ihm weiter das Gefühl, nicht allein zu stehen und das Richtige getan zu haben.

Richter Paul eröffnete die Sitzung mit einer markigen Klarstellung. Widmaiers Karnickel-Vergleich und die Resonanz, die der Vertreter der Nebenkläger damit in Teilen der Presse fand, hatte ihn so aufgebracht, dass er nicht an sich halten konnte. Brunnwieser, so der zürnende Richter, habe die Zigeunerinnen nicht als Freiwild betrachtet, und es sei auch nicht so, dass «hier im hintersten Bayern auf Zigeunerinnen wie auf Karnickel geschossen wurde».[31] Der Angeklagte habe zum Zeitpunkt der Tat nicht einmal erkennen können, dass er Frauen und Zigeunerinnen vor sich hatte. Das war eine überraschend apodiktische Feststellung, die den ersten Aussagen Brunnwiesers am Tatort und später vor dem Ermittlungsrichter zuwiderlief und eine gewisse Voreingenommenheit des Richters vermuten und Brunnwieser wahrscheinlich aufatmen ließ.

Die Hoffnung währte aber nicht lange. Paul folgte nämlich in fast allen wesentlichen Punkten der Auffassung des Staatsanwalts.[32] Auch für ihn handelte es sich um zwei Fälle (Tatmehrheit), um einen «typischen Fall des Totschlags bzw. Totschlagsversuchs», die Anwendung des «Ausnahmestrafrahmens nach § 213 StGB» (minder schwerer Fall) sei deshalb ausgeschlossen. Paul sah es als erwiesen an, dass Brunnwieser bereits die ersten drei Schüsse gezielt abgegeben hatte, dann den Romnja nachgelaufen war und den letzten Schuss vom Podest aus abgegeben hatte. Der Angeklagte, so hieß es in der schriftlichen Begründung

des Urteils, wusste, dass Schüsse aus seinem Gewehr «schwere
bis tödliche Verletzungen» hervorrufen, er handelte «bei Abgabe
der Schüsse mit bedingtem Tötungsvorsatz». Einen Rechtferti-
gungsgrund für die Tat erkannte der Richter nicht. Notwehr
scheide aus, weil weder Brunnwieser selbst noch seine Familie
angegriffen worden seien. Das gleiche gelte für Putativ-Notwehr,
sprich: vermeintliche Notwehr, die eine Abwehrhaltung voraus-
setze. Auch der Paragraf 51, also Schuldunfähigkeit, könne als
Schuldausschließungsgrund nicht herangezogen werden. Im Licht
der beiden psychiatrischen und psychologischen Gutachten sei
das Gericht aber davon ausgegangen, dass Brunnwieser in seiner
Willenssteuerung erheblich beeinträchtigt gewesen sei, «ohne
daß jedoch das Einsichtsvermögen des Angeklagten vermindert
oder ausgeschlossen gewesen wäre».[33]

Nur bei der Bemessung der Strafe wich das Gericht von den
Forderungen des Staatsanwalts ab. Auch Wolfgang Kellner hatte
Brunnwieser als rechtschaffenen Mann mit gutem Leumund betrachtet, der bis zur Tat nie mit dem Gesetz in Konflikt geraten
war, und deshalb nicht die Höchststrafe gefordert. Das Gericht
kam dem Angeklagten noch weiter entgegen. Es machte zu seinen Gunsten geltend, dass der Anstoß zur Tat nicht von ihm, sondern von den Zigeunerinnen ausgegangen sei, die in seinen Hof
eingedrungen waren. Außerdem meinte der Richter erkannt zu
haben, dass Brunnwieser die Tat aufrichtig bereue.

Weshalb Wilhelm Paul zu dieser Erkenntnis gelangt war, muss
offen bleiben. Denn tatsächlich gab es dafür keine Hinweise.
Brunnwieser hatte sich am Tatort weder um die verletzte Milena
Ivanov gekümmert «noch veranlaßt, daß sie in ärztliche Hilfe
kommen sollte», wie es in der schriftlichen Urteilsbegründung
hieß.[34] Er hatte eine Nachbarin nur aufgefordert, die Polizei zu
rufen. An einen Arzt oder einen Krankenwagen hatte er offenbar
nicht gedacht. Auch für die Zeit danach gibt es keine Anzeichen
für Schuldgefühle und Gewissensnöte. Zumindest zeigte er sie
nicht, ganz zu schweigen davon, dass er den Opfern irgendwie
entgegengekommen wäre. Lediglich am dritten Verhandlungstag

beteuerte er unter Tränen, er habe niemanden verletzen oder töten wollen und bereue die Tat auf das Tiefste.[35]

Gespannte Stille herrschte im Gerichtssaal, als der Richter das Urteil verkündete: Sieben Jahre Haft wegen vollendeten Totschlags in Tatmehrheit mit versuchtem Totschlag und die Übernahme der Verfahrenskosten! Kein übertrieben hartes Urteil angesichts der Opferbilanz einer Toten, einer Schwerverletzten und eines nie geborenen Kindes, das auch der Richter in seinem Urteilsspruch mit keiner Silbe erwähnte. Ein «typischer Fall des Totschlags bzw. Totschlagsversuchs», und darum handelte es sich in den Augen des Gerichts, hätte auch mit zehn Jahren Haft oder mehr geahndet werden können.

Brunnwieser sank schluchzend auf seinem Stuhl zusammen, während unter seinen Sympathisanten ein Sturm der Entrüstung über das «Fehlurteil» losbrach. Dass es bei ihnen brodelte, hatten Reporter von Boulevardblättern schon zuvor in den Pausen auf den Gängen des Justizpalasts aufgeschnappt. Zigeuner seien ein «dreckiges Gesindel», «Wer bei uns eindringt, der gehört derschossen», wollte ein Journalist der Bild-Zeitung gehört haben.[36] Jetzt, nach der Urteilsverkündung, kannte die Empörung keine Grenzen mehr. «Ihr Mörder», schleuderten aufgebrachte Zuschauer dem Gericht entgegen. «Den Zigeunern helfts und an anständigen Mann bringts um», «Der Herrgott wird euch für dieses Urteil strafen». So oder so ähnlich lauteten die Anklagen und Verwünschungen, die auf Wilhelm Paul, den Staatsanwalt und die Schöffen einprasselten.[37]

7

Wutbürger in ihrem Element

Für Richter Paul und Staatsanwalt Kellner war damit das Schlimmste aber noch nicht überstanden. Sie erhielten mehrere Morddrohungen und mussten eine Flut hässlicher Zuschriften über sich ergehen lassen. Der Fall Brunnwieser wühlte nicht nur in Niederthann und Umgebung den Bodensatz rassistischer und fremdenfeindlicher Ressentiments auf. Wutbürger gab es auch anderswo – anscheinend zuhauf. Indizien dafür waren die Wahlergebnisse der NPD, die mit ihren rechtsradikalen Forderungen großen Anklang im Wahlvolk fand, und vor allem die Umfragewerte der Meinungsforschungsinstitute, die auf eine erschreckend hohe Anfälligkeit beträchtlicher Teile der westdeutschen Gesellschaft für antidemokratisches, fremdenfeindliches und rassistisches Gedankengut hinwiesen; um die zwanzig Prozent seien davon infiziert, schätzte man.

Solche Quoten belegen die quantitative Wucht des Problems, über die Aggressivität und Niedertracht, die dahinter steckte, sagen sie aber wenig. Diese sprechen hingegen aus den Zuschriften, die das Schwurgericht des Landgerichts München II im Fall Brunnwieser erreichten. Auf einer Ansichtskarte aus Freudenberg a. M. hieß es: «Sind die Zeiten nicht so unsicher, kaum wagen sich abends Mädchen allein auf die Straße. Unsere Gesetzgebung unterstützt die Verbrecher und schadet dem Volk. [...] Brunnwieser muß Milde zugebilligt werden. Ihr Staatsanwalt ist ein Feind des Volkes.» Ein promovierter Arzt aus Esslingen, der in der Weimarer Republik schlechte Erfahrungen mit Sinti oder

Roma gemacht hatte, fand es «vollkommen in Ordnung, dass die Nazis die Zigeuner ausweisen wollten. – Bin heute noch dafür. – Wenn in mein Haus Zigeuner bis auf die Bühne [Speicher] eindringen würden, wie im Fall Brunnwieser, dann würde ich sofort schießen. […] Diese Meinung hat der größte Teil des Volkes.»

Ein anonymer Schreiber aus Niederthann betonte in ungelenkem Deutsch: «So sieht heute unsere Demokratie aus, man kann nur sagen es ist eine Schande wenn man die eigenen Bürger bestraft wenn diese von Ausländischen Ziegeunersippen bestohlen und beraubt werden. […] Das Gericht hat in diesem falle das Vertrauen der Bürger verloren, weil mann der Teuflischen Ziegeunersippe die Freiheit gewährt, u. den eigenen Bürger bestraft, der von den Ziegeunern zu dieser tat herausgefordert wurde. Gottes Strafgericht wird folgen.» Und das der Bauern auch, die «jezt in Zukunft Rache nehmen auf die durchziehenden und den parkenden Ziegeunern».

Ein anderer Wutbürger drohte ähnlich unverhohlen mit dem Äußersten, sogar für das Gericht. Auch er nannte seinen Namen nicht: «Künftighin werden wir dieses Zigeunerpack erledigen, wo wir sie antreffen, und Euch werden wir in naher Zukunft zur Verantwortung ziehen, darauf könnt Ihr Euch verlassen.» In einem Protestschreiben aus München äußerte sich eine fast schon apokalyptische Gegenwartsnot: «Das Volk ist tot, es lebe die modernste aber schmutzigste Gesellschaft aller Zeiten. Unser Land ist zum Irren- u. Verbrecherhaus geworden, international.»[1]

Andere Stimmen gab es auch, sie waren aber deutlich in der Minderheit: «Es geht doch nicht, daß jeder, der fremde Leute in seiner Wohnung trifft, mit dem Gewehr Selbstjustiz übt.»[2] Vor allem die Strafe von sieben Jahren hielten manche für skandalös milde. Eine Gruppe Augsburger und Münchner Bürger forderte lebenslänglich für den «Mörder» Brunnwieser,[3] während ein Herr aus Gelsenkirchen-Buer sich entrüstete: «Ist eine Zigeunerin nur ein Stück Vieh, das jeder abknallen oder schänden kann, wie er will? […] haben wir wirklich wieder nationalsozialistische Zustände, in denen es einen Unterschied zwischen dem Mord an einem Arier und einer Zigeuner<u>ratte</u> gibt? Kommen wir wieder so weit, daß es für Zigeunervernichtungen Orden gibt?» Und: «Wie kann man so eine ‹Bestie› mit nur 7 Jahren verurteilen?»[4] Ein Münchner, der sich als Xaver Hirnbeiss ausgab, ging nicht nur auf Brunnwieser los. Er nahm die ganze Region in Mithaftung: «A hochschwangere junge Frau vo hint daschiassn, des kennts ihr Bauernlumpen. Ma soit eier Kaff an alle fier Eckn ozündn und den Mörder, wenn er vom Zuchthaus rauskimmt, glei umlegn. Aba fom Beichtstui nimma rauskemma – Saubande dreckige!»[5]

Repräsentativ werden solche Pöbeleien und die zitierten Ausbrüche von «Zigeuner»-Hass nicht gewesen sein. Die radikalen Töne zeugen aber davon, dass hinter der Fassade demokratischer und rechtsstaatlicher Stabilität eine Giftmischung verborgen lag, die aus gefährlichen Ingredienzien bestand: aus tief verwurzelten rassistischen Ressentiments, aus einer maßlosen Verachtung für Recht und Gesetz und aus einer gehörigen Portion Gewaltbereitschaft, die bei Polizei und Justiz alle Alarmglocken schrillen lassen musste.

Bei den Sinti und Roma sicherlich auch. Ihren führenden Vertretern blieben die Vorfälle in Niederthann nicht verborgen. Sie hörten und lasen davon und sahen darin einen weiteren Anlass, eine schlagkräftige Organisation ins Leben zu rufen, die ihnen mehr Gehör und Gewicht verschaffen konnte. Weit waren solche Bemühungen bis dahin nicht gediehen. Die rund 30 000 in der Bundesrepublik ansässigen Sinti und Roma bildeten eine winzige Minderheit. Viele von ihnen hatten schwere Zeiten hinter sich und blickten voller Skepsis in die Zukunft. KZ-Haft und Zwangsarbeit waren ebenso wenig vergessen wie die vielen Freunde und Verwandten, die von den Nationalsozialisten ermordet worden waren. Es gab kaum eine Familie, die nicht einen hohen Blutzoll hatte entrichten müssen. Zum Leid und zur Trauer gesellte sich nach 1945 die bittere Erfahrung, dass so gut wie niemand ihr Schicksal zur Kenntnis nahm. Die Sinti und Roma blieben gemiedene kriminalisierte Außenseiter, die – wie seit jeher – um jeden Stellplatz und auch ansonsten um das nackte wirtschaftliche

Überleben kämpfen mussten. Vom Staat hatten sie wenig bis nichts zu erwarten. Es blieben Ausnahmen, dass Sinti und Roma ihr in der NS-Zeit beschlagnahmtes Hab und Gut zurückerhielten oder dafür entschädigt wurden. Selbst in Wiedergutmachungsverfahren gingen sie in der Regel leer aus.[6] Die wenigen, die für KZ-Haft und Zwangsarbeit etwas bekamen, waren es bald wieder los, weil die staatlichen Behörden die Wiedergutmachungszahlungen mit den Fürsorgeleistungen verrechneten. Die vielen Zwangssterilisierten hatten grundsätzlich das Nachsehen; ihr Leid und Schicksal zählte vor den Wiedergutmachungsinstanzen nicht. Kein Wunder also, dass sich die Sinti und Roma auf sich selbst zurückzogen und froh waren, wenn man sie in Ruhe ließ.[7]

Von allen ausgegrenzt, war den Sinti und Roma gesellschaftliches Engagement seit jeher ebenso fremd wie politisches. Einen eigenen Verband hatte es weder im Kaiserreich noch in der Weimarer Republik gegeben. Die ersten zaghaften Versuche einer Selbstorganisation in den 1950er Jahren verliefen rasch im Sande oder blieben auf einzelne Regionen beschränkt. Aussicht auf mehr Erfolg bestand erst, als sich im Zeichen von Reform und Revolte das Klima in der deutschen Gesellschaft zu ändern begann und als unter den Sinti und Roma die Nachgeborenen der traumatisierten älteren Generation die Meinungsführerschaft erlangten.[8]

Einer von ihnen, der 1946 in Heidelberg geborene Romani Rose, dessen Familie im Dritten Reich 13 Todesopfer zu beklagen hatte, gründete 1973 zusammen mit seinem Onkel Vinzenz Rose den Verband der Cinti Deutschlands, der kurz darauf in Verband Deutscher Sinti umbenannt wurde und eher bittend als selbstbewusst fordernd die große politische Bühne suchte.[9] Die beiden aus bürgerlich-wohlhabenden Verhältnissen stammenden Roses machten 1972 Bundeskanzler Willy Brandt auf die mehr als missliche Lage der Sinti und Roma aufmerksam, ernteten aber eine Absage, als sie um ein persönliches Gespräch mit dem Kanzler baten. Sie waren es auch, die am 18. Juni 1973 eine Demonstration in Heidelberg organisierten, nachdem dort ein Sinto von einem Polizisten erschossen worden war.[10]

Niederthann war bei der Demonstration in Heidelberg durchaus präsent. «Die Schüsse von Pfaffenhofen und Heidelberg haben jeden von uns getroffen; es ist an der Zeit, uns zusammenzuschließen», rief Vinzenz Rose den Demonstranten zu. Sie wollten nicht mehr hinnehmen, «daß Zigeuner abgeschossen werden wie Hunde», fügten einige Mitglieder aus dem Präsidium des Verbandes hinzu.[11] Von der eindrucksvollen Demonstration durch die Straßen der Altstadt und von den Schüssen in Oberbayern ging ein Fanal aus, das aber zunächst nur in den eigenen Reihen etwas bewirkte. Die große Öffentlichkeit erreichte es noch nicht. Wie denn auch? Die kleine Gruppe um die Roses war finanziell ganz auf sich gestellt. Sie hatte in puncto Interessenvertretung keinerlei Erfahrung, die Kontakte zur überregionalen Presse mussten erst mühsam aufgebaut werden. Der Verband Deutscher Sinti fühlte sich auch noch nicht als Sprachrohr einer diskriminierten Minderheit, sondern höchstens als Selbsthilfeorganisation, wenn es etwa um die Unterstützung bei Problemen mit Behörden ging. Selbst dabei zeigte sich immer wieder, dass ihm der uneingeschränkte Rückhalt unter den Sinti fehlte. Für Roma zu sprechen, aus deren Reihen das Opfer von Niederthann stammte, kam dem Verband vermutlich gar nicht in den Sinn. Ganz zu schweigen von einer Politisierung der eigenen Verfolgungsgeschichte im Dritten Reich, die bis dahin so gut wie nie thematisiert worden war. Es gab jedenfalls keinen Kommentar, keinen Protest und keinen Aufschrei aus den Reihen der Sinti und Roma, als das Münchner Schwurgericht im März 1974 das Urteil verkündete – die Sinti und Roma waren dafür noch nicht gewappnet.

In Niederthann und Umgebung blieb selbstverständlich nicht unbeachtet, dass die überregionale Presse die rassistischen Reaktionen auf das Urteil, die im Justizpalast zu hören gewesen waren, auf das Deftigste kommentierte. Namentlich die Münchner Abendzeitung ließ sich dabei kaum bremsen. Sie behauptete, Brunnwiesers Verbrechen würde in Niederthann als «Heldentat» gelten.

Die Dörfler hätten nach der Urteilsverkündung sogar die «‹Vergasung› aller Zigeuner» und die sofortige Freilassung des «Unschuldigen» gefordert. «So denkt und fühlt man in Niederthann – wie vor 30 Jahren.»[12]

Pauschalitäten dieser Art wollte man in Niederthann nicht auf sich sitzen lassen. Das Dorf sah sich diffamiert. Es wehrte und verwahrte sich gegen die Unterstellung, «als hätte jeder Bewohner von Niederthann ein Gewehr unter dem Kopfkissen versteckt und würde nur darauf warten, bis er in seiner Wohnung ein lohnendes Ziel vor den Lauf bekommt». Brunnwieser sei kein «eiskalter Killer», er müsse für eine Tat sieben Jahre in das Gefängnis, «die er nicht begehen wollte». Wenn jetzt seine Nachbarn, Freunde und Bekannten für ihn einträten, so sei das «keinerlei Anzeichen dafür, daß sie Vorurteile gegen Zigeuner haben oder die Selbstjustiz befürworten». Derartige Vorurteile hätten bei der Bluttat in Niederthann keine Rolle gespielt.[13] Der Ilmgau Kurier, der solchen Einschätzungen eine Stimme gab, ließ auch anklingen, dass der Vorwurf, Brunnwiesers Verbrechen werde in Niederthann als «Heldentat» betrachtet, abwegig sei. Genauso abwegig wie der Vergleich der «gesamten Bewohner eines Dorfes mit den Verbrechern der Nazizeit». «Wenn hier jemand Vorurteile hat, dann sind es die Urheber derartiger Vorwürfe.»[14]

Seinen engagiertesten Verteidiger fand das Dorf in Theodor Gramlich, einem Seelsorger aus dem Nachbarort Güntersdorf. Der 1914 in der Nähe von Würzburg geborene Geistliche hatte nach seiner Schulzeit im Bischöflichen Knabenseminar in Würzburg bei den Jesuiten studiert und war 1939 zur Wehrmacht eingezogen worden, die er 1944 wegen seiner Ordenszugehörigkeit wieder verlassen musste. 1946 von Kardinal Faulhaber zum Priester geweiht, machte er danach eine bescheidene Karriere als Volksmissionar, Pfarrvikar, Expositus und Kaplan, ehe er 1961 in den Landkreis Pfaffenhofen kam, wo er als Pfarrkurat in Güntersdorf und als Vikar in Dürnzhausen das religiöse Leben zweier winziger Dörfer prägte.[15] Gramlich, der selbst aus einer kleinen Gemeinde und aus einem Bauernhof stammte, kannte die Familie

Brunnwieser. Er hielt die Tat des Todesschützen in einem Leser-
brief an den Ilmgau Kurier für bedauerlich, aber auch für ver-
ständlich. «Da er Frau und Kinder bedroht wähnte, wäre er ein
Trottel oder Feigling gewesen, wenn er sie nicht zu schützen versucht hätte.» Niemand bedauere mehr als Brunnwieser, was er
getan habe. Aber dieser habe unüberlegt gehandelt, das Gericht
hingegen handle überlegt, wenn es die Familie in den psychischen und finanziellen Ruin treibe; immerhin sei von 38 000 DM
Gerichtskosten die Rede. Das Gericht sei das «Opfer der ‹öffentlichen Meinung› geworden [...], die durch eine tendenziöse Berichterstattung jahrelang manipuliert und aufgeputscht worden
war und ein Opfer brauchte». Er, der Pfarrer, habe zudem den
Verdacht, dass mit dem Urteil auch der «Bevölkerung ‹im hintersten Bayern› eins ausgewischt werden sollte». In jedem Fall
mache es die «Katastrophe von Niederthann vollends perfekt».[16]

Es ist keine Frage: Die Münchner Abendzeitung traf mit ihrer
polemischen Breitseite nicht nur die Richtigen. In Niederthann
und Umgebung gab es nicht wenige Gerechte, die Brunnwiesers
Tat verurteilten, aber schwiegen oder sich nur mit ihresgleichen
darüber austauschten. Der Pfarrer und der Ilmgau Kurier lagen
deshalb nicht ganz falsch, wenn sie sich vor ihre Schäflein und
Leser aus Niederthann stellten. Aber lagen sie richtig, als sie bei
ihrem Versuch einer Ehrenrettung Pauschalität mit Pauschalität
beantworteten? Warum distanzierten sie sich nicht von Prozess-
besuchern aus der Region, die Zigeuner als «dreckiges Gesindel»
und «Pack» bezeichneten? Warum fanden sie kein Wort zur ungeheuerlichen Forderung nach «Vergasung aller Zigeuner», die
der Reporter der Abendzeitung gehört haben wollte? Die Heimatzeitung meinte zwar, Mitleid verdienten nicht nur Brunnwieser und seine Familie, die Anteilnahme müsse auch den Opfern
und ihren Angehörigen gelten. Aber waren das mehr als Lippen-
bekenntnisse und sahen das auch ihre Leser so? Oder waren
ihnen die Zigeuner nicht doch gleichgültig oder vielleicht sogar
verhasst? Das alles zeigte sich schon bald nach der Urteilsverkündung am 21. März 1974.

8

Die Reihen fest geschlossen:
Die CSU und der Todesschütze

Da hatte man es: Sieben Jahre Haft! Brunnwieser ließ über seinen Rechtsanwalt sofort Berufung und kurz danach Beschwerde gegen den fortbestehenden Haftbefehl einlegen.[1] Es half aber alles nichts, er musste im Gefängnis bleiben und sich an die raue Luft hinter Gittern gewöhnen, die er bis dahin nur wenige Wochen genossen hatte. Seine Frau und seine beiden Töchter hingegen richteten sich auf eine lange Zeit ohne ihn ein. Leicht war das nicht: Es fehlte das Einkommen aus der Beschäftigung bei BMW, es fehlte die Arbeitskraft auf dem Hof, und es fehlte der Mann im Haus, der abends und nachts durch seine bloße Existenz für ein Stück Sicherheit bürgte, von anderen Gefühlen ganz zu schweigen. Einen gewissen Ersatz boten Freunde und Bekannte aus der Nachbarschaft, die schon vor dem Prozess zu den Brunnwiesers gestanden hatten und sich auch jetzt nicht lange bitten ließen. Sie halfen, wo sie konnten, und sorgten dafür, dass in dem Anwesen am Ortsrand langsam wieder ein Stückchen Normalität einkehrte.

Zu denen, die der Familie unter die Arme griffen, gehörte auch die politische Prominenz in der Gemeinde und im Landkreis: Landrat Traugott Scherg und Bürgermeister Max Elfinger, beide von der CSU, die im Herbst 1974 Landtagswahlen zu bestehen hatte. Der Landkreis Pfaffenhofen war zwar reines CSU-Land, bei der letzten Landtagswahl im November 1970 konnten die Christsozialen mit über 70 Prozent der Stimmen einen eindrucksvollen

Sieg feiern. Die Gemeinde Schweitenkirchen hatte mit 371 von 409 Wählern das Ihre zu diesem Triumph beigetragen, und Niederthann befand sich politisch fast ganz in der Hand der CSU.[2]

Ganz sicher konnten sich die Christsozialen aber nicht sein, dass sich die Erfolge der Vergangenheit wie selbstverständlich wiederholen ließen. Scherg und Elfinger waren noch nicht lange im Amt – der erste seit 1969, der zweite seit 1972[3] – und mussten sich als Wahlkämpfer erst bewähren. Und das in einer Situation, in der die SPD nach dem Machtwechsel von 1969 und der Willy-Wahl von 1972 Morgenluft witterte. Die Sozialdemokraten hatten zwei Jahre zuvor im Landkreis Pfaffenhofen zwar nicht zugelegt; sie rangierten bei gut 23 Prozent,[4] machten sich 1974 aber dennoch Hoffnungen auf ein paar zusätzliche Prozentpunkte.

Die CSU musste also auf der Hut sein, und was lag da näher, als sich mit dem Fall Brunnwieser ein Thema zu eigen zu machen, das die ganze Region umtrieb und wie geschaffen schien, nicht nur die eigene Wählerschaft zu mobilisieren, sondern auch frustrierte Nichtwähler und vielleicht sogar weit rechts stehende Gruppen anzusprechen. Die lokale CSU handelte dabei ganz im Sinne ihres großen Vorsitzenden Franz Josef Strauß, der seiner Partei und ihrer Schwester, der CDU, zur ewigen Mahnung in das Stammbuch geschrieben hatte, dass es rechts von ihnen keine demokratisch legitimierte Partei geben dürfe. Der überlegene bayerische Staatskopf kannte deshalb auch keine Scheu, mit populistischen Sprüchen und ressentimentgeladenen Losungen am rechten Rand auf Stimmenfang zu gehen. Seiner Partei musste er das nicht zweimal sagen.

Traugott Scherg, ein mit seinen 37 Jahren fast noch jugendlich wirkender, dynamischer Verwaltungsjurist, legte sich besonders ins Zeug. Er gehörte noch nicht lange zur CSU, ihm fehlten der Stallgeruch der christlich-sozialen Partei und die höheren Weihen der katholischen Kirche, die ihn erst seit seinem Amtsantritt als Landrat unter den regelmäßigen Gottesdienstbesuchern sah. Er musste aufholen und seine Linientreue beweisen. Im Falle Brunnwieser konnte er sich profilieren, und das tat er auch.

Der Landrat kannte Brunnwieser persönlich, allerdings nur flüchtig. Anders lagen die Dinge bei Max Elfinger, der mit dem Todesschützen schon länger auf dem vertrauten Duzfuß stand und anscheinend auch gelegentlich beim Bier zusammengesessen war. Beiden CSU-Politikern ging das Schicksal Brunnwiesers gewiss nahe, beide erkannten aber auch, dass der Einsatz für ihren Parteifreund populär war und eine beträchtliche politische Dividende abzuwerfen versprach. Der Fall erreichte damit eine neue Eskalationsstufe, auf der es nicht mehr nur um ein Verbrechen und ein Urteil, sondern primär um Politik ging – um Politik, die sich um Solidarität vor Ort, aber auch um die sogenannte Zigeunerfrage drehte, die für Sinti und Roma noch nie etwas Gutes verheißen hatte.

In ihrer Einsatzfreude schossen die beiden CSU-Politiker freilich über das Ziel hinaus, und zwar so weit, dass sie ihren Landkreis wieder in die negativen Schlagzeilen der überregionalen Presse brachten. Scherg und Elfinger initiierten nämlich eine Spendenaktion für Brunnwieser, die mit einem Aufruf im Ilmgau Kurier vom 27. März 1974 begann. Das harte Urteil des Münchner Gerichts sei für «uns alle unfaßbar», schrieben sie in dem Appell, den die Heimatzeitung aus Verbundenheit gratis druckte. Brunnwieser sei bei der Tat «außer sich» gewesen und «damit wohl nicht verantwortlich im Sinne des Strafgesetzes». Er müsse für etwas büßen, «was man ihm wirklich nicht zurechnen kann, nämlich Klassenhaß und Verhetzung durch die Boulevardpresse». Was immer sie damit meinten, Klassenhass war es nicht – sondern Rassenhass, wie sie später selbst einräumten.

In den Augen der beiden CSU-Politiker befand sich die Familie Brunnwieser in einer mehr als prekären Lage. Die «unschuldige Frau und die beiden Kinder» drohten «zugrundegerichtet» zu werden. «Schon jetzt sind Prozeßkosten in Höhe von ca. 30 000 DM angefallen. Für die Revision muß ein Kostenvorschuß von mindestens 70 000 DM erbracht werden. Auch die Zigeunerfamilie kann Schadensersatzansprüche stellen.» Das könne die Brunnwiesers um Haus und Hof bringen und müsse unbedingt abge-

wendet werden. Das beste Mittel seien großzügige Spenden, die
auf extra eingerichteten Konten bei der Sparkasse Pfaffenhofen
und der Raiffeisenbank Schweitenkirchen eingezahlt werden
sollten.[5] Scherg, der Landrat, ging mit gutem Beispiel und 500 DM
voran.

Der dramatische Aufruf verfehlte seine Wirkung im Landkreis
Pfaffenhofen und Umgebung nicht und hätte im Sinne der CSU
als ein gelungener Coup gelten können, wenn, ja wenn, die von
Scherg und Elfinger genannten Zahlen nicht ausschließlich ihrer
Phantasie entsprungen wären. Sie hatten mit der Realität nichts
zu tun und dienten nur der Stimmungsmache, wie die Kanzlei
Bossi in einem Schreiben an den Regierungspräsidenten von
Oberbayern umgehend monierte: mindestens 70 000 DM als Vor-
schuss für eine Revision, wo doch jeder Jurist, also auch Scherg,
wissen musste, dass es bei Strafverfahren keinen Gerichtskosten-
vorschuss gab, und 30 000 DM bisherige Prozesskosten, die weit
überzogen waren. Bossi und seine Kollegen hielten diese Anga-
ben für einen «Betrug gegenüber der Öffentlichkeit». Sie warfen
Scherg und Elfinger aber noch weit Schlimmeres vor: Mit ihrer
Unterstellung, das Schwurgericht in München habe sich bei der
Urteilsfindung durch «Klassenhaß oder Verhetzung seitens der
Boulevardpresse bestimmen lassen», hätten sie das Ansehen der
Justiz geschädigt. Ein derartiger Aufruf sei «insofern als verantwortungslose Volksverhetzung anzusehen, nachdem sowohl dem
Landrat als auch dem Bürgermeister die alarmierenden Anzeichen
für ein rechts- und staatsfeindliches Volkstum in Niederthann bekannt» seien. Die Kanzlei Bossi bat den Regierungspräsidenten zu
prüfen, ob gegen Scherg und Elfinger Anzeige erstattet werden
sollte. Ein Dienstaufsichtsverfahren sei auf jeden Fall unumgänglich.[6]

Es versteht sich von selbst, dass dieses Schreiben nicht nur auf
dem Schreibtisch des Regierungspräsidenten von Oberbayern
landete, der Anfang April 1974 mitteilen ließ, seine Regierung
missbillige den Aufruf der beiden CSU-Politiker, insbesondere
die Urteilsschelte, die in dieser Form «ungewöhnlich» sei.[7] Es

fand auch den Weg zu den Redaktionen der großen Blätter, von denen einige den neuen Fall Brunnwieser begierig aufgriffen und damit auf die große nationale Bühne hoben. Niederthann war jetzt in der ganzen Bundesrepublik ein Begriff – für Amigo-Filz, Rückständigkeit und Fremdenfeindlichkeit. Die Münchner Abendzeitung titelte in ihrer Ausgabe vom 30./31. März 1974 «Ein Landrat sammelt für Totschläger». Sie sprach in einem Kommentar von «gefährlichem Amtsmißbrauch» und mutmaßte, dass man mit solchen Initiativen im Landkreis Pfaffenhofen «sogar Wählerstimmen gewinnen» könne. Der Stern und Die Zeit setzten am 10. April und 12. April 1974 nach, ehe Der Spiegel Ende April den Fall in der bayerischen Provinz kommentierte. Schon die Überschriften verrieten die Stoßrichtung dieser Artikel. «Jagdszenen aus Oberbayern», hieß es im Stern, «Urteilsschelte vom Amt», schrieb Die Zeit, und Der Spiegel urteilte apodiktisch kurz und knapp: «Einfach nicht normal.»[8]

Scherg und Elfinger mussten sich von den großen Zeitungen auch fragen lassen, warum ihre Hilfsbereitschaft nur Brunnwieser galt, während das Schicksal der Romnja sie kalt zu lassen schien. An ein gemeinsames Spendenkonto hatte offenbar niemand gedacht. Warum? Beide drucksten herum und versicherten, dass auch sie um die tote Anka Denisov trauerten und dass auch sie deren Kinder selbstverständlich für «spendenwürdig» hielten. Aber, meinte der Landrat, «denen wird sowieso geholfen. Die haben Anspruch auf Schadensersatz». Und der Bürgermeister ergänzte mit fast höhnischer Kälte: «Für die haben Zigeunerkapellen gespielt. Da muß man uns zugestehen, für unsere Leute zu sammeln.» Bei einer Kollekte für die beiden Kinder, die ohne Mutter aufwachsen mussten, käme ohnehin kaum etwas zusammen. «Zigeunerkinder», winkte Elfinger ab, «da würde doch gar nichts eingehen».[9]

Besonders empörte ihn, dass manche Beobachter immer wieder auf das ungeborene Kind der Romni hinwiesen – als zweites Todesopfer Brunnwiesers. Elfinger schien die Welt nicht mehr zu verstehen, zumal mit Blick auf das Gesetz zur Reform des Paragrafen 218, das kurz vor der Verabschiedung im Bundestag stand und das es Frauen in den ersten drei Monaten der Schwangerschaft gestatten sollte, straffrei abzutreiben. Für den Bürgermeister passte das einfach nicht zusammen. Er sah in der rechtlichen Regelung von Schwangerschaftsabbrüchen eine Freigabe der «Leibesfrucht zur Tötung». Das war in seinen Augen der eigentliche Skandal, vor dem die Tötung eines ungeborenen Zigeunerkindes als Einzelfall verblasste, auch wenn dieses Leben im Zuge eines Verbrechens ausgelöscht worden war, das ein Gericht soeben als vollendeten Totschlag bewertet hatte. Das musste aus Elfingers Sicht einmal gesagt werden, auch wenn er damit alles noch schlimmer machte. Niederthann sei «eben doch einmalig», ätzte der Stern.[10]

Das Duo Scherg/Elfinger ließ sich von solchen Stimmen in seiner Akquisepolitik nicht beirren. Auch den Rüffel der Regierung von Oberbayern steckte es ungerührt weg. Die beiden blieben bei ihrem Spendenaufruf als Akt der Nachbarschaftshilfe und freuten sich, dass sich die eingehenden Summen durchaus sehen lassen konnten; einige Tausend Mark sollen es gewesen sein.

Die Kritik von außen bewirkte auch sonst wenig. Die örtliche Gesellschaft verständigte sich darauf, dass «Alle gegen Niederthann» seien,[11] und reagierte fast trotzig auf den Druck der großen Presse. Sie rückte in der Abwehr wieder näher zusammen und wärmte sich an dem Gefühl lokaler und regionaler Zusammengehörigkeit, die in Wahrheit längst brüchig geworden war. Zentrifugale Kräfte nagten ja auch in der oberbayerischen Provinz an den alten Dorf- und Kleinstadtgemeinschaften: das Fernsehen, die Autos, die Maschinisierung der Landwirtschaft, die Pendlerei und das Bauernhofsterben zersetzten traditionelle Netzwerke und Strukturen. Gerade die Nachbarschaft spielte längst nicht mehr die gleiche stabilisierende Rolle wie früher. Ein Stückchen Anonymität hatte schleichend Einzug in die Dörfer und Kleinstädte gehalten, das jetzt in der Solidarität mit Brunnwieser und in der Abwehr äußerer Einmischung wieder zurückgedrängt wurde. Punktuell und scheinbar nur, aber doch so wir-

88

kungsvoll, dass Andersdenkende und die letzten Skeptiker verstummten. Für Dissidenten gab es keinen Platz. Alle schienen hinter Brunnwieser zu stehen.

Nirgends zeigte sich das eindrucksvoller als im Wittmann-Saal in Schweitenkirchen, wo am 20. April 1974 die Spendenaktion von Landrat und Bürgermeister mit einem Wohltätigkeitsfest für die Familie Brunnwieser ihre Fortsetzung fand.[12] Der bunte Abend, der um 19.30 Uhr begann, hatte schon in den Tagen zuvor für viel Wirbel gesorgt. Der Wirt erhielt Morddrohungen, auch Gerüchte über einen Bombenanschlag machten die Runde – dadurch beeinträchtigt wurde die Stimmung aber nicht. Die ersten Besucher trafen bereits um 17.00 Uhr ein, voller Vorfreude und in bester Laune.

Die Idee zu dieser Veranstaltung stammte von Dieter Felder, der damit bei seinen Parteifreunden und insbesondere bei Bürgermeister Elfinger offene Türen einrannte. Felder, der Enkel des SPD-Reichstagsabgeordneten Josef Felder, der 1933 gegen das Ermächtigungsgesetz für Hitler gestimmt und dafür im KZ Dachau gesessen hatte, war noch nicht lange in Schweitenkirchen, dafür aber umso engagierter. Der ehrgeizige junge Mann zählte zu den Gründervätern des CSU-Ortsvereins und war dessen erster Geschäftsführer, er trainierte den Nachwuchs im Fußball und stellte eine Laienspielgruppe auf die Beine, die einmal im Jahr ein bayerisches Theaterstück zum Besten gab und dafür in der ganzen Umgebung gerühmt wurde. Er sei ein «richtiger Vereinsmeier» gewesen, sagte Felder später. Durch sein Engagement für Brunnwieser sei auch Hans Eisenmann auf ihn aufmerksam geworden. Der Minister habe ihm ein Studium auf dem zweiten Bildungsweg ermöglicht und ihm einen Job im Wahlkampfteam der CSU verschafft, der für seine berufliche Karriere sehr nützlich gewesen sei.[13]

Felder hatte vor der Benefizveranstaltung ebenfalls Morddrohungen erhalten. Er helfe einem «Mörder», hieß es am Telefon in gebrochenem Deutsch. Woher die Anrufe kamen, stand für ihn außer Frage – selbstverständlich von Zigeunern, die anscheinend noch eineinhalb Jahre nach den Schüssen in Niederthann auf Rache aus waren. Jeder dachte so, auch die alarmierte Polizei, die aus ihrem Debakel bei den ersten Ermittlungen nichts gelernt hatte und im Banne ihrer Ressentiments den Verdacht fast reflexhaft auf Sinti und Roma lenkte. Größeren Schaden richtete sie jetzt nicht mehr an. Sie konnte am Ende aber auch nichts anderes tun, als den Wittmann-Saal unter ihren Schutz zu stellen.

Als Felder die Veranstaltung in Schweitenkirchen eröffnete, war der Saal mit 600 Zuschauern überfüllt. Unter ihnen befand sich viel Prominenz, Bürgermeister, Gemeinde-, Kreis- und Stadträte aus dem ganzen Landkreis und natürlich Max Elfinger, der bei der Begrüßung als Mitinitiator des Spendenaufrufs den meisten Beifall erhielt, zum Zeichen dafür, dass man trotz der Kritik der überregionalen Presse weiter zu ihm stand. Die Familie Brunnwieser fehlte, kurz vor der Veranstaltung traf aber ein Brief des inhaftierten Täters ein, der sich für die große Hilfsbereitschaft des Landkreises bedankte.

Dieter Felder, der den Brief verlas, ließ es sich danach nicht nehmen, seine Eröffnungsrede in eine Art Laudatio auf den Landkreis und dessen Solidarität mit einem in Not geratenen Bürger zu verwandeln. Im Grunde kaperte er den Fall Brunnwieser für seine Partei. Sehr zur Freude des Publikums, das sich selbst und seine Großzügigkeit feierte und mit wahren Beifallsstürmen reagierte, als Felder sich die große Presse vorknöpfte und mit heftigen Angriffen überzog. In Sonderheit die Behauptung der Münchner Abendzeitung, in Niederthann denke und fühle man wie vor 30 Jahren, wies er entschieden zurück. Voller Stolz zählte der CSU-Mann die Leistungen der von seiner Partei regierten Gemeinde Schweitenkirchen auf und setzte dann hinzu: «Wir sind nicht 30 Jahre zurück, sondern denken 10 Jahre im voraus.» Es gebe auch keine Jagdszenen aus Oberbayern, vielmehr machten «die Reporter der Massenmedien Jagd auf Sensationen und scheuen nicht davor zurück, einen ganzen Volksstamm abzuwerten. Wir Bayern lassen uns nicht als Deppen abstempeln!»[14]

Nach erneuten Ovationen konnte es dann endlich mit dem

gemütlichen Teil losgehen. Den Anfang machte die Stadtkapelle Pfaffenhofen unter der Leitung von Kaplan Sing, dann folgte das Gesangsduo Sedlbauer aus Ebersberg, das zugunsten Brunnwiesers auf seine Gage verzichtete, ehe der Star des Abends die Bühne betrat: kein Geringerer als der legendäre, aus Funk und Fernsehen bekannte Roider Jackl, ein bayerischer Volkssänger, der sich als scharfzüngiger Streiter für Recht und Gerechtigkeit und als Gralshüter des traditionellen Bayerntums einen Namen gemacht hatte. Der reaktionäre Anarchist ging in Schweitenkirchen auf Nummer sicher. Er wollte mit dem Fall Brunnwieser anscheinend nicht identifiziert werden und pochte deshalb darauf, dass sein Auftritt einen rein geschäftlichen Charakter hatte, der nur zum üblichen gesalzenen Tarif zu haben war. Durch Anspielungen und heftige Attacken auf die bayerische Justiz ließ er aber niemanden im Zweifel, wie er über den Fall wirklich dachte.[15] Der Roider stand hundertprozentig auf der Seite Brunnwiesers und bewies das durch eindeutige Taten: Er kassierte das verabredete Honorar, steckte es dann aber Felder heimlich umgehend wieder zu.[16]

Das Publikum honorierte den Auftritt des Stars mit stürmischem Beifall und saß – unterhalten von der schmissigen Blasmusik der Stadtkapelle – noch bis Mitternacht zusammen. Immer wieder wurden Klein- und Großprominente auf die Bühne gerufen, um den Taktstock zu ergreifen und danach einen Obolus an die Spendenkasse zu entrichten. Da neben dem Gesangsduo Sedlbauer auch die Stadtkapelle wenigstens auf einen Teil ihrer Gage verzichtete, fiel die finanzielle Bilanz des Abends mehr als erfreulich aus: Die Eintrittsgelder (mindestens fünf Mark pro Besucher) und die Spenden summierten sich zu einem Reingewinn von 4350 DM, die der Familie Brunnwieser zuflossen.[17]

Einer war im Wittmann-Saal schmerzlich vermisst worden, der bayerische Landwirtschaftsminister Hans Eisenmann. Er befand sich im Urlaub, meldete sich aber nach seiner Rückkehr sofort zu Wort. Nicht ohne Grund: Eisenmann stammte aus der Gegend, genauer aus Ampertshausen, wo er 1923 als Sohn eines Großbauern zur Welt gekommen war, und blieb seiner Heimat Zeit seines Lebens eng verbunden. Sein Bruder lebte dort, viele seiner Freunde und seine stattliche Verwandtschaft ebenso; allein auf dem Friedhof von Niederthann liegen mehrere Eisenmanns begraben. Er vertrat den Wahlkreis Pfaffenhofen im bayerischen Landtag, erst als Mitglied der Bayernpartei, später der CSU, und fungierte von 1958 bis 1969 als Landrat in Pfaffenhofen, ehe ihn Ministerpräsident Alfons Goppel in das bayerische Kabinett berief. Brunnwieser war ihm kein Unbekannter. Er traf ihn gelegentlich bei der örtlichen CSU und hatte ihn als Schüler in guter Erinnerung behalten; schließlich hatte er ihn Anfang der 1950er Jahre in der Landwirtschaftsschule in Pfaffenhofen unterrichtet.

Politische Motive kamen auch bei ihm hinzu. Eisenmann war die unbestrittene Nummer Eins der CSU in der Region und musste die Interessen seiner Partei im Auge behalten, was er mit Unterstützung des Ilmgau Kuriers und dessen politischem Redakteur, einem engen Parteifreund,[18] auch energisch tat. Es verging keine Woche ohne Bild und Artikel, die bewiesen, wie der Minister seinen Landkreis aus dem Füllhorn seiner Güte bedachte. Schließlich war Wahlkampf, in dem es auch für ihn um einiges ging. Eisenmann stellte sich deshalb vorbehaltlos hinter den Spendenaufruf seiner Parteifreunde Scherg und Elfinger[19] – und das, obwohl die großen Zeitungen den Aufruf als «Amtsmißbrauch» kritisiert und die beiden Initiatoren mit falschen und überzogenen Zahlen Stimmung gemacht hatten, sodass selbst die Regierung von Oberbayern nicht anders konnte, als die Initiative zu rügen. Die Spendenaktion, betonte Eisenmann in einem Schreiben an den Landrat, das auch der Heimatzeitung zugespielt wurde, «ist der Ausdruck einer vorbildlichen sozialen Einstellung und spontaner mitmenschlicher Hilfsbereitschaft [...]. Es ist mir daher unverständlich, daß die Regierung von Oberbayern Sie in diesem Zusammenhang kritisiert hat. Es muß auch einem Landrat und einem Bürgermeister erlaubt sein zu sagen, daß er ein Gerichtsurteil als zu hart empfindet.»[20] «Auch ich», versicherte Eisenmann seinem Duzfreund, den er jetzt der Neutralität

halber siezte, «werde einen Beitrag leisten, um der Familie Brunnwieser in ihrer Notlage behilflich zu sein».[21]

Eisenmann ließ sich tatsächlich nicht lumpen. Er trat zwar
öffentlich nicht mehr für Brunnwieser ein, zog aber hinter den
Kulissen die wichtigen und richtigen Fäden. Er beauftragte Elfinger und Felder, ihm regelmäßig über den Fall zu berichten,[22]
stellte juristischen Beistand seiner Beamten im Ministerium in
Aussicht und nutzte auch seine Drähte in die Führung der CSU
und zu seinen Kollegen im Kabinett, um Brunnwieser zu helfen.
Ihm war es beispielsweise zu verdanken gewesen, dass Elfinger
und Felder im Februar 1974 nicht vor verschlossenen Türen gestanden waren, als sie wegen einer Außerkraftsetzung des Haftbefehls und sonstiger Erleichterungen für Brunnwieser nach
München in das Justizministerium gefahren waren.[23]

Der Justizminister fand damals sofort einen Termin und nahm
sich ungewöhnlich viel Zeit für seine beiden Parteifreunde aus
der Provinz. Philipp Held, als Sohn des früheren bayerischen
Ministerpräsidenten Heinrich Held eine große Nummer in der
CSU, war von Eisenmann um diesen Gefallen gebeten und von
ihm auch ins rechte Bild gesetzt worden. Held junior, der lange
Jahre Landrat in Freising gewesen war, also das benachbarte Pfaffenhofen und die dortigen Parteinetzwerke und Verhältnisse gut
kannte, zeigte sich sehr aufgeschlossen, konnte aber nicht allzu
viel versprechen. Er könne zwar auf die Staatsanwaltschaft Einfluss nehmen, bei dem zuständigen Richter müsse er aber, Stichwort Unabhängigkeit, vorsichtig sein – er werde mit ihm aber
eine Tasse Kaffee trinken, wenn sich eine Gelegenheit bieten
sollte. Normalsterbliche außerhalb der CSU konnten von solchen
Privilegien nicht einmal träumen.

Mit dem Segen und unter der Regie Eisenmanns ging die
Aktion Notopfer Brunnwieser weiter. Als treibende Kraft erwies
sich erneut sein Parteifreund Dieter Felder mit seiner Laienspielgruppe, der am 8. Juni 1974 den Erfolg von Schweitenkirchen im
Nachbarort Kirchdorf wiederholen konnte: Weit mehr als 500 Besucher drängten sich in der überfüllten Edelweißhalle. Ein Zug-

pferd wie der Roider Jackl fehlte diesmal. Die Münchner Band «Red Skyline» konnte aber auch als Attraktion gelten und fand tatsächlich großen Anklang, weil sie nicht nur Popmusik bot, sondern auch deftige Polka-Stücke zum Besten gab. Umrahmt wurde ihr Auftritt von der Wahl der Miss Kirchdorf, an der sich 13 junge Frauen beteiligten. Die Jury bildeten alle, die für eine Mark einen Stimmzettel erwarben. Ein Mädchen aus Helfenbrunn machte das Rennen, sie durfte dafür acht Tage nach Jesolo reisen, während ihre unterlegenen Rivalinnen mit schönen Sachpreisen glücklich wurden.[24]

Eine politische Note hatte die vergnügliche Benefiz-Veranstaltung für Brunnwieser nicht nur durch die Präsenz zahlreicher CSU-Funktionäre und -Bürgermeister. Anwesend war auch der Generalsekretär der Organisation Human Rights International. Internationale Liga gegen Willkür und Machtmissbrauch, die von den Veranstaltern großspurig als weltweit agierende Organisation der Vereinten Nationen tituliert wurde: Die UNO im Einsatz für Brunnwieser in Kirchdorf. Was für eine Sensation! In Wahrheit handelte es sich wieder um Stimmungsmache durch Aufschneiderei, diesmal der ausgesucht peinlichen Art, wie viele Jahre später bekannt wurde, weil der Staatssicherheitsdienst der DDR in puncto Liga ermittelte.[25]

Aus den Akten der Stasi, aus Artikeln westdeutscher Blätter und den Unterlagen des Registergerichts Frankfurt ergibt sich, dass die Liga, «eine bereits seit längerer Zeit bestehende obskure Gruppe»,[26] ein in Frankfurt ansässiger privater Verein war, der die «Annäherung, Versöhnung und fortschreitende Festigung des Vertrauens zwischen Staat und Bürger» anstrebte und Willkür und Machtmissbrauch zu beseitigen versprach. Streng antikommunistisch ausgerichtet, kämpfte die Liga eigenen Angaben zufolge vor allem gegen die DDR und dort insbesondere gegen Menschenrechtsverletzungen und für die Rechte ausreisewilliger Bürger; alle «beantragten Übersiedlungen von DDR-Bürgern», behauptete der Generalsekretär der Liga gegenüber der Stasi, würden bei ihm «zusammenlaufen».[27]

Mit der UNO hatte die Liga realiter nur sehr indirekt zu tun. Sie führte das UNO-Wappen im Briefkopf, ihr Generalsekretär Horst Lindmaier bemühte sich um einen Termin bei seinem Kollegen Kurt Waldheim und schmückte sich gerne mit UNO-Utensilien und -Insignien – mit Reisepass und Visitenkarten etwa, die eine UN-Zugehörigkeit suggerierten, sowie mit einem Stander an seiner Luxuslimousine, der ihm die Weihen der Vereinten Nationen verlieh. Diese Fassade und die politische Stoßrichtung gegen die DDR trugen der Liga den Titel der Gemeinnützigkeit, die Sympathie konservativer Kreise und die Unterstützung zahlreicher Prominenter ein. Die ehemalige Botschafterin Ellinor von Puttkamer und der Schauspieler Curd Jürgens gehörten ebenso dazu wie der Bergsteiger und Autor Heinrich Harrer, der sich mit der Erstbesteigung der Eiger-Nordwand einen Namen gemacht hatte, und der Journalist Fritz Schenk, der nach Gerhard Löwenthal das ZDF-Magazin moderierte.[28] Überall saßen «ehrbare Bürger und Politiker, die [...] dem Hochstapler Horst Lindmaier auf den Leim gegangen sind»,[29] hieß es in der Münchner Abendzeitung. Die CSU-Funktionäre in Kirchdorf, Schweitenkirchen und Niederthann gingen dabei wacker mit.

Die AZ hatte gute Gründe, Lindmaier als strizzihaften Hochstapler zu bezeichnen. Denn bei dem reklamierten Kampf gegen den real existierenden Sozialismus handelte es sich ebenso um heiße Luft wie bei den Verbindungen zur UNO. Die Liga machte viel Wind, ihre Vertreter reisten in die DDR, verhandelten dort mit Gott und der Welt und mit der Stasi – oder taten wenigstens so. In Wahrheit kämpften sie vor allem für die pekuniären Interessen des Generalsekretärs, der für die Justiz kein Unbekannter war und auch sonst schon von sich reden gemacht hatte. Der 40-jährige Horst Lindmaier war mehrfach vorbestraft, hatte seine Strafe aber wegen Haftunfähigkeit auf Grund einer hundertprozentigen Kriegsbeschädigung nicht antreten müssen. Gegen ihn liefen Ermittlungen wegen des Verdachts des Spendenbetrugs, der Urkundenfälschung und sonstiger Vergehen, ganz abgesehen davon, dass er sich längere Zeit als Konsul bzw. Präsidentenberater der sozialistischen Republik «Koneuwe» ausgab, die von dem Schweizer Staatsbürger Bruno Fabbri in Zürich gegründet worden war, ohne Land und ohne Volk, zu welchem Zweck auch immer. «Als mit ‹Koneuwe› nichts mehr ging», kommentierte die Welt am Sonntag am 2. Februar 1975, «fand Lindmaier bei ‹Human rights› ein neues Betätigungsfeld».[30]

In Kirchdorf legte sich der Generalsekretär der dubiosen Liga rhetorisch mächtig ins Zeug. «Gebt dem Mitbürger Brunnwieser die Freiheit, den Kindern den Vater und der Frau den Mann zurück», forderte er und verlangte im Gegenzug seinen Anteil an den Spenden, wie er es anscheinend in anderen Fällen ebenfalls getan hatte.[31] Lindmaier ging dabei so dreist vor, dass die Truppe um Felder Verdacht schöpfte. Sie wusste zwar nicht, dass sie es mit einem Gauner zu tun hatte, spürte aber, dass etwas nicht stimmte, und ließ den Generalsekretär mit seinen Geldforderungen deshalb abblitzen. Mit der Folge, dass Lindmaier wutentbrannt den Saal verließ und nie mehr gesehen ward. Dem Erfolg des Tanzabends tat dieser Eklat keinen Abbruch. Nach Abzug aller Unkosten konnten die Veranstalter der Familie Brunnwieser 2050 DM übergeben.[32]

Damit war der Spendenmarathon noch nicht beendet. Auf dem Volksfest in Schweitenkirchen nahm er zu Pfingsten 1974 noch einmal richtig Fahrt auf. Fast jeder wollte zeigen, dass er das Herz am rechten Fleck hatte und Brunnwiesers Schicksal ihn berührte: Felders Laienspieltruppe veranstaltete bei der Bierprobe und in den Tagen danach ein Torwandschießen, das vor allem bei den ballgewandten Herren viel Anklang fand. Die Feuerwehr hatte sich eine Tombola mit allem Zubehör ausgedacht, deren Haupttreffer eine «achttägige Flugreise mit Vollpension» nach Mallorca war, und der Festwirt und ein Hallertauer Humorist befanden sich ebenfalls in Spendierlaune. Der örtliche Entertainer verzichtete auf seine Gage in Höhe von 300 DM, und der Wirt spendete 200 DM und dann noch einmal eine ähnlich hohe Summe, weil die künstlerische Darbietung der Dachauer Hausfrauen krankheitshalber ausgefallen war.[33]

Ihren Höhepunkt erreichte die Feier- und Spendenfreude am Pfingstmontag 1974, als die CSU ihre Getreuen zu einer Großveranstaltung mit Staatsminister Hans Eisenmann zusammenrief, ehe schließlich das Volksfest mit Tanz und nicht ohne die Wahl der Miss Schweitenkirchen zu Ende ging. Auch am Pfingstmontag saßen die Spenden für Brunnwieser anscheinend wieder locker. Mehr als 2100 DM zählten die diversen Aktivisten, als sie mit dem Glanz der guten Tat auf ihren Gesichtern nach Hause gingen und Bilanz zogen.[34]

Die Familie Brunnwieser konnte sich freuen. Wie hoch der Gesamtbetrag war, der auf ihrem Konto einging, lässt sich nicht genau sagen. Die auf den Spendenkonten eingezahlten Summen blieben geheim, dürften sich aber auf 20 000 DM belaufen haben.[35] Die Familie verfügte also – zusammen mit den bei den diversen Festivitäten erzielten Summen – über mindestens 30 000 Mark an Spenden, zumal auch in den Tagen und Wochen nach dem Volksfest in Schweitenkirchen anscheinend noch Briefe mit Geldspenden bei ihr eintrafen. Einige stammten von Abgeordneten, wie Brunnwiesers Rechtsanwalt in einem Schreiben an das Landgericht München betonte.[36]

Die Roma hingegen gingen leer aus. An Anka Denisov und Milena Ivanov dachte im Wittmann-Saal, in der Edelweißhalle und auf dem Volksfest in Schweitenkirchen niemand; zumindest berichtete die Heimatzeitung mit keinem Wort über die Tat, das Todesopfer und deren zwei kleine Kinder, geschweige denn, dass einer vorgeschlagen hätte, sie am Erlös zu beteiligen. Es war, als hätte es die Todesschüsse von Niederthann nie gegeben und als säße Brunnwieser nur aus einer bösen Laune der Justiz heraus hinter Gittern; seine Straftat hatte zwar tödliche Folgen gehabt, war aber trotzdem vergessen. Die kleine Welt von Pfaffenhofen und Umgebung drehte sich in Spendier- und Feierlaune wie eh und je um sich selbst. Sinti und Roma gehörten nicht dazu. Sie störten und mussten aus der Erinnerung getilgt werden. Nur so konnten die lokalen Honoratioren Brunnwieser als unschuldigen Täter ohne Tat und sich selbst als Matadore einer Solidarität inszenieren, die wohlfeil, aber keine wirkliche war, weil sie die Opfer und die Schwächsten ausschloss: die Roma. Hätte man sie nicht aus dem kollektiven Gedächtnis verbannt, wäre der Spendenmarathon anders oder ganz ausgefallen. Dann hätten sich die Unterstützer Brunnwiesers besinnen müssen oder wären gar nicht auf den Gedanken gekommen, sich in Feierlaune in bunte Abende zu stürzen. Selbst der Hartherzigste hätte solche Veranstaltungen dann als Geschmacklosigkeiten erachtet.

Er müsse in Brunnwiesers Umgebung eine «erschreckend egozentrische Selbstgerechtigkeit» konstatieren, hatte Rechtsanwalt Widmaier vor Gericht diagnostiziert.[37] Er habe «keinen Bürgermeister, keinen Pfarrer, und keinen Gemeindebürger gesehen, der ein Stück Brot für die Kinder gab». Ganz falsch lag er damit nicht. Selbst der Minister brachte für das Schicksal der getöteten und der schwer verletzten Romnja und für das Los der beiden halbwaisen Kinder keinen Funken Empathie auf. Der Mann, der seit Jahren am Kabinettstisch saß, verhielt sich nicht anders als die feiertrunkenen Gäste im Wittmann-Saal. Er sah nur die Seinen und seine Interessen und orientierte sich an den Stimmungen in seiner Partei und im Wahlvolk, das sich nicht nur beim bunten Abend in Schweitenkirchen in bester Stimmung, aber nicht von seiner besten Seite gezeigt hatte.

Der gleichen Ignoranz begegneten die Roma, als sie Entschädigung und Schadensersatz forderten. Zeko Slavic traf auf eine Mauer, als er die Kosten (ca. 4700 DM) für die Überführung von Anka Denisov und deren Bestattung in Köln erstattet haben wollte. Das Oberlandesgericht München erklärte ihm im Dezember 1975 kurz und knapp, er habe keinen Anspruch auf Kostenerstattung, weil er mit der erschossenen Anka nicht standesamtlich, sondern nur auf «Zigeunerart» verheiratet gewesen sei. Für ihn habe also keine Verpflichtung bestanden, «die Kosten der Beerdigung zu tragen».[38] Auch als Vater der beiden kleinen Kinder habe er keinen Anspruch, weil deren Erbanspruch noch nicht festgestellt sei. Dieser sei so lange fraglich, bis durch entsprechende Urkunden belegt sei, dass es sich bei Anka tatsächlich um deren Mutter gehandelt habe.[39]

Mit ähnlichen Argumenten wies die 2. Zivilkammer des Landgerichts München II am 23. Dezember 1975 den Antrag von Rechtsanwalt Widmaier ab, den beiden Kinder monatlich je 135 DM Rente zuzugestehen. Auch hier hieß es: Der Antrag habe keine Aussicht auf Erfolg, weil keine stichfesten Geburtsurkunden vorhanden seien. Die Kinder könnten demnach nicht beweisen, dass «die von Brunnwieser getötete Anka Denisov ihre Mutter» gewesen sei.[40] Das erste Urteil, das sich auf die Überführungs- und Beerdigungskosten bezog, war im Dezember 1975 bereits rechtskräftig, das zweite ging in Revision, die vermutlich ebenso erfolglos blieb.[41] Rolf Bossi schrieb im Oktober 1978 jedenfalls an den 3. Strafsenat am Oberlandesgericht München: «Den Geschädigten und den Angehörigen der Getöteten ist vom Angeklagten kein Pfennig Schadensersatz gezahlt worden, er hat es nicht einmal für nötig befunden, die Begräbniskosten zu übernehmen.»[42] Die Roma mussten sich also selbst helfen, von Brunnwieser und seinen zahlreichen Sympathisanten hatten sie nichts und von der deutschen Justiz nur zynische Belehrungen zu erwarten.

9

Der «Große S-L» und die
Aufrüstung der Verteidigung

Geld war jetzt genug da. Nach der einträglichen Spendenaktion leistete sich Brunnwieser für die bevorstehende Revision einen weiteren Rechtsanwalt – und was für einen: Erich Schmidt-Leichner, den «Großen S-L», der in den 1950er Jahren zum «führenden, vielleicht sogar ‹dem› Staranwalt der Bundesrepublik»[1] avancierte und danach sein Image als Mann von Ruf und Rang noch weiter festigte. Er war unter anderem Mitglied des Strafrechtsausschusses der Bundesrechtsanwaltskammer und des Deutschen Anwaltsvereins, Vorsitzender des Deutschen Strafverteidigervereins, Dozent der deutschen Anwaltsakademie und auch als Autor und Referent ein sehr gefragter Mann.

Schmidt-Leichner, ein hochbegabter Jurist mit vielen Vergangenheiten, kam 1910 in Berlin zur Welt. Er studierte in seiner Vaterstadt Jura und wurde 1934 mit einer Doktorarbeit promoviert, in der er für ein autoritäres Strafrecht und die Ablösung von Liberalismus und Individualismus durch eine «Volksgemeinschaft» plädierte. Diese ganz vom Zeitgeist getränkte Studie und die mit Prädikat bestandenen Staatsexamen ebneten ihm den Weg zu einer Karriere im öffentlichen Dienst: Assessor, Landgerichtsrat und schließlich seit 1941 führender Mitarbeiter im Reichsjustizministerium als rechte Hand von Minister Otto Georg Thierack. Der Anwärter der SA (seit 1934) und der NSDAP (seit 1942) stieg rasch auf, machte sich aber anscheinend die Hände nicht ganz dreckig. Er «mogelte» die «Tradition der Jurisprudenz» und sich selbst durch das Dritte Reich, wie er sagte,[2] stilisierte sich danach zum Widerstandskämpfer und schlängelte sich so auch durch die Entnazifizierung.[3] «Entlastet» war er am Schluss und so frei, seine Karriere nahtlos fortzusetzen. Auch die alten Seilschaften funktionierten sofort wieder: Schmidt-Leichner unterstützte ab 1947 andere Verteidiger bei den Nürnberger Prozessen, unter anderem im Wilhelmstraßen-Prozess gegen hochrangige Angehörige des Auswärtigen Amtes, und machte sich 1949 als Rechtsanwalt selbstständig.

Danach wirkte «S-L» an rund 3000 Strafverfahren mit. Einige davon schrieben Justizgeschichte oder waren sonst in aller Munde – der Contergan-Prozess, der Herstatt-Banken-Prozess, die Verfahren gegen den Spiegel und gegen Vera Brühne sowie ein Prozess gegen den rechtsradikalen Hetzer Gerhard Frey, den Herausgeber der Deutschen National-Zeitung und Soldaten-Zeitung.[4] Schmidt-Leichner engagierte sich dabei ebenso wie bei 16 Verfahren gegen prominente Nazis, denen er als Rechtsanwalt zur Seite stand. Unter ihnen befand sich der Gestapochef in Norwegen, der Polizeipräsident von Frankfurt und der Stellvertreter von Adolf Eichmann. Er galt deshalb als «Verteidiger von SS-Größen»,[5] dem man auch eine gewisse ideologische Nähe zum Nationalsozialismus nachsagte. Zu Recht? Auffallend ist jedenfalls, dass er nach dem Zweiten Weltkrieg das Attentat vom 20. Juli 1944 als «Hochverrat im Sinne des Gesetzes»[6] betrachtete, die Nürnberger Prozesse als «völkerrechtswidrig»[7] bezeichnete und mehrmals sein ganzes Gewicht als Staranwalt in die Waagschale warf, um die Einstellung der Strafverfolgung von NS-Tätern zu erreichen.[8] Er sah in den Verfahren, wie er 1951 an Justizminister Thomas Dehler schrieb, die «selbstmörderische Hypertrophie einer Strafverfolgung»[9] und verlangte deren rasche Beendigung. Er habe die Jahre des Dritten Reiches, sagte er in den 1970er Jahren ganz unverblümt, «bis zum Ende in angenehmster Erinnerung»,[10] während er der Gegenwart mit ihren liberalen Neuerungen zunehmend fremder gegenüberstand. Er fühle sich an die frühen dreißiger Jahre erinnert, bekannte er 1974 in einem

Interview, und wünsche sich «im Interesse der Kontinuierlichkeit unseres immer noch wachsenden Rechtsstaates eine etwas autoritäre Demokratie, etwas mehr ‹Demokratur›. Um der Demokratie willen, nicht um den Absprung für etwas anderes zu finden.»[11]

Wer den verbissenen Kämpfer gegen den Zeitgeist und für autoritäre Herrschaft mit Brunnwieser in Verbindung brachte, muss offen bleiben, zumal Schmidt-Leichner sich um diese Zeit bereits auf dem Weg in das Pensionärsdasein befand und sich in seiner eigenen Kanzlei schon ziemlich rar machte. Politische Kreise um Hans Eisenmann? Richard Jaeger von der CSU, der für den Fall interessiert werden sollte? Oder Alfred Seidl, damals Vorsitzender der CSU-Landtagsfraktion, der Schmidt-Leichner von den Nürnberger Prozessen kannte und zu der «absolut konservativen Fraktion»[12] zählte? Vielleicht sogar der Hochstapler Horst Lindmaier, der ja ebenfalls in Frankfurt wohnte und dort in erzkonservativen Kreisen verkehrte? In Frage kämen, jedenfalls laut Dieter Felder, auch der erste Rechtsanwalt von Brunnwieser und der bayerische Justizminister Held, der Bürgermeister Elfinger einen entsprechenden Hinweis gegeben haben könnte.[13] Genaueres weiß man nicht.

Von Brunnwieser kann die Initiative nicht ausgegangen sein. Er saß ja im Gefängnis, und dass seine Familie den Kontakt zu dem Staranwalt gesucht hätte, ist ebenfalls schwer vorstellbar. Schmidt-Leichner war jedenfalls eine gute Wahl, weil er über Erfahrung in großen Verfahren verfügte und damit genau über das Kapital, das dem bisherigen Verteidiger Brunnwiesers fehlte. Geld spielte offenbar eine eher untergeordnete Rolle. Dass Schmidt-Leichner in früheren Verfahren horrende Tagessätze in Höhe von einigen Tausend Mark verlangt hatte, hinderte die Familie Brunnwieser nicht, ihn zu engagieren.[14] Sie hatte hier aber auch wenig zu sagen. Den Kurs bestimmte die CSU-Seilschaft um Elfinger, Scherg und Felder, die sich wahre Wunderdinge von dem berühmten Rechtsanwalt aus Frankfurt versprachen. Die Hintermänner Brunnwiesers kamen via Spenden für das Honorar auf, weil sie unbedingt ein Gegengewicht zu Bossi schaffen

wollten, der ihnen gehörigen Respekt, wenn nicht gar Angst ein-
flößte.

Der Geldsegen blieb aber nicht unbemerkt. Im Spätsommer
1974 – einige Monate nachdem Schmidt-Leichner die Bühne betreten hatte – lag bei der Familie Brunnwieser wieder ein Erpresserbrief auf dem Tisch. Ein Freund des Hauses, ein 34-jähriger
arbeitsloser Montageleiter, der bei Brunnwiesers Schwager in
Aufham zur Miete wohnte, hatte ihn gebracht. Der Brief war an
ihn adressiert und mit dem Auftrag versehen, das fremd klin-
gende Schreiben den Brunnwiesers zu übergeben. «Wenn Sie
Geld haben für gute Rechtsanwalt, können sie auch Abfindung
für uns zahlen», hieß es in dem Brief vom 7. September 1974.
20 000 Mark sollten die Brunnwiesers aufbringen, wenn sie ihre
Ruhe haben wollten. «Wen Sie Polizei holen viel Ärger … Sie
nicht zahlen, wir eine Personen töten und Haus anzünden.»[15] Mit
einem Schlag kehrte die alte Angst zurück, eine alles durchdrin-
gende, gefräßige Angst, die über Monate nicht mehr wich. Maria
Brunnwieser und ihre Mutter waren mit den beiden Mädchen
allein im Haus. Sie erlebten böse Tage und noch bösere Nächte, in
denen alles, nur der Schlaf nicht kommen wollte. Die Zigeuner
konnten für sie überall sein, nur sie kamen als Absender des Brie-
fes infrage.

Die Polizei tappte lange im Dunkeln. Auch sie hatte – wen
wundert es? – zunächst die seit dem «Blutsonntag» vom 5. November 1972 amtsbekannten Zigeuner im Verdacht, kam bei
ihren Ermittlungen aber keinen Schritt voran. Vielleicht musste
man den Erpresser doch anderswo suchen? Der Verdacht fiel
schließlich auf den Überbringer des Erpresserbriefes, der als
einziger außerhalb der Familie wusste, dass Brunnwieser über so
viel Geld verfügte, dass er Schmidt-Leichner in seine Dienste genommen und mit seinem Schwager verabredet hatte, das sünd-
teure Honorar für den Staranwalt auf alle Fälle aufzubringen,
zur Not aus eigenen Mitteln, wenn die Spenden am Ende doch
nicht reichen sollten. Die Polizei lud den Mann vor, der sich
durch widersprüchliche Aussagen zusätzlich verdächtig machte,

ehe Schriftproben ergaben, dass sowohl der Erpresserbrief vom Januar 1973 als auch der vom September 1974 von ihm stammten. So weit war es mit der Solidarität in der Region also doch nicht her, wenn ein Mann, der Brunnwieser gut kannte und der ihn am Tag nach der Tat zum Rechtsanwalt nach München gefahren hatte, wenn ein Freund die prekäre Situation der Brunnwiesers nutzte, um viel Geld zu machen. Dass er damit die Familie in die Verzweiflung trieb, störte ihn nicht. Auch dass er den Verdacht auf die «rachedürstende Zigeunersippe» lenkte, war ihm nicht nur egal, sondern Teil seines perfiden Plans. Er sah nur das Spendenaufkommen, das ihn mit Neid erfüllte, und hatte offenbar ein gehässiges Vergnügen am Leid der Brunnwiesers. Das Schöffengericht in Ingolstadt drückte dennoch beide Augen zu. Es verurteilte den Erpresser zu einer Freiheitsstrafe von einem Jahr, die zur Bewährung ausgesetzt wurde, und zu einer Geldbuße in Höhe von 5000 DM, die er an das Rote Kreuz zahlen musste.[16]

Als der Freund des Hauses im Dezember 1974 bei seinem zweiten Erpressungsversuch aufflog, lebte Brunnwieser bereits wieder in Niederthann und ging seiner Arbeit bei BMW nach. Er hatte sich zunächst in München-Stadelheim in Haft befunden, wo er nicht selten Besuch erhielt. Seine Frau und seine Töchter waren häufig dort, der örtliche Pfarrer kam gelegentlich im Gefängnis vorbei, um ihm Trost zu spenden, und sogar der Landrat Dr. Scherg stärkte seinem Parteifreund durch eine Stippvisite den Rücken. Eine Verlegung nach Straubing konnten die Verteidiger abwenden. Die Verkehrsverbindungen zwischen Niederthann und Straubing seien so schlecht, dass es Maria Brunnwieser nahezu unmöglich wäre, ihren Mann zu sehen und mit ihm über die Belange der Familie und des Hofes zu sprechen; gerade in der Erntezeit sei der Rat des Mannes unverzichtbar.[17] Dies und anderes machten die Rechtsanwälte geltend, bis der Häftling im September 1974 in die Justizvollzugsanstalt Erding verlegt wurde, die leicht zu erreichen war.[18]

Lange musste er dort nicht ausharren. Seine Anwälte bombardierten die Justizbehörden seit Mai 1974 mit Anträgen zur Aufhe-

bung oder Außervollzugsetzung des Haftbefehls ihres Mandanten.[19] Zunächst blieben die Initiativen ohne Erfolg, obwohl
Schmidt-Leichner und sein Kollege Nippold ihren Demarchen
eine immer größere moralische Dringlichkeit gaben. Brunnwieser, «ein ehrlicher Bauer und Arbeiter», erfreue sich «allgemeiner
Sympathie und Anteilnahme weit über den Kreis seiner Gemeinde
hinaus». Auch die «Kirche versichert ihm ihre Anteilnahme und
nimmt ihn unter besondere Obhut». Selbst die Deutsche Liga für
Menschenrechte e. V. und die United Nations for Human Rights
setzten sich für Brunnwieser ein.[20]

Die zuständigen Gerichte ließen sich dadurch nicht erweichen.
Das Landgericht München[21] und auch die Staatsanwaltschaft des
Oberlandesgerichts München plädierten dafür, die Beschwerden
als unbegründet abzulehnen, weil wegen der Höhe der Strafe ein
besonderer Fluchtanreiz bestehe.[22] Das OLG schloss sich dieser
Auffassung am 27. Mai 1974 an und wies die Anträge zurück.[23]
Schmidt-Leichner und Nippold ließen dennoch nicht locker. Im
August 1974 gingen beim Landgericht München zwei weitere Beschwerden der Rechtsanwälte Brunnwiesers mit den alten Argumenten ein. Schmidt-Leichner hatte zuvor extra einen Ausflug
nach Niederthann unternommen, um sich selbst ein Bild von der
Lage machen zu können. «Alle stehen» zu Brunnwieser, so lautete seine Erkenntnis. Zum Beweis dafür animierten er und Nippold den Landrat und den Bürgermeister von Schweitenkirchen
zu emotionalen Schreiben an das Landgericht München, in denen
sich die beiden örtlichen Honoratioren für Brunnwieser persönlich verbürgten.[24] Fluchtgefahr bestehe ohnehin nicht. Ein weiterer Vollzug der Haft sei «schlechterdings ‹unrecht›», konstatierte
Schmidt-Leichner.[25]

Es nützte alles nichts. Das Landgericht lehnte die Haftbeschwerde erneut ab.[26] Schmidt-Leichner und sein Kollege gaben
auch jetzt noch nicht auf. Sie schalteten noch einmal das Oberlandesgericht ein und erlebten eine kleine Überraschung: Das
OLG legte sich – anders als beim ersten Mal – nicht fest und verwies den Fall an das Landgericht München II zurück, obwohl die

Staatsanwaltschaft beim OLG bei ihrer alten Linie geblieben war und sich für eine Zurückweisung der Haftbeschwerde ausgesprochen hatte.[27] Wie nicht anders zu erwarten, bewegte sich das Landgericht auch dieses Mal nicht, woraufhin Nippold wieder nachfasste – und am 20. September 1974 wieder am Nein des Landgerichts München II scheiterte.[28]

Die Verteidiger wandten sich deshalb noch einmal an das OLG,[29] das sich nun tatsächlich nicht nur über die Entscheidung des Landgerichts und den Antrag der Staatsanwaltschaft am OLG hinwegsetzte, sondern auch den eigenen Beschluss vom 27. Mai 1974 revidierte. Das OLG entschied am 10. Oktober 1974, den Haftbefehl unter Auflagen außer Kraft zu setzen, und begründete die Haftverschonung mit der engen Bindung Brunnwiesers an Familie und Hof, mit den neun Monaten U-Haft, die der Todesschütze bereits hinter sich hatte, und der Kaution, die auf 30 000 Mark erhöht wurde.[30] Was auch immer den Ausschlag für diese überraschende Entscheidung gab: Politischer Druck auf das OLG dürfte es eher nicht gewesen sein. Entscheidend war vermutlich die Tatsache, dass der noch nicht rechtskräftig verurteilte Täter nun schon über ein halbes Jahr hinter Gittern saß und dort auf sein Revisionsverfahren wartete, das noch in weiter Ferne lag. So lange, vielleicht ein Jahr oder zwei, konnte man ihn nicht festhalten. Brunnwieser durfte die Haftanstalt am 11. Oktober 1974 verlassen.

Keine zwei Jahre nach den tödlichen Schüssen sah er dem Revisionsverfahren in Freiheit entgegen. Nippold hatte dieses Verfahren bereits unmittelbar nach dem Urteilsspruch vom 21. März 1974 in Gang gesetzt. Schmidt-Leichner unterstützte diese Initiative und ließ dabei das Schwurgericht München II sofort und massiv spüren, wen es vor sich hatte. Mit kaum verhohlener Arroganz sezierte er das Urteil der ersten Instanz, in dem er nichts anderes sah als ein beschämendes Dokument «zahlreicher fehlender, lückenhafter und widerspruchsvoller Feststellungen sowie rechtsfehlerhafter Schlußfolgerungen – auch zur Strafzumessung».[31] Ganze 48 Seiten umfasste sein Schriftsatz, der zahlreiche Spitzfindigkeiten und scheinbar zwingende Zitate, in der Sache jedoch wenig Neues enthielt, sodass sie nicht referiert werden müssen.

Die Staatsanwaltschaft beim Landgericht München II[32] wies die Vorwürfe Schmidt-Leichners deshalb ebenso zurück wie der Generalbundesanwalt beim Bundesgerichtshof,[33] der für Revisionen aller erstinstanzlichen Urteile der Landgerichte aus Bayern und fast ganz Baden-Württemberg zuständig war. Das Urteil vom März 1974 enthalte keine Rechtsfehler, die Ausführungen Schmidt-Leichners bestünden nur aus «Angriffe[n] gegen die Beweiswürdigung des Schwurgerichts, die aus Rechtsgründen jedoch nicht zu beanstanden ist», betonte der Generalbundesanwalt, der den Schriftsatz von Schmidt-Leichner anscheinend für reinen Murks hielt.

Die Kanzlei Bossi schloss sich diesen Argumenten an. Ihr Vertreter Gunter Widmaier machte sich aber nichts vor. Eine Revision sei unvermeidlich und werde mit ziemlicher Sicherheit zu einer Aufhebung des Strafausspruchs führen. Am 1. Januar 1975 war nämlich eine Gesetzesänderung in Kraft getreten, die mildernde Umstände bei der Definition des Strafrahmens neu bewertete, wobei es auch im Fall Brunnwieser zu einer Herabsetzung der verhängten Strafe kommen musste.[34] Der Angeklagte, dem vom Schwurgericht eine ganze Reihe mildernder Umstände zugebilligt worden war, konnte also mit einer deutlichen Reduzierung der Strafe rechnen, und zwar schon vor der Revisionsverhandlung vor dem Bundesgerichtshof, der am 27. Mai 1975 tagte und sein Urteil sprach.

Die Vorwürfe, die Schmidt-Leichner gegen das Schwurgericht München II erhoben hatte, spielten bei der Entscheidungsfindung des Bundesgerichtshofes so gut wie keine Rolle. Das oberste Gericht ging nur auf eine Rüge näher ein, maß ihr aber keine größere Bedeutung bei. Auch der BGH war der Meinung, dass Brunnwieser schuldig war. Die Annahme des Landgerichts München II, «der Angeklagte habe weder in Notwehr noch in vermeintlicher Notwehr gehandelt», sei aus Rechtsgründen nicht angreifbar –

daran gab es nichts zu rütteln. Die Geister schieden sich aber bei der Analyse und Bewertung des Tathergangs. Das Landgericht hatte in den Schüssen von Niederthann zwei Taten gesehen, einen vollendeten Totschlag und einen versuchten Totschlag, die im «Verhältnis der Tatmehrheit» zueinander standen. Der BGH hingegen stellte angesichts des engen räumlichen und zeitlichen Zusammenhangs des Tatgeschehens eine «natürliche Handlungseinheit»[35] fest – also Tateinheit statt Tatmehrheit. Allenfalls dem vierten Schuss, der die bereits angeschossene Milena Ivanov traf und noch schwerer verletzte, könnte ein «neuer Tatentschluß zugrunde gelegen haben».[36] Genau das habe der Richter der ersten Instanz aber nicht explizit festgestellt. Er habe vielmehr bei den Ausführungen zur inneren Tatseite pauschal betont, «der Angeklagte wollte bei der Abgabe der Schüsse die davonlaufenden Personen treffen». Der BGH spießte damit, sehr zur Freude von Schmidt-Leichner, wie man annehmen darf, einen handwerklichen Fehler des Landgerichts München II auf, das es versäumt hatte, seine nicht unstrittige, aber durchaus vertretbare Deutung des Tathergangs als Tatmehrheit hieb- und stichfest zu begründen.

Der BGH verwies deshalb den Fall Brunnwieser zur erneuten Verhandlung an das Landgericht München I, beließ es aber nicht dabei. Er gab der Revisionsinstanz den deutlichen Hinweis mit auf den Weg, dass der Strafausspruch vom März 1974 auch aus zwei weiteren Gründen «keinen Bestand» haben könne. Erstens, weil – wie Widmaier prognostiziert hatte – die neue Rechtslage die Strafobergrenze reduzierte, und, zweitens, weil man nach aller «Lebenserfahrung» nicht ohne Weiteres von einem «typischen Fall des Totschlags» sprechen und deshalb die Anwendung des § 213 StGB (minder schwerer Fall) ablehnen könne, wie das Landgericht München II es getan hatte. Ein minder schwerer Fall dürfe nicht ausgeschlossen werden.[37] Der BGH legte sich in der Sache selbst nicht fest, gab aber doch nachdrücklich zu verstehen, dass er den Fall nicht für typisch hielt.

Der Vorsitzende des 1. Strafsenats, Gerd Pfeiffer (Jahrgang

1919), angeblich ein Sympathisant der SPD, rühmte sich, dass «unter seiner Herrschaft» keine einzige Revision eines Verteidigers durchgegangen sei.[38] Hier machte er eine Ausnahme. Er kam dem Antragsteller Schmidt-Leichner weit entgegen und stellte das Urteil des Landgerichts München II zumindest in einem Punkt in seinem Kern in Frage – und zwar mit dem schwer nachvollziehbaren Hinweis auf die «Lebenserfahrung» und den Paragrafen 213 StGB, der bei Brunnwieser nur bei äußerstem Wohlwollen angewendet werden konnte. Er war kein Totschläger ohne eigene Schuld, der durch Misshandlung oder schwere Beleidigung zum Zorn gereizt und hierdurch auf der Stelle zur Tat hingerissen worden war, wie es der Paragraf 213 verlangte. Er hatte von hinten auf bereits davon laufende junge Frauen geschossen, die ihn und seine Familie weder misshandelt, noch beleidigt oder bedroht hatten. Anka Denisov und Milena Ivanov hatten ihn nicht einmal berührt.

10

Rassistische Hetze in der Revision

Das Urteil des Bundesgerichtshofes verschaffte Brunnwieser nur eine Atempause. Der Haftbefehl gegen ihn bestand ja noch immer, und die Auflagen, die er nach seiner Freilassung erfüllen musste, drückten ihn nicht weniger als zuvor; namentlich die Zinsen für die auf 30 000 DM erhöhte Kaution belasteten sein Budget. Nicht zu reden von der Haftstrafe, die auch nach der höchstrichterlichen Entscheidung noch drohte. Ein Freispruch im neuen Prozess mochte eine leise Hoffnung sein – mehr aber auch nicht.

Seine Anwälte setzten deshalb zunächst alle Hebel in Bewegung, um ihm das Leben in Freiheit zu erleichtern. Sie zielten vor allem auf die Aufhebung des Haftbefehls bzw. auf eine Revision der Auflagen, bissen dabei aber sowohl bei der Staatsanwaltschaft beim Landgericht München I als auch beim Schwurgericht des Landgerichts auf Granit.[1] Erst im Frühjahr 1976 fand sich das Landgericht München I zu einigen Zugeständnissen bereit. Brunnwieser musste sich ab Mai zwar immer noch jede Woche bei der Polizei melden, konnte aber den Tag selbst bestimmen.[2] Im Juli 1976 hob das Landgericht nach einer energischen Intervention Schmidt-Leichners die Sicherheitsleistung, sprich die Kaution, gegen den Willen der Staatsanwaltschaft auf.[3] Brunnwieser hatte damit eine finanzielle Sorge weniger.

Mittlerweile waren mehr als ein Jahr seit dem Urteil des BGH und über dreieinhalb Jahre seit der Tat vergangen. Besondere Eile, das Verfahren zum Abschluss zu bringen, schienen Brunnwieser und seine Anwälte aber nicht gehabt zu haben. Je mehr Zeit verging und Gras über die Sache wuchs, desto besser für den Täter, der sich in Freiheit nichts zuschulden kommen ließ und damit Pluspunkte um Pluspunkte sammelte. Das Angebot des Schwurgerichts beim Landgericht München I, die Hauptverhandlung im November 1976 zu beginnen, schlug Brunnwieser jedenfalls aus – mit dem Argument, sein Anwalt Schmidt-Leichner sei zu beschäftigt und habe erst ab Februar 1977 wieder Zeit.[4]

Brunnwieser nutzte diese Monate, um juristisch weiter aufzurüsten. Neben Gerhard Paetsch aus der Kanzlei Nippold, der ihn im März 1974 schon vor dem Landgericht München II vertreten hatte, und Schmidt-Leichner leistete er sich noch einen dritten Anwalt: Walter Rauer aus Nürnberg, der an der Universität Regensburg als Lehrbeauftragter tätig war. Keine ganz ungewöhnliche, aber eine ziemlich kostspielige Maßnahme, die Aufsehen erregte und erneut Spekulationen über finanzkräftige Hintermänner nach sich zog. Ein dritter Anwalt, ein renommierter obendrein – war das nötig, und woher kam das Geld?

Für Spannung war also gesorgt, als das Schwurgericht des Landgerichts München I am Montag, dem 7. Februar 1977, zu seiner ersten Sitzung zusammentrat.[5] Ganz Niederthann, so schien es, hatte sich im Saal 270 des Münchner Justizpalastes versammelt – Freunde, Bekannte und Verwandte, die Brunnwieser ein aufmunterndes «'s wird scho» zuraunten[6] und auch sonst viel lärmende Zuversicht verbreiteten, bis das Hohe Gericht den Saal betrat und für Ruhe sorgte. Der Angeklagte kam am ersten Tag so gut wie gar nicht zu Wort. Er saß schweigend auf seiner Bank, verloren blickend und mit der Welt zerfallen. Die viereinhalb Jahre, die seit den Schüssen von 1972 vergangen waren, hatten ihm arg zugesetzt und ihn zu einem abgenutzten, wunden Mann gemacht. Jeder im Saal konnte es sehen: Brunnwieser war voller als früher, fast schon schwerfällig und dick. Tiefe Furchen und ein Netz aus feinen Falten überzogen das Gesicht, das einst glatt und straff gewesen war. Jetzt wirkte es wie aufgetrieben – fahl die Haut, tief die Augenringe, schlaff die Wangen und faltig verschlossen der Mund. Auch die Haare hatten Glanz und Fülle verloren, sie waren schütter geworden und leicht grau, wie bis auf das große Karo der Krawatte fast alles an ihm. Es war, als sei das Leben lange vor der Zeit aus dem 43-jährigen Mann gewichen.[7]

Wie der Angeklagte wurden auch die Zeugen am ersten Tag nicht gehört. Die Zuschauer kamen dennoch auf ihre Kosten. Das lag vor allem an der Verteidigung und dem von ihr inszenierten juristischen Nahkampf, den die Kanzlei Bossi nicht unbeantwortet ließ und der einen Vorgeschmack auf das Hauen und Stechen der kommenden Tage lieferte. Man schenkte sich nichts. Insbesondere Schmidt-Leichner zog sogleich alle Register einer aggressiven Vorwärtsverteidigung, die nichts mit dem Spruch des Bundesgerichtshofes zu tun hatte. Brunnwieser war schuldig gesprochen worden, das stand nicht mehr zur Debatte, nur um die Höhe der Strafe ging es noch. Schmidt-Leichner wäre aber nicht Schmidt-Leichner gewesen, wenn er sich damit begnügt hätte, um ein paar Monate Strafe hin oder her zu ringen. Er wollte von vorne beginnen, also zumindest einen gefühlten Freispruch herausholen und das Urteil vom März 1974 als Fehlurteil entlarven – als schreiendes Unrecht an einem rechtschaffenen Mann, der alles Recht gehabt hatte, seine Familie und seinen Hof zu verteidigen, zumal dann, wenn es sich bei den Eindringlingen um Zigeuner handelte, von denen man ja wusste, wie sie waren und was sie im Schilde führten.

Juristisch konnte man Schmidt-Leichner nichts vorwerfen. Der Strafverteidiger hatte ausschließlich die Interessen seines Mandanten im Blick. Er ging aufs Ganze und scheute dabei vor keinem Mittel zurück. Sein Ziel war es zunächst, mit subtilen und weniger subtilen Argumenten das Gericht unter Druck zu setzen und, noch wichtiger, den Eindruck zu erwecken, als wenn im Justizpalast nicht gegen Brunnwieser, sondern «gegen Zigeuner verhandelt würde», wie Eckhart Müller, neben Gunter Widmaier der zweite Vertreter der Nebenklage, betonte.[8] Diese Strategie ließ sich nicht sofort erkennen. Schmidt-Leichner tarnte sie hinter Verfahrensfragen, mit denen er zu Prozessbeginn das Gericht in

Atem hielt. Sein erster Vorstoß richtete sich gegen die Zulassung der Nebenklage. Müller und sein Kollege Widmaier von der Kanzlei Bossi, der auch als Vormund der beiden Söhne der getöteten Anka Denisov fungierte, hatten in seinen Augen in dem Verfahren nichts verloren. Es sei nämlich völlig unbewiesen, dass Anka Denisov tatsächlich die Mutter der beiden Kinder gewesen war. Er hielt es sogar für zweifelhaft, dass Guran und Nedelko Denisov überhaupt noch lebten.[9]

Widmaier war auf diese Argumente vorbereitet. Er kannte sie aus dem Verfahren um eine Rente für die beiden Kinder, das er in der ersten Instanz nicht zuletzt deshalb verloren hatte, weil er weder deren Vater noch sie selbst als Zeugen hatte aufbieten können. Die Kanzlei Bossi hatte den Kontakt zu ihnen verloren, sie waren wie vom Erdboden verschluckt. Sie befinde sich in «Beweisnot», gab die Kanzlei offen zu, die selbst nicht mehr daran glaubte, dass sich die «Zigeunersippe» finden ließe.[10] Kurz vor Prozessbeginn kam ihr aber der Zufall zu Hilfe, und zwar in Gestalt der ARD-Sendung «Report», die am 20. Dezember 1976 über die verzweifelte Lage der Sinti und Roma in Köln berichtete und dabei auch die Familie Denisov erwähnte. Die Familie sei aus Holland abgeschoben worden und befinde sich auf einem Landfahrerplatz in Köln, wo sich die Sozialbehörden um sie kümmerten.[11]

Nachdem die Kriminalpolizei Köln diese Meldung bestätigt hatte, ließ Widmaier nichts unversucht, Zeko Slavic und seine beiden Söhne nach München zu holen. Ihr Rechtsanwalt konnte so einen beeindruckenden Punktgewinn verbuchen, als er seine beiden Schützlinge und deren Vater unter allgemeinem Staunen in den Zeugenstand rufen ließ und als er zugleich eine rhetorische Breitseite nach der anderen gegen die Verteidigung abfeuerte: Das ganze Verfahren wegen der Rente sei «grotesk» gewesen.[12] Widmaier sprach von «Taschenspielereien», «formalen Tricks», «schäbigem Verhalten», «Scharlatanerie» und «juristischem Schabernack».[13] «Wer die Dinge mit etwas Maß betrachtet, wird nie auf die Idee kommen, daß diese Kinder untergeschoben wurden.»[14]

Schmidt-Leichner beharrte dennoch darauf, dass ihre Abstammung ungeklärt sei. Er ließ weder das schriftliche Zeugnis eines römischen Pfarrers, die Kinder seien im Beisein ihrer Eltern getauft worden, noch die eidesstattliche Versicherung von Zeko Slavic gelten, dass er ihr Vater und Anka Denisov ihre Mutter sei. Für Schmidt-Leichner bestand keine Nebenklageberechtigung, er wollte die beiden Kinder als Nebenkläger «abschießen», wie die Süddeutsche Zeitung schrieb.[15] Ohne zertifizierte Geburtsurkunde waren sie in seinen Augen illegitime Gäste auf Erden – und dabei blieb er.

Das Gericht schloss sich dieser bockigen Spitzfindigkeit nicht an. Urkunde hin oder her – die beiden Kinder lebten vor den Schüssen von Niederthann bei Anka Denisov und Zeko Slavic, und sie lebten mehr als vier Jahre danach immer noch bei Zeko Slavic, den sie als ihren Vater betrachteten. Das Gericht wies den Antrag der Verteidigung zurück und akzeptierte Nedelko und Guran als Nebenkläger. Sie erhielten obendrein das Armenrecht, so dass sie sich um die Kosten für ihre Anwälte keine Sorgen machen mussten; die trug der Staat.[16]

Der Vorsitzende Richter Hubert Grader (Jahrgang 1932), der diese Entscheidung maßgeblich herbeigeführt hatte, ließ sich von Schmidt-Leichner nicht aus der Ruhe bringen. Der konservative und als harter Hund geltende Routinier hatte anscheinend Verständnis für die Lebensweise der Sinti und Roma, die er nicht mit der bürokratischen deutschen Elle maß. Er achtete im Übrigen auch streng darauf, den Begriff Zigeuner so gut es ging zu vermeiden. Alle anderen Prozessbeteiligten, auch die Vertreter der Kanzlei Bossi, zeigten sich weniger sensibel, auch sie verstanden nicht, wie diskriminierend diese Bezeichnung war.

Das galt in besonderem Maße für einen der beiden Beisitzer, den Richter am Landgericht Richard Hundhammer. Der Sohn des erzkonservativen bayerischen Kultusministers Alois Hundhammer steckte voller Vorurteile gegenüber Sinti und Roma und ließ seiner Zunge noch 1980 ungeniert freien Lauf. «Das Wort ‹Zigeuner› als solches», dozierte er im Landtag, «ist auch

kein Schimpfwort und keineswegs als solches gemeint».[17] Hundhammer als Mitglied des Gerichts war aber auch sonst, um das
mindeste zu sagen, keine ideale Besetzung. Er gehörte qua Abstammung zum Hochadel der CSU, saß in den Führungsgremien
der Christlich-Sozialen Union und seit 1970 im Landtag – für die
Partei mithin, die sich von Beginn an in Gestalt von Bürgermeister Elfinger, Landrat Scherg und Minister Eisenmann so engagiert wie vorbehaltlos hinter Brunnwieser gestellt hatte. Die Kri-
terien der Befangenheit spielten in seinen Augen dennoch keine
Rolle.

Auch die Reporter der Zeitungen und des Fernsehens blieben
bei ihren festsitzenden Sprachgewohnheiten. Sie konnten sich
allenfalls dazu aufraffen, über Landfahrer statt über Zigeuner zu
berichten. Die liberalen Blätter aus der bayerischen Hauptstadt
und den publizistischen Zentren des hohen Nordens unterschie-
den sich hier in nichts von den kleinen Heimatzeitungen der Provinz, die sie nur zu gerne als Sprachrohre verstockter Rückständigkeit denunzierten. Selbst die dezidiert linksliberale Frankfurter Rundschau kannte nur Zigeuner.[18]

Das Gericht diskutierte und beriet mehrere Stunden lang, ehe
es den Antrag Schmidt-Leichners zurückwies und endlich die
Personalien des Angeklagten feststellen konnte. An einen zügi-
gen Fortgang des Verfahrens war dennoch nicht zu denken.
Schmidt-Leichner fuhr nämlich erneut dazwischen, als Grader
die bereits rechtskräftigen Teile des Ersturteils verlesen lassen
und damit klären wollte, dass sich das Revisionsverfahren im
Wesentlichen nur noch auf die Neubestimmung des Strafmaßes
bezog. Da er vorhatte, den ganzen Prozess neu aufzurollen, lehnte
der Verteidiger die Verlesung unter Hinweis auf einen Kommentar der Strafprozessordnung ebenso arrogant wie schneidend ab.
Er pochte darauf, dass zuerst der Anklagesatz vorgetragen werden müsse, blamierte sich damit aber bis auf die Knochen, weil er
sich offenbar nicht auf dem neuesten Stand der Rechtsprechung
befand, was ihm der Staatsanwalt mit Vergnügen unter die Nase
rieb.[19]

Die erneute Abfuhr belastete das Klima des ersten Tages. Die Verteidigung stellte danach sogar noch den Antrag, Richter Grader und einen Beisitzer wegen Befangenheit abzulehnen, weil sie lange vor dem Revisionsverfahren die Forderung der Verteidigung, den Haftbefehl gegen ihren Mandanten aufzuheben, mit dem Argument zurückgewiesen hatten, Brunnwieser habe eine «nicht unbedeutende Strafe zu erwarten» und müsse deshalb in Haft bleiben.[20] Auch damit drangen Schmidt-Leichner und seine beiden Kollegen aber nicht durch. Der «Große S-L», dessen Umgang mit Richtern und Staatsanwälten der Jurist Joachim Kügler einige Jahre zuvor als «Abschlachtung per Intelligenz» und als «Orgasmus, der kalt genossen wird»,[21] bezeichnet hatte, erlebte am 7. Februar 1977 einen bitteren Tag. Der Pfau unter den Strafverteidigern musste vor dem Landgericht München I einige Federn lassen.

Was das für Brunnwieser und das neue Strafmaß bedeutete, konnte niemand voraussagen. Er selbst trug zur Entscheidungsfindung ebenfalls wenig bei, weil er bei der Schilderung des Tathergangs nur das wiederholte, was er im ersten Prozess berichtet hatte und was das Gericht bereits aus den Akten kannte. Auch die Zeugen der Verteidigung, die am zweiten Prozesstag gehört wurden, brachten das Gericht nicht weiter. Bürgermeister Elfinger beschwor erneut den guten Leumund des Angeklagten, das gleiche taten Brunnwiesers Vorgesetzter bei BMW und Pater Leopold Beslmüller, Pfarrer von Niederthann und Ordenspriester aus der Benediktinerabtei Scheyern, der die Brunnwiesers seit Langem kannte und ihnen 1972 bei der Beerdigung ihres kleinen Sohnes beigestanden hatte.[22] Nur Gutes über den Angeklagten wusste auch Pfarrer Theodor Gramlich aus Güntersdorf bei Schweitenkirchen zu berichten. Er habe Brunnwieser während der Haft mehrmals besucht, um ihn zu trösten, und ihn bewundert, wie gefasst er alles ertragen habe, wie «ein Mann». Dennoch habe er gefürchtet, dass er sich etwas antun könnte. Der Angeklagte, so der Pfarrer, habe genug gelitten «durch dieses Geschehen, das ihm sehr zu Herzen gegangen ist. Er ist schon lebenslang verurteilt, die Schatten dieses trüben Novembertages und der aus Versehen getöteten Zigeunerin zu tragen.» Um seiner Aussage, die mehr und mehr einem leidenschaftlichen Plädoyer zugunsten des Angeklagten glich, noch größere Überzeugungskraft zu verleihen, flocht er außerdem noch ein, dass auch er den Tod von Anka Denisov bedauere und dass er – hört, hört! – über Brunnwieser mit Landwirtschaftsminister Eisenmann gesprochen habe. «Der Minister hatte ihn in der Berufsschule, er hält ihn für fleißig und strebsam.»[23]

Einmal bei solch profanen Dingen angekommen, machte der Pfarrer schließlich seinem Ärger über die Berichterstattung der großstädtischen Medien Luft und teufelte mit der ganzen Anmaßung seines geistlichen Amtes auf die vermeintlichen Schmierfinken von der Lügenpresse ein: Es sei eine Schande, dass die Niederthanner als «Abschaum der Menschheit» erachtet würden. «Die Leute haben sich nicht hinter Brunnwieser gestellt, weil sie ihn zum Volkshelden machen wollten, sondern weil sie sahen, daß ein unbescholtener Mann durch unglückliche Umstände in Not geraten ist.» Er habe in den vier Jahren seit der Tat auch «keinen Haß gegenüber den Zigeunern feststellen können, jedoch eine große Überheblichkeit der Städter gegenüber der Landbevölkerung».[24] Ähnlich, aber weniger emphatisch, hatte kurz zuvor auch Elfinger über die Scharlatane des geschriebenen Wortes gesprochen; seine Polemik galt insbesondere der «Hauspresse des Herrn Bossi»[25].

Eines ließ Gramlich, der geistliche Volkstribun, in seinem Rundumschlag unerwähnt – die Tatsache nämlich, dass Brunnwieser nicht nur eine junge Frau getötet und eine zweite schwer verletzt hatte, sondern dass seinen Schüssen auch ein ungeborenes Kind zum Opfer gefallen war. Der Pfarrer stand damit nicht allein. Niemand sprach von diesem Leben, keine Presse, keine Partei und keine Geistlichkeit, die ansonsten in Gestalt von Papst, Bischöfen und Pfarrern alles aufbot, was aufzubieten war, um die Heiligkeit des ungeborenen Lebens zu beschwören und gegen die Reform des Paragrafen 218 zu polemisieren, der die Einführung einer Fristenregelung vorsah. Der ungeborene Bruder von Nedelko und Guran Slavic war tot und so rasch vergessen, als hätte es ihn nie gegeben.

Nach dem rabiaten Auftritt Gramlichs wirkte es fast schon ein wenig boshaft, als Richter Grader die Aufmerksamkeit in eine andere Richtung lenkte. Ob Brunnwieser mit ihm auch über eine Wiedergutmachung für die Angehörigen des Opfers gesprochen habe, wollte der Richter vom Pfarrer wissen. Davon sei nicht die Rede gewesen, musste dieser einräumen[26] und damit die emotionalen Defizite Brunnwiesers bestätigen, die ihm während des Prozesses immer wieder vorgehalten wurden. Da half auch die Versicherung der Verteidigung nicht viel, ihr Mandant habe sie mit der Regelung der Wiedergutmachungsfrage beauftragt, zumal Rechtsanwalt Paetsch sogleich hinzusetzte, dass vor einer solchen Regelung selbstverständlich die Verwandtschaftsverhältnisse unter den Roma säuberlich geklärt werden müssten.[27] Konkret hieß das: Die beiden Kinder und der Ehemann von Anka Denisov hatten von Brunnwieser auch jetzt nichts zu erwarten.

Schmidt-Leichner und seine beiden Mitstreiter mussten erkannt haben, dass ihrem Mandanten schon mit einem kleinen Zugeständnis in der Wiedergutmachungsfrage geholfen gewesen wäre – ein besserer Strafmilderungsgrund ließ sich kaum denken. Sie verzichteten darauf und nahmen stattdessen, um Brunnwieser zu entlasten, nicht nur die Romnja aufs Korn, die in dessen Hof eingedrungen waren. Die Verteidigung setzte alle Roma auf die Anklagebank und betonte ihre Gefährlichkeit mit nicht nachlassender Penetranz. Vor allem für Schmidt-Leichner war klipp und klar, dass die fünf Frauen und Mädchen in «diebischer Absicht» gehandelt hatten. Zum Beweis dafür führte er an, dass gegen die in Brunnwiesers Hof angetroffenen Romnja nicht umsonst ein Verfahren wegen «Bandendiebstahl» eingeleitet worden sei.[28] Er verschwieg dabei, dass dieses Verfahren bereits kurz darauf eingestellt worden war und dass das Schwurgericht München II in seinem Urteil ausdrücklich festgehalten hatte, dass über die Motive der Romnja nur spekuliert werden könne; mit

Sicherheit sei aber nichts gestohlen worden. «Die Spurensicherung in den Räumen des Hauses des Angeklagten», so stand im Urteil zu lesen, ergab keinen Anhaltspunkt dafür, dass die Zigeunerinnen in den Zimmern des Obergeschosses waren und dort etwa Behältnisse geöffnet und durchsucht hätten.[29] Sogar die Frau des Angeklagten musste zugeben, in Haus und Hof sei alles am rechten Platz geblieben.[30]

Schmidt-Leichner focht das in seiner spöttischen Selbstsicherheit nicht an. Er stellte die Romnja weiterhin als «Diebinnen» hin und blieb auch dann noch bei seiner aggressiven Linie, als Herbert Streiber, der die tatverdächtigen jungen Frauen und Mädchen 1972 als Ermittlungsrichter vernommen hatte, ganz deutlich wurde und zu Protokoll gab: «Die Klischeevorstellungen von Zigeunern haben für diese Personen nicht zugetroffen. Sie haben auf mich einen relativ guten Eindruck gemacht.» Ihre Aussagen, sie hätten nur Lebensmittel kaufen wollen, seien für ihn glaubhaft gewesen.[31] Auf die Nachfrage des Richters, was er mit Klischeevorstellungen meine, antwortete Streiber nicht weniger deutlich: «Naja, die landläufige Meinung ist doch: Wenn ein Zigeuner ins Haus kommt, dann will er was klauen.»[32]

Trotzdem wollte es Schmidt-Leichner bei der Befragung des Kriminalbeamten Josef Witschital nicht bei dessen ebenso tendenziöser wie spekulativer Aussage belassen, die Romnja hätten mehrere lange, an den Füßen zusammengebundene Röcke getragen,[33] in denen leicht Diebesgut unterzubringen gewesen wäre. Er drang weiter in ihn und wollte ihn und andere Sachverständige vor Gericht feststellen lassen, «daß die Art, wie die Frauen und Mädchen hier eingedrungen waren, die typische Begehungsweise für Diebstähle von Landfahrern dieser Art darstelle»[34].

Mit den Hauptfragen des Revisionsverfahrens hatte diese Argumentation im Grunde nur noch partiell zu tun. Schmidt-Leichner ignorierte, dass sein Mandant wieder und wieder behauptet hatte, er habe nicht genau erkennen können, auf wen er geschossen hatte: Zigeuner oder nicht. Brunnwieser wusste es nicht oder tat zumindest so, weil sein erster Verteidiger einen

Vorteil darin erblickt hatte. Schmidt-Leichner hingegen spielte, bewusst oder unbewusst, sein eigenes Spiel – ohne Rücksicht darauf, dass er damit die alte Verteidigungsstrategie seines Mandanten konterkarierte und die Roma in toto kriminalisierte. Je gefährlicher er sie erscheinen ließ, desto besser für den Todesschützen, meinte der Starjurist, der sich dabei anscheinend vor allem von seinen eigenen rassistischen Vorurteilen leiten ließ. Auch der große, wegen der Schärfe seines Verstandes gerühmte «S-L» war nicht frei davon. Er verbrämte sie nicht einmal besonders geschickt.

Eckhart Müller, der Gunter Widmaier am zweiten Prozesstag als Vertreter der Nebenkläger ablöste, machte frühzeitig auf die Ungereimtheiten am Kurs der Verteidigung aufmerksam.[35] Auch manche Gerichtsreporter wunderten und empörten sich darüber, dass Schmidt-Leichner und seine beiden Kollegen sich so vorbehaltlos dem Prinzip «Verteidigung total»[36] verschrieben hatten und offenbar gar keine Grenzen der pauschalen Diffamierung respektierten. Es darf vermutet werden, dass selbst Richter Grader ein mulmiges Gefühl beschlich, als er Schmidt-Leichner in seinem Element erleben musste. Er schritt aber nicht ein und ließ den Dingen ebenso ihren Lauf wie die politischen und geistlichen Autoritäten, die Brunnwieser unterstützten und berieten und jetzt erkennen mussten, dass ihr Schützling nicht in den besten Händen war und dass ein großer Name allein ihm auch nicht viel nützte. Der Angeklagte selbst schwieg ebenfalls. Die Autorität Schmidt-Leichners und sein gebieterisches Auftreten ließen Widerspruch gegen seine Vorgehensweise gar nicht zu. Wenn Brunnwieser je die Kontrolle über sein Verfahren hatte, so ging sie ihm spätestens jetzt ganz verloren. Er wurde zum Spielball und merkte nicht einmal, dass er mit einem nüchternen Winkeladvokaten vermutlich besser gefahren wäre als mit dem prominenten Scharfmacher, der obendrein viel Geld kostete.

Im Justizpalast herrschte so bis zum Ende die überhitzte Temperatur der ersten Tage. Schmidt-Leichner ließ einfach nicht locker. Wo immer es ging, machte er mit fast fanatischem Eifer den Versuch, vom eigentlichen Zweck des Revisionsverfahrens abzulenken und die Roma an den Pranger zu stellen. Er hatte dabei mitunter leichtes Spiel, denn vieles hatte sich im ersten Prozess vor dem Landgericht München II nicht klären lassen und war auch jetzt nicht zu klären, weil die früheren Aussagen der vier Romnja voller Widersprüche steckten und weil sie selbst nicht mehr gehört werden konnten. Trotz aller Anstrengungen der Staatsanwaltschaft und der Kanzlei Bossi hatte man sie 1974 nicht ausfindig machen können. Jetzt war es nicht anders.

Ungeklärt blieb deshalb nicht nur die Frage, weshalb die Romnja in das Haus Brunnwiesers eingedrungen waren. Auch das «wo» und das «wie» warfen Zweifel auf: durch die Haustür oder durch die Stalltür, gewaltsam oder nicht? Zeko Slavic blieb außerdem präzise Auskünfte schuldig, als Staatsanwalt und Verteidigung wissen wollten, wo er und sein Begleiter das Auto am Tag der Tat geparkt und was sie vor Ort gemacht hatten.[37] Alle diese Fragen waren so oder so ähnlich schon im ersten Prozess vergeblich gestellt worden. Schmidt-Leichner stellte sie erneut und immer mit dem unverhohlenen Hintergedanken, die Glaubwürdigkeit der Roma zu untergraben und ihre tückische Gefährlichkeit zu unterstreichen, um so das ganze Verfahren in ein Tribunal gegen sie zu verwandeln.

In der Hauptsache, der Bestimmung des Strafmaßes für Brunnwieser, führten diese Manöver nicht weiter. Das galt auch für den Ortstermin, der auf Antrag der Verteidigung am Nachmittag des dritten Verhandlungstages anberaumt wurde. Die Stippvisite fraß viel Zeit und kostete viel Geld, förderte aber nichts zutage, was nicht ohnehin längst bekannt gewesen wäre. Das einzig Gute an ihr war, dass sich die Gemüter auf der Dienstreise nach Niederthann ein wenig beruhigten. Sogar Schmidt-Leichner scheint sich am Tatort mit der Rolle des Beobachters zufrieden gegeben zu haben.

Ruhig blieb es zunächst auch am vierten Verhandlungstag,[38] der anfangs ganz im Zeichen der beiden psychiatrischen Gutachter stand, die schon im ersten Verfahren mitgewirkt hatten. Auch

Bundschu und Maier wiederholten nur, was sie 1974 geschrieben und vor Gericht dargelegt hatten: Es gab bei Brunnwieser keine Anzeichen einer Geisteskrankheit, auch von einer totalen Bewusstseinsstörung, von der Schmidt-Leichner ausgegangen war, weil sein Mandant damit strafrechtlich nicht verantwortlich gewesen wäre, wollten die Nervenfachärzte nichts wissen. Der Täter hatte ihrer Deutung nach aber vier oder fünf Halbe Bier getrunken und, grob geschätzt, wie sie meinten, 1,23 Promille im Blut, was in Verbindung mit Beruhigungsmitteln, die Brunnwieser seit Längerem nahm, zu einer «psychischen Beeinflussung im Sinne einer Enthemmung» geführt haben könnte.

Außerdem stellten die beiden Fachleute bei Brunnwieser eine depressive Verstimmung wegen des tragischen Todes seines Sohnes in Rechnung, und schließlich diagnostizierten sie eine «starke affektive Erregung», die sie auf die Schreie der Frau und der Kinder zurückführten. Das Einsichtsvermögen in das Unrecht der Tat war dadurch aber nicht stark vermindert, sondern allenfalls eingeengt gewesen. Das Hemmungsvermögen dagegen war zum Zeitpunkt der Tat «möglicherweise erheblich beeinträchtigt». Einsichtsvermögen und Hemmungsvermögen – im Kern liefen die Argumente der Experten darauf hinaus, Brunnwieser eine stärkere Verminderung der Schuldfähigkeit zu attestieren.[39]

Wie immer Staatsanwalt Walter Hofmaier diese längst bekannten Argumente beurteilen mochte, er war durch das Urteil des Bundesgerichtshofes in einer Hinsicht gebunden: Bei Brunnwiesers Tat handelte es sich laut BGH um vollendeten Totschlag in Tateinheit mit versuchtem Totschlag, also um *ein* Verbrechen, nicht um zwei. Außerdem musste er dem Wink des BGH Rechnung tragen, dass der Fall eines minder schweren Totschlags nicht auszuschließen sei. Und schließlich galt es, die neue Rechtslage seit 1975 zu berücksichtigen, die mildernde Umstände bei der Bestimmung des Strafmaßes höher veranschlagte als zuvor, was Brunnwieser jetzt ebenfalls zugute kommen musste.

Die Frage war nur: in welchem Maße. Hofmaier hatte anscheinend mehr Verständnis für Brunnwieser als sein Kollege vom

Landgericht München II, der 1974 neun Jahre gefordert hatte. Er schöpfte deshalb den Spielraum, den ihm die Vorgaben und Hinweise des BGH ließen, eindeutig zugunsten des Angeklagten aus. Der Staatsanwalt bestätigte zwar das Urteil der ersten Instanz, dass Brunnwieser weder in Notwehr noch in Putativnotwehr gehandelt, sondern auf bereits fliehende Personen geschossen habe. Von einem kompletten Fehlurteil, wie Schmidt-Leichner häufig betonte, konnte auch in seinen Augen keine Rede sein.[40] Hofmaier fand dann aber eine ganze Reihe von mildernden Umständen, die bei näherer Betrachtung Zweifel wecken konnten: Brunnwieser, ein zuvor völlig unbescholtener Mann, habe sofort nach der Tat einen Krankenwagen rufen lassen, also doch eine Art Reue gezeigt. Er habe annehmen können, dass die fünf Romnja in seinem Haus stehlen wollten, und sei durch die «nicht geringfügige Provokation des Eindringens in sein Haus ‹ohne eigene Schuld zur Tat hingerissen›» worden.[41]

Auch der Staatsanwalt ging deshalb von einem minder schweren Fall des Totschlags aus, der mit einer Höchststrafe von fünf Jahren und sechs Monaten bewehrt war. Da Brunnwieser sich obendrein in einem Zustand der verminderten Schuldfähigkeit befunden habe und da mehrere Entlastungsgründe nach geänderter Rechtslage neu zu gewichten waren, musste die Höchststrafe unterschritten werden. Am Ende beantragte Hofmaier deshalb drei Jahre und neun Monate Haft für Brunnwieser, der auch die Kosten des Verfahrens tragen sollte, aber auf freiem Fuß bleiben konnte, bis das Urteil rechtskräftig war. Der Haftbefehl sollte bis dahin zwar nicht aufgehoben werden, aber unter den bisherigen Auflagen außer Kraft gesetzt bleiben.[42]

Nach diesem Plädoyer war es mit der Ruhe im Saal sofort vorbei. Das Publikum begann zu murren, einzelne Besucher gaben ihrer Missbilligung durch scharfe Zwischenrufe Ausdruck. Schmidt-Leichner fühlte sich dadurch angespornt und legte gleich richtig los. Nicht genug damit, dass er das Urteil der ersten Instanz erneut und gewohnt aggressiv als Fehlurteil brandmarkte, stellte er auch die Romnja ein weiteres Mal als Diebinnen hin und zwar so ungehemmt, dass der Reporter der Süddeutschen Zeitung von «Rassenhetze gegen die Zigeuner» sprach, um sie als die «wahren Schuldigen und den Angeklagten als das eigentliche Opfer erscheinen zu lassen – das hatte zwar Methode, war aber deshalb nur um so widerlicher».[43] Brunnwieser habe seine Familie und sich bedroht gefühlt, in höchster Erregung geschossen und dabei «bedauerlicherweise eine der Frauen getötet und eine verletzt». Aber, fügte Schmidt-Leichner zur Entlastung seines Mandanten hinzu, die Opfer seien selbst schuld. «Wer in einen Bauernhof einsteigt, muß auch mit einem Übermaß an Abwehr rechnen.»[44] Brunnwieser dürfe keinesfalls noch einmal in Haft genommen werden, hatte er doch nicht mehr getan, «als Haus und Familie in angemessener Weise zu verteidigen».[45] Der Staat und seine Organe seien dazu nämlich nicht mehr in der Lage, vor allem die Landbevölkerung sei wegen des Mangels an Polizeikräften «schutzlos, wenn sie nicht zur Selbstverteidigung greift».[46]

Schmidt-Leichner, neben Rolf Bossi und Josef Augstein der angesehenste Strafverteidiger der Republik, entwarf hier ein Horrorszenarium der populistisch feinsten Art und postulierte nebenbei ganz ungeniert ein pauschales Recht auf Selbstverteidigung, auch wenn niemand angegriffen worden war. Um seinen Worten mehr Nachdruck zu verleihen, verstieg er sich sogar zu der Prophezeiung, die Kriminalität werde weiter ansteigen,[47] sollte das Gericht der Forderung des Staatsanwalts folgen und Brunnwieser noch einmal hinter Gitter schicken. «Die Landbevölkerung versteht nicht, daß man Eindringlinge nicht zur Verantwortung zieht, sondern den anständigen Bauern vor Gericht stellt.»[48]

Niemand fand den Mut, Schmidt-Leichner in die Schranken zu weisen und die Ungeheuerlichkeit seiner Äußerungen als das zu geißeln, was sie waren: als Entgleisungen eines prominenten Juristen. Eckhart Müller, der junge, noch ganz unerfahrene, aber ehrgeizige Vertreter der Nebenkläger, machte wenigstens den Versuch. Auch er teilte die Ansicht des Staatsanwalts, dass der Fall als minder schwerer Totschlag einzustufen sei. Eine Grenze war für ihn und die Kanzlei Bossi aber dort erreicht, wo Schmidt-Leichner wieder und wieder versucht hatte, die fünf Romnja und ihre gesamte ethnische Minderheit obendrein zu kriminalisieren. Die Kanzlei Bossi sagte das ebenso deutlich, wie Müller die in Niederthann und Umgebung herrschende Anti-Zigeuner-«Hysterie» beklagte. Er kritisierte Brunnwieser auch dafür, dass er nicht das Geringste für die Kinder der von ihm getöteten Anka Denisov getan hatte.[49]

Der Angeklagte hätte in seinem Schlusswort noch einmal Gelegenheit gehabt, dem Revisionsverfahren eine Wende zu geben. Mehr als die Ankündigung, er werde den Kindern finanziell unter die Arme greifen, wäre nicht nötig gewesen, um das Gericht für sich einzunehmen; ungewollt hatte Eckhart Müller ihn noch einmal eindringlich daran erinnert, was man von ihm erwartete und was ihm genützt hätte. Brunnwieser ließ auch diese letzte Gelegenheit verstreichen. Er versicherte zwar mit stockender Stimme: «Mir tut die ganze Sache sehr leid. Ich wollte niemanden töten, das war wirklich ein Unglücksfall.»[50] Mehr als diese kargen Worte war von ihm aber nicht zu hören.

Nach Brunnwiesers Schlusswort fehlte nur noch das Urteil, das am Freitag, dem 11. Februar 1977, verkündet wurde. Wieder war der Sitzungssaal überfüllt, wieder hatten zahlreiche Nachbarn und Freunde Brunnwiesers ihre Arbeit liegen und stehen lassen, um nach München zu fahren und ihre Solidarität mit dem Angeklagten zu bekunden. Auch das Fernsehen und der Rundfunk waren vertreten. Das ganze Land schien auf die Entscheidung zu warten, musste sich aber noch etwas gedulden. Bevor nämlich Richter Grader seines Amtes walten und das Wort zum Urteilsspruch ergreifen konnte, beantragte die Verteidigung zur Überraschung aller, noch einmal in die Beweisaufnahme einzutreten. Warum? Was war geschehen? Hatte der alte Fuchs Schmidt-Leichner doch noch ein Ass im Ärmel?

Merkwürdiges hatte sich in Niederthann zugetragen, so Merkwürdiges, dass auch das Gericht davon erfahren und es in die Entscheidungsfindung einbeziehen musste: Am Morgen des

11. Februar tauchten drei junge Frauen in dem kleinen Dorf auf und drangen bei einem Nachbarn von Brunnwieser ein. Die Frau des Nachbarn überraschte das Trio, als es im ersten Stock ein Kinderzimmer durchsuchte, rannte schreiend aus dem Haus und alarmierte ihren Mann, der sofort zur Stelle war und eine 15-Jährige festhalten konnte. Die beiden anderen hatten sich in einen metallic-blauen Opel Commodore mit ausländischem Kennzeichen geflüchtet und aus dem Staub gemacht. Sie sahen aus «wie Zigeunerinnen. Im Davonlaufen haben sie ausgespuckt vor uns, eine hat noch die Zeit gefunden, den Rock hochzuheben und uns den nackten Hintern zu zeigen», ließ sich der Nachbar vernehmen.[51] Er musste selbst lachen, als er diese Szene vor Gericht zum Besten gab.

Eine erfundene, eine inszenierte oder eine wahre Begebenheit? Angesichts der verblüffenden Parallelen zu den Ereignissen vom November 1972 kamen Zweifel am Wahrheitsgehalt auf. Waren so viele und so große Ähnlichkeiten nicht gänzlich unwahrscheinlich? Musste man nicht automatisch an eine abgekartete Schlingelei denken? Einige Zeitungen setzten jedenfalls ein kleines Fragezeichen hinter die Geschichte, als sie von «vermeintlichen», «mutmaßlichen» Zigeunerinnen oder ausländisch redenden Frauen, «folglich ‹Zigeunerweiba›», schrieben.[52] Auch Eckhart Müller ließ anklingen, dass ihm der ganze Hokuspokus, einschließlich der hinteren Teile, nicht geheuer war. Niemand nähme an, so Müller, dass die Verteidigung den Vorfall bestellt habe. Aber er «paßt ihr ins Konzept».[53]

Schmidt-Leichner setzte tatsächlich alles daran, dass der Nachbar Brunnwiesers, dessen Frau und ein weiterer Tatzeuge aus Niederthann am letzten Prozesstag einvernommen wurden. Dass sie zum Revisionsverfahren nichts Sachdienliches beitragen konnten, weil zwischen den beiden Taten nicht der geringste Zusammenhang bestand, wusste auch Schmidt-Leichner. Es störte ihn nicht. Er sah in dem Vorfall vom Vormittag einen weiteren Beweis für seine von Beginn an verfochtene These, Zigeuner seien kriminell, alle Zigeuner. Nur darauf kam es ihm an, nur deshalb ließ er die drei aus Niederthann in den Zeugenstand rufen. Es ging ihm um Diffamierung und Stimmungsmache – das war mit Händen zu greifen. Das Gericht gab seinem Antrag dennoch statt. Richter Grader wollte nicht in eine «Revisionsfalle» laufen, wie die Presse mutmaßte,[54] und ließ Schmidt-Leichner deshalb gewähren.

Die deplatzierten Zeugen bekamen so eine Bühne für den von Schmidt-Leichner forcierten juristischen Schabernack und hatten anscheinend ebenso ihren Spaß dabei wie das Publikum, das sich zugleich in seinen Ansichten über Zigeuner bestätigt sah, auch wenn im allgemeinen Spaß am Ende doch auch eine gehörige Portion Angst vor ihnen mit zu zittern schien. Schmidt-Leichners Kollege, Walter Rauer, der sich bis dahin im Hintergrund gehalten hatte, griff diese Ängste auf und machte ein Politikum daraus. Auf dem Land bestehe ein Sicherheitsproblem, das durch die Landfahrer geschaffen werde, betonte er wider alle Evidenz. Diese «fremdsprachigen Analphabeten» hätten auf dem deutschen Arbeitsmarkt keine beruflichen Perspektiven und seien deshalb zum Lebensunterhalt auf Diebstähle angewiesen. Hier sollten im Rahmen der Sozialhilfe Lösungen gesucht werden. Provozierten Bürgern wie Brunnwieser könne man es jedenfalls nicht verdenken, wenn sie «ihr ‹Recht auf Selbsthilfe› wahrnähmen», rief der Strafverteidiger und Universitätslehrer unter dem Beifall des Publikums aus.[55] Bis 1972 habe es wenigstens noch die Landfahrerordnung gegeben, die der Polizei eine gewisse Handhabe geboten habe. Diese sei aber «im Rahmen der Liberalisierung» aufgehoben worden, was «unmittelbare Folgen hatte und noch hat».[56] Auch für diese Reminiszenz an angeblich bessere Zeiten erntete Rauer große Zustimmung im Saal. Man war sich einig: Der Staat musste härter durchgreifen und mehr für den Schutz der Landbevölkerung tun.

Viel fehlte nicht und die Revisionsverhandlung wäre zu einer politischen Kundgebung mit eindeutiger Stoßrichtung geworden – gegen den liberalen Staat und die Roma. Nichts an dem Intermezzo, das Rauer und Schmidt-Leichner mit den drei Zeugen aus Niederthann zelebrierten, diente der Urteilsfindung, die ja auch bereits abgeschlossen war. Richter Grader bewies viel, vermutlich sogar zu viel Langmut und Geduld, ehe er endlich das Urteil verkündete. Es lautete auf drei Jahre Haft und verpflichtete Brunnwieser, die Kosten des Verfahrens einschließlich der Auslagen der Nebenkläger zu übernehmen. Die Revisionsgebühr wurde um ein Drittel ermäßigt, von seinen eigenen Ausgaben im Revisionsverfahren trug die Staatskasse ein Drittel. Der Haftbefehl blieb unter den alten Auflagen außer Vollzug, bis das Urteil rechtskräftig war.[57] Schmidt-Leichner und sein Mandant würden es auf alle Fälle anfechten – davon ging jeder aus.

Eine Überraschung konnte das Urteil nicht sein. Nach den Forderungen des Staatsanwalts musste mit einer Strafe in dieser Höhe gerechnet werden. Erwiesene Schuld des Täters, Tateinheit statt Tatmehrheit, ein minder schwerer Fall von Totschlag und erheblich verminderte Schuldfähigkeit – so lauteten die vom BGH gesetzten Rahmenbedingungen, die zusammen mit der neuen Rechtslage seit 1975 zu einem Urteil von drei bis vier Jahren führen mussten. Auch die Kanzlei Bossi sah das so. Sie verzichtete bereits unmittelbar nach dem Urteilsspruch auf eine erneute Revision und blieb bei diesem Kurs, als ihr die schriftliche Fassung vorlag.[58] Grader hatte das Urteil ebenso ausführlich wie professionell begründet, Müller und Widmaier sahen keinen Grund, den Fall noch einmal aufzurollen, obwohl sie es nicht fassen konnten, dass die Verteidigung auf «bedingungslosen, radikalen und eigentlich vor nichts zurückschreckenden Angriff auf die Nebenkläger ausgerichtet» gewesen war.[59]

Die juristischen Feinheiten der Urteilsbegründung müssen hier nicht rekapituliert werden. Der routinierte Grader verstand sein Handwerk und wurde 1978 nicht von ungefähr zum Amtsgerichtsdirektor in Starnberg befördert. So sehr er sich aber um Ausgewogenheit und sprachliche Sensibilität bemühte, frei von Vorurteilen gegenüber Roma war auch er nicht, wie das maßgeblich von ihm geprägte Urteil bezeugt. Die Romnja hätten wahrscheinlich, so hieß es beispielsweise, in «Diebstahlsabsicht» mindestens zwei Zimmer in Brunnwiesers Haus durchsucht. Was berechtigte den Richter zu dieser Annahme und zu der Feststellung, «daß nach allgemeinen kriminalpolizeilichen Erkenntnissen, die bei früheren und ähnlich gelagerten Vorkommnissen gewonnen wurden, Verdacht des Diebstahls» bestand?[60] Warum musste er überhaupt über diesen Verdacht räsonieren, wenn er zugleich Brunnwiesers Versicherung für bare Münze nahm, er habe nicht erkannt, als er schoss, dass es sich um Frauen und Zigeuner handelte? Es ergab keinen Sinn, mit Litaneien von Verdächtigungen eine Gefahr zu beschwören, die der Täter nach eigenen Angaben gar nicht empfunden hatte! Und was ritt Grader, juristische Belanglosigkeiten wie die Geschichte des örtlichen Pfarrers, bei ihm sei kurz vor Brunnwiesers Tat eingebrochen worden, in das Urteil aufzunehmen?[61] Ganz zu schweigen davon, dass auch der bizarre Zigeunereinbruch vom 11. Februar 1977 trotz all seiner Fragwürdigkeit im Urteil Erwähnung fand. Statt sich von Schmidt-Leichner und seinen Tiraden zu distanzieren, rückte sich Grader mit solchen spekulativen Anprangerungen zigeunerischer Kriminalitätsneigung selbst in dessen Nähe.

Wenn Ambivalenz eines der wichtigsten Wesensmerkmale der deutschen Justiz in den 1970er Jahren gewesen sein sollte, dann kann Walter Grader als ihre Verkörperung gelten. Denn der Richter hatte auch andere Seiten. Noch stark im Banne diffamierender Sinti- und Roma-Bilder stehend, ließ ihn das Los der beiden Kinder von Anka Denisov dennoch nicht kalt. Brunnwieser musste sich von ihm sagen lassen, er habe immer nur «sein eigenes Schicksal in den Mittelpunkt» gestellt.[62] Er sei in Selbstmitleid zerflossen und in Tränen ausgebrochen, wenn er vom Tod seines Sohnes gesprochen habe. Das beschädigte Leben der beiden Halbwaisen sei ihm aber anscheinend nicht nahe gegangen. Brunnwieser habe jedenfalls keine Gefühlsregung und vor allem keine «tätige Reue» gezeigt.[63] Dabei wollte Grader durchaus nicht ausschließen, dass den Todesschützen die eigene Tat und deren schreckliche Folgen mehr beschäftigten und belasteten, als er zum Ausdruck bringen konnte. Brunnwieser war vom Charakter her emotional etwas einsilbig, Schuldeinsicht und Reue seien von ihm aber vor allem deshalb «nur schwierig zu erwarten» gewesen, weil «seine Umgebung ihr ganzes Bestreben in den vergangenen Jahren darauf gerichtet hat, ihm das Bedauern über sein Schicksal mitzuteilen und darüber das weit mehr bedauernswerte Schicksal der Opfer der Tat und der zu Waisen gewordenen Kinder der Getöteten angemessen zu würdigen oder auch nur zu erwähnen vergessen hat».[64] Auch die Verteidiger nahm er sich vor. Es liege nicht zuletzt an ihrem Einfluss, dass es bislang nicht zu einer materiellen «Schadenswiedergutmachung» gekommen sei.[65]

So dezidiert, aber nüchtern stand es im schriftlichen Urteil. Mit so ruhiger Eindringlichkeit äußerte sich Grader aber nicht, als er am 11. Februar 1977 das Ergebnis der Beratungen des Gerichts vortrug. Der Richter, der – wie Zeitzeugen betonen – ruppig sein und poltern konnte, blieb seinem Ruf nichts schuldig. Er las Brunnwieser und dem Milieu, aus dem er stammte, regelrecht die Leviten. Namentlich den beiden Geistlichen, die Brunnwieser so vehement verteidigt hatten, ersparte er nichts. Wie solle denn der Angeklagte seine Schuld einsehen und seine Tat bereuen, wenn er nicht nur von Nachbarn und Freunden, sondern «sogar von einer Institution wie der katholischen Kirche bestätigt bekommt, daß er richtig gehandelt hat»,[66] und wenn sich zwei Pfarrer fanden, «die quasi sagten: Ja, ja, das war schon recht»[67]? Im ganzen «Landkreis Pfaffenhofen muß sich etwas ändern», forderte Grader in strammem Ton.[68] Er meinte damit die mehr als negative Einstellung zu Sinti und Roma, vor allem aber die anscheinend weit verbreitete Missachtung fundamentaler rechtsstaatlicher Grundsätze, die ihn so sehr besorgte, dass er den Zuhörern im Saal das kleine Einmaleins der Rechtspflege in Erinnerung rief. Es sei ein unverzichtbarer Grundsatz, dass «man auf Leute nicht schießen dürfe, wenn sie davonlaufen. Selbst ein Mörder dürfe nicht mehr erschossen werden, wenn er auf der Flucht sei.»[69]

Brunnwieser nahm die Strafpredigt des Richters ebenso gefasst entgegen wie das Urteil selbst. Er ging wortlos zu seiner Frau, die im Zuschauerraum saß und ebenfalls nicht sehr gesprächig war. «Das reicht uns für unser ganzes Leben», murmelte sie weinend.[70] Dann verließen die beiden den Sitzungssaal, während ihre Nachbarn und Bekannten noch länger zusammenstanden und sich kaum beruhigen konnten. Drei Jahre Haft und dann noch diese schweren Anschuldigungen, die das ganze Dorf trafen. Das war zu viel für die Zuhörerschaft aus Niederthann und Umgebung, die schon bei Graders ersten strengen Worten verhaltenen Unmut erkennen ließ, der sich rasch steigerte und sich immer wieder in galligen Kommentaren Luft machte. Eine Frau war nach der Urteilsverkündung sogar empört aufgesprungen und hatte den Richter angegiftet: «Einen Akademiker hättet ihr freigesprochen», ehe sie die Tür ins Schloss warf, dass es nur so knallte.[71]

Strafnachlass wegen politischer Protektion?

In Niederthann herrschte Einigkeit: Das Urteil vom 11. Februar
1977 durfte keinen Bestand haben, es war viel zu hart. Das meinten die Nachbarn Brunnwiesers, die Freunde und Bekannten und
die lokale Honoratiorenschaft, die sich allerdings in der Öffentlichkeit nicht mehr ganz so freimütig zu ihm bekannte wie in den
Jahren zuvor. Auch die beiden regionalen Zeitungen, der Donau
Kurier und der Ilmgau Kurier, hielten zu ihm, wenn auch mit
merklicher Zurückhaltung. Ihr Einzugsgebiet war so lange im
Zentrum der Aufmerksamkeit gestanden, dass ein Imageschaden
drohte; auch politisch warf der Fall nicht mehr viel ab. Jetzt sollte
wieder Ruhe einkehren in Pfaffenhofen und Umgebung. Der
Donau Kurier publizierte deshalb weder Kommentare über das
Urteil noch Leserbriefe, und der Ilmgau Kurier öffnete seine Spal-
ten nur ein einziges Mal – für die beiden von Grader heftig atta-
ckierten Geistlichen, die sich hier und auch in der Süddeutschen
Zeitung gegen die «ungeheuerliche Unterstellung» des Richters,
sie hätten die Tat Brunnwiesers gebilligt, entschieden verwahrten
und eine Dienstaufsichtsbeschwerde gegen Grader ankündigten.[1]
Die Münchner Boulevardblätter gingen über das Urteil fast
kommentarlos hinweg. Sie empörten sich aber über die skanda-
löse Hetze der Verteidiger gegen Roma[2] und über die «guten
Freunde», sprich die angesehenen Bürger aus der Hallertau, die
lokalen Politiker und die örtliche Geistlichkeit, die Brunnwieser
eingeredet hatten, dass «es grad recht war, was er damals ge-

macht hat». «Wer hilft dem Bauern Brunnwieser», fragte die tz in einem gepfefferten Kommentar, «sich gegen seine ‹guten Freunde› zur Wehr zu setzen? Anscheinend nicht einmal mehr die Kirche.»[3]

Auch die Süddeutsche Zeitung ließ an der Verteidigung kein gutes Haar. Widerlich sei sie gewesen, eine «kaum verbrämte Rassenhetze gegen die Zigeuner» habe sie inszeniert.[4] Was das Urteil selbst anging, war sich ihr Kommentator, der den Prozess vom ersten bis zum letzten Tag beobachtet hatte, aber nicht schlüssig. Er hielt es für zu weich, es stehe in «krassem Gegensatz zu der drakonischen Härte», mit der das Landgericht München I «Verbrechen wider das Leben sonst zu ahnden pflegt». Der Reporter rückte von dieser dezidierten Meinung aber zugleich wieder ab, als er seine Leser und sich selbst fragte: «Muß man einen anständigen Bürger einsperren, weil er in einer *unverschuldeten Ausnahmesituation* gefehlt hat? […] Könnten – wie in den USA – auch bei uns Freiheitsstrafen bis zu fünf Jahren zur Bewährung ausgesetzt werden, wäre im Fall Brunnwieser ein befriedigendes Urteil von vornherein möglich gewesen.»[5]

Auf Amerika und das angelsächsische Recht verwies auch ein Leserbriefschreiber, der sich als kompromissloser Gegner der Todesstrafe ausgab. Ein englischer oder amerikanischer Hausbesitzer, der einen Eindringling «erschlägt oder verletzt», habe «a priori ein Grundrecht seiner geschriebenen oder ungeschriebenen Verfassung im Rücken». Er wünschte sich diese Rückendeckung auch in der Bundesrepublik und behauptete, damit nicht allein zu stehen. Die Reaktion der «erdrückenden Mehrheit» der Bevölkerung auf den Fall Brunnwieser zeige, «daß hier ein Rechtsempfinden lebendig ist, das durch das Gesetz nicht gedeckt ist. Hat sich das Gesetz dem Rechtsempfinden von uns Menschen anzupassen, oder ist es umgekehrt?»[6]

Dass es mit der Berufung auf das Rechtsempfinden einer wie auch immer eruierten Mehrheit so eine Sache war, bewies die Zuschrift einer Münchnerin, die ihre Meinung vermutlich ebenfalls für mehrheitsfähig hielt. Die Leserin der Süddeutschen Zeitung verstand die Welt nicht mehr, sie hatte für das Urteil des Landgerichts München I nur beißenden Sarkasmus übrig: «Sind Sie Zigeuner? Ja? Dann Gnade Ihnen Brunnwieser und die deutsche Justiz!» Das Leben einer schwangeren Zigeunerin sei für das Landgericht «etwa 2 Jahre wert. Bei Nichtschwangeren wird's sicher weniger, im Dutzend aus Mengenrabattsgründen eventuell noch billiger. Als Voraussetzung dafür sollte der Täter jedoch [...] ein ‹anständiger Bürger› sein, ein Bauernhaus und ein Gewehr besitzen, mit dem er ‹Haus und Familie in angemessener Weise schützen› kann.»[7]

Das Erregungspotential des Falles Brunnwieser war also auch mehr als vier Jahre nach der Tat noch nicht erschöpft, wobei die Presse eher die gemäßigten Varianten des Pro und Contra veröffentlichte. Die Leserbriefredakteure filterten vermutlich den Zufluss und gaben den übelsten Hetzern und Krawallmachern keine publizistische Bühne. Was an Rassen- und Fremdenhass, an Demokratie- und Staatsverdruss und ideologischer Verblendung in der Gesellschaft schlummerte, zeigte sich aber an den Zuschriften, die das Landgericht München I nach der Urteilsverkündung erreichten. Ein Sebastian S. aus Dachau, der sich im Namen der Soldaten- und Kriegerkameradschaft an Richter Grader wandte, hielt das Urteil für eine glatte Fehlentscheidung. «Landein Landauf wird heute nach einem Hitler geschrien, der Ordnung schaffen soll. Sehen denn unsere Behörden nicht ein, wo der Weg hinführt. Polizeibeamte und Richter trauen sich nicht mehr, das Recht zu handhaben, weil sie fürchten müssen, von diesen Verbrecherbanden ums Leben gebracht zu werden. Das ist der wahre Grund. Von sämtlichen Ländern haben wir die Verbrecher im Land, und wenn einer etwas besitzt, muss [er] jeden Tag rechnen, überfallen zu werden.» Er werde den Bundestagsabgeordneten der CSU Richard Jaeger, der sich als energischer «Law and Order»-Mann profiliert hatte, einschalten und ihn auf das Fehlurteil im Fall Brunnwieser hinweisen. Denn: «Dass die Zigeunerin zu Tode gekommen [ist], ist ihre eigene Schuld durch Hausfriedensbruch und versuchten Diebstahl.»[8]

Brunnwieser treffe keine Schuld. Das meinte auch Gerhard B. aus Fürth, der am 15. Februar an das Schwurgericht beim Landgericht München II schrieb: «Nicht dieser Mann, sondern die Zigeuner bezw. die Bundesregierung gehören auf die Anklagebank, die dieses arbeitsscheue Gesindel in die Bundesrepublik hereingelassen hat, das nur vom Stehlen und Betrügen lebt. […] Es ist wirklich Zeit, das heutige verkommene System, das das Verbrechertum nur fördert, abzulösen, damit der Bürger nicht mehr in Angst und Schrecken leben muss.»[9] Eine Weltsicht der besonders verdrehten Art äußerte sich in einem anonymen Schreiben, das bei den Münchner Justizbehörden am Tag zuvor eingegangen war. Der Absender schnaubte förmlich zu Papier: «Haben wir tatsächlich schon lauter Kommunisten innerhalb der Richter. […] Zigeuner und Kommunisten sind heute mehr wert als ein anständiger Bürger. Anschauung des Volkes.»[10]

Anständiger Bürger. Wie oft dieses Schlagwort im Prozess gegen Brunnwieser bemüht wurde, ist kaum zu zählen. Was damit gemeint war, blieb aber im Ungefähren. Der treu sorgende Vater und Ehemann, der seiner Arbeit nachging, seine Steuern zahlte und niemandem etwas tat? Der Bauer, der eine Waffe kaufte, sich auf «unsichere Zeiten» berief und unter einer diffusen Zukunftsangst litt, auf die aber schwer zu schießen war? Der Arbeiter, der fünf Halbe Bier trank, sich auch deswegen in einer Stresssituation nicht mehr beherrschen konnte und sogar auf bereits flüchtende junge Frauen feuerte? Mehrmals, von hinten und auf eine bereits Angeschossene, der er nachgelaufen war? Anständig zu sein, sprach Brunnwieser niemand ab. Ihm billigte man, so schien es, Anständigkeit schon deshalb zu, weil man ihn kannte, während man die Anderen, die Fremden, die Roma gar nicht erst kennenlernen wollte. Man wusste ja bereits, wer und wie sie waren, gefährlich vor allem. Anständigkeit war Teil der eigenen und der kollektiven Identität – für Roma hingegen ein Ausgrenzungsbegriff.

Die Zuschriften an die bayerischen Justizbehörden blieben Einzelstimmen, gewiss. Aber wiesen sie nicht über sich hinaus? Sprachen sie vielleicht etwas aus, was ganze Segmente der Gesellschaft dachten? Größere oder kleinere? Man weiß es nicht. Repräsentative Meinungs- und Stimmungsbilder wurden damals nicht erhoben, sie entziehen sich auch nachträglicher Rekonstruktion. Klar ist aber, dass sich der Rassismus, der sich in ihnen äußerte, nicht in sich selbst erschöpfte. Er richtete sich gegen Sinti und Roma, aber nicht nur gegen sie, sondern auch gegen andere sogenannte Randgruppen, und zielte am Ende auf die Grundlagen der modernen Demokratie, die als «verkommenes System» mit lauter Kommunisten in der Justiz denunziert wurde, und zwar unter Berufung auf das Volk, das diese Wutbürger wie selbstverständlich für sich reklamierten.

Schmidt-Leichner und seine juristischen Wasserträger bedienten und förderten mit ihren Tiraden solche Kräfte, die im Unterholz der Gesellschaft immer vorhanden gewesen waren, jetzt, in den Krisenjahren nach dem Boom, aber Aufwind verspürten. Die Rechtsanwälte beschworen die unsicheren Zeiten, die Defizite der staatlichen Organe, das Recht der anständigen Bürger auf Selbstverteidigung und fanden damit in bestimmten Milieus so viel Anklang, dass sie im Fall Brunnwieser gar nicht an ein Aufgeben dachten. Paetsch legte noch am 11. Februar 1977 Revision gegen das Urteil ein.[11]

Schmidt-Leichner begründete den Antrag seines Kollegen mit einiger Verspätung, die Brunnwieser nur recht sein konnte, weil er bis zur Entscheidung darüber auf freiem Fuß bleiben durfte. Mit Schreiben vom 20. Mai 1977 forderte «S-L» die Aufhebung des Urteils und die erneute Verhandlung bei einem anderen Landgericht.[12] Als Gründe machte er geltend: Der Nebenklage habe die Berechtigung gefehlt, der Vorsitzende Richter und ein beisitzender Richter seien befangen gewesen, die Strafe sei zu hoch ausgefallen. Erfolg war einem so dürftigen Antrag nicht beschieden. Der Staatsanwalt beim Landgericht München I und das Landgericht sahen keinen Anlass, das Urteil in Zweifel zu ziehen, weshalb Brunnwiesers Anwälte ein zweites Mal vor den Bundesgerichtshof zogen. Auch dort ernteten sie aber eine glatte Absage.

Der BGH verwarf am 11. Oktober 1977 die Revision als unbegründet. Das Urteil in Höhe von drei Jahren war jetzt rechtskräftig.[13] Für Brunnwieser ging damit die Schonfrist zu Ende. Er sollte nach einem Beschluss der Staatsanwaltschaft beim Landgericht München II Ende November 1977 in Landsberg am Lech seine Strafe antreten, die sich nach Abzug der Untersuchungshaft auf 27 Monate belief.[14] Kurz vor Weihnachten, das durfte man ihm und seiner Familie nicht auch noch antun. Das meinte zumindest Schmidt-Leichner, der einen Haftaufschub bis Anfang Januar forderte und den Gedanken ins Spiel brachte, seinen Mandanten bis zum Frühjahr in Freiheit zu lassen; ein früherer Haftantritt würde ihn den sicheren Arbeitsplatz bei BMW kosten.[15] Geistlichen Beistand erhielt er dabei von Pfarrer Gramlich, der sich schon seit Jahren als Schutzengel von Brunnwieser empfand. Gramlich rief bei der Staatsanwaltschaft an und bat ebenfalls darum, der Familie und dem Vater über die Weihnachtstage noch eine kurze gemeinsame Atempause zu gönnen, ehe er seine Strafe verbüßen musste. Der Staatsanwalt ließ sich von dieser Bitte erweichen. Dem Pfarrer wurde erklärt, «daß wegen Weihnachtsregelung mit Verhaftung vor dem 2.1.78 nicht zu rechnen sei. Brunnwieser wird Strafe am 2.1.78 antreten.»[16] So war es auch.

Zwei Tage vor dem Heiligen Abend schaltete sich schließlich auch noch Rechtsanwalt Rauer ein, der anscheinend Drähte in die große Politik besaß und diese auch spielen ließ. Er sandte ein Telegramm an Justizminister Karl Hillermeier und ersuchte um eine Gnadenentscheidung, zumindest aber um eine gnadenweise Strafaussetzung zur Bewährung: «oeffentlichkeit und bewohner im lande bayern, insbesondere die landbevoelkerung, einschließlich der regionalen geistlichkeit, setzen sich waermstens fuer einen gnadenerweis ein. Dies kann der herr staatsminister fuer ernaehrung, landwirtschaft und forsten bestaetigen.»[17]

Vieles spricht dafür, dass Hillermeier mit dem Fall nicht nur aus der Zeitung vertraut war. Hans Eisenmann dürfte ihn über die Hintergründe informiert haben. Ihn und seinen Ministerkollegen verband nämlich nicht nur eine politische Freundschaft.

Sie kannten sich sehr gut, verkehrten auch privat miteinander und sprachen dabei und bei ihren amtlichen Kontakten auch über Personalia wie Beförderungen, wobei sie einander die jeweiligen Wünsche durchaus erfüllten.[18] Außerdem ließ sich das Justizministerium schon seit 1973 von den Oberstaatsanwälten bei den Landgerichten München I und II und vom Generalstaatsanwalt beim Oberlandesgericht München regelmäßig über den Fortgang der Prozesse gegen Brunnwieser informieren, mündlich und schriftlich, Jahr für Jahr mindestens viermal.[19]

Der Verweis auf Eisenmann wirkte Wunder, ein kleines zumindest. Da sich der Justizminister bereits im Weihnachtsurlaub befand, nahm sich Hillermeiers Staatssekretär Franz Neubauer umgehend des Falles an. Er schrieb noch am selben Tag an Rauer zurück: Nach der Bayerischen Gnadenordnung hemme ein Gnadengesuch die Vollstreckung nicht, diese könne aber in Ausnahmefällen «unter bestimmten Voraussetzungen» vorläufig eingestellt werden. Die Entscheidung darüber liege bei der Staatsanwaltschaft beim Landgericht München II, die er bereits mit dem Fall befasst habe.[20] Bei so vielen, so einflussreichen Fürsprechern durfte Brunnwieser Weihnachten bei seiner Familie verbringen und sogar mit einer verkürzten Haftzeit rechnen.

Das Gnadengesuch selbst blieb ohne Erfolg. Es lag beim Oberlandesgericht, und zwar beim Generalstaatsanwalt und beim Oberstaatsanwalt, der es mit der folgenden Begründung ablehnte: Die Strafbemessung habe auch unter Berücksichtigung aller Milderungsgründe «an der unteren Grenze des Vertretbaren» gelegen.[21] Danach prüfte der Justizminister persönlich das Gnadengesuch und wies es schließlich Mitte März 1978 ab. Es gebe keine Möglichkeit, Brunnwieser zu begnadigen, ein Gnadenerweis sei rechtlich nicht vertretbar. Aber: Der Minister schien diesen negativen Bescheid für einen Protegé Eisenmanns zu bedauern und ließ Rauer und Schmidt-Leichner ausdrücklich auf einen anderen Weg hinweisen, den Rauer in seinem vorweihnachtlichen Bitttelegramm gar nicht erwähnt hatte. Der Minister kam «– gleichsam zielweisend – von sich aus darauf zu sprechen», wie Rauer später bemerkte.[22] «Soweit eine Aussetzung der Vollstreckung nach Verbüßung der Hälfte der Strafe in Frage steht», so der Minister, «bitte ich, sich zu gegebener Zeit mit der zuständigen Staatsanwaltschaft bei dem Landgericht München II in Verbindung zu setzen».[23]

Die beiden erfahrenen Strafverteidiger hätten dieses nachdrücklichen Hinweises nicht bedurft. Sie wussten auch so, dass Brunnwieser am 2. Oktober 1978 neun Monate Untersuchungshaft und neun Monate reguläre Haft abgesessen und damit die Hälfte der Strafe von drei Jahren verbüßt hatte. Was jetzt zu tun war, musste ihnen niemand sagen. Dennoch betrachteten sie den Fingerzeig des Ministeriums als Zeichen des guten Willens, Brunnwieser nach Kräften zu helfen. Sie sahen sich noch nicht ganz am Ziel, aber kurz davor. Schmidt-Leichner beantragte deshalb am 8. August 1978, die Strafe mit Wirkung vom 2. Oktober zur Bewährung auszusetzen – Brunnwieser habe nur zum Schutze seines Hauses und seiner Familie gehandelt, er könne sich der «Anteilnahme aller Mitglieder der Gemeinde Schweitenkirchen» sicher fühlen».[24]

Um diesem Antrag und dem früheren Gnadengesuch zum Erfolg zu verhelfen, riefen sie in Brunnwiesers sozialem Umfeld erneut zu einer Solidaritätskampagne für ihren Mandanten auf. Lange bitten mussten sie dafür wieder nicht. Das lokale Netzwerk, das Brunnwieser schon seit Jahren stützte, funktionierte noch immer. Die üblichen Verdächtigen reagierten sofort: Bürgermeister Elfinger setzte sich wie eh und je vehement für den Täter ein. Brunnwieser sei ein «Gemeindebürger, wie sich ihn ein Bürgermeister nur wünschen kann. […] er hat niemals rebelliert oder provoziert».[25] Seine Frau sei nicht mehr gesund, sie müsse sich um ihre schwer kranke Mutter kümmern, die beiden Töchter versorgen und außerdem um des Geldes wegen neuerdings bei BMW in der Fabrik arbeiten. Der Ehemann und Vater fehle an allen Ecken und Enden und müsse unbedingt entlassen werden, so lautete die Botschaft von Elfingers Demarche. Die Polizeiinspektion Pfaffenhofen bestätigte, dass Brunnwieser die vom

Gericht angeordneten Meldeauflagen zuverlässig erfüllt habe,[26] und Pater Leopold Beslmüller schrieb sogar an den Justizminister persönlich, um ihn um einen Strafnachlass zu bitten.[27]

Auch von der Justizvollzugsanstalt Landsberg am Lech, wo Brunnwieser seit Anfang Januar 1978 einsaß, erhielten die Verteidiger ein positives Führungszeugnis. Brunnwieser, so betonte die Anstaltsleitung, sei etwas misstrauisch, ansonsten aber ein ruhiger, zurückhaltender und arbeitswilliger Häftling, dem sie schon nach wenigen Wochen Haft ungewöhnlich große Privilegien eingeräumt hatte: Sie setzte den Schützling Eisenmanns in einer Außenstelle als Freigänger in der Landwirtschaft ein, gewährte ihm mehrmals tageweise Ausgang und bewilligte ihm zur Erntezeit sogar einen längeren Urlaub. Brunnwieser sei davon immer rechtzeitig zurückgekehrt, weshalb die Anstaltsleitung auch nicht zögerte, eine «bedingte Entlassung» nach der «Verbüßung der Hälfte» der Freiheitsstrafe zu befürworten.[28]

Die Staatsanwaltschaft beim Landgericht München II ließ sich von Schmidt-Leichners Argumenten ebenso wenig beeindrucken wie von den Bekennerschreiben, die Brunnwieser und seine Verteidiger vorlegten. Sie konnte keinen Ausnahmecharakter der Tat erkennen, der eine Verkürzung der Haftstrafe gerechtfertigt hätte. «In der Rechtsprechung», so hieß es in ihrem Schreiben an den Vorsitzenden der Großen Strafvollstreckungskammer des Landgerichts Augsburg vom 30. August 1978, «wurde ein derartiger Ausnahmecharakter in aller Regel nur Konfliktstaaten zugesprochen, bei denen der Täter schicksalshaft in eine für ihn ausweglos erscheinende Lage, vornehmlich eine Pflichtenkollision, geriet». Im Fall Brunnwieser jedoch «hat der Verurteilte, wenn auch unter vielen schuldmindernden Aspekten, ohne Not und Zwangslage dem Impuls, zu schießen, nachgegeben». Das Gesuch um Strafverkürzung könne deshalb nicht befürwortet werden.[29]

Was dann geschah, vollzog sich hinter den Kulissen und bleibt deshalb im Dunkeln, partiell jedenfalls. Gesichert ist, dass Brunnwiesers Verteidiger Walter Rauer das Schreiben des Staatsanwalts

vom 30. August kannte und dass er die Dinge nicht auf sich beruhen ließ. Vor allem einen setzte er gehörig unter Druck: Bernhard
Graml,[30] den Vorsitzenden der Großen Strafvollstreckungskammer beim Landgericht Augsburg, der über die Causa Brunnwieser zu entscheiden hatte. Rauer wandte sich am 27. September
1978 an Graml und winkte dabei mit dem ganz großen politischen
Zaunpfahl: Minister Eisenmann interessiere sich persönlich für
den Fall und habe, was freilich nicht aktenkundig ist, um Gnade
für Brunnwieser gebeten. Die «Gnadenbitte des Herrn Landwirt-
schaftsministers und ehemaligen Lehrers von Brunnwieser» sei
«kein bloßes Lippenbekenntnis» gewesen, sondern habe durch
«eine persönliche Vorsprache im Justizministerium markanten
Ausdruck» gefunden.[31] Glaubt man Rauer, stieß Eisenmann bei
Justizminister Hillermeier, seinem Freund und Kollegen, auf
offene Ohren. Er könne sich nicht vorstellen, schrieb Rauer an
Graml, «daß die Staatsanwaltschaft sich derart engagiert hätte,
wenn ihr die Intentionen des Herrn Staatsministers der Justiz bekannt gewesen wären.»[32]

Kurze Zeit später erhielt Graml, übrigens der ältere Bruder des
bekannten Historikers Hermann Graml, wieder Post von Rauer.
Dieses Mal wies ihn der Rechtsanwalt auf erhebliche Differenzen
zwischen den Staatsanwaltschaften beim Landgericht München I
und München II bei der Beurteilung des Falles Brunnwieser hin.
Walter Hofmaier, der Staatsanwalt beim Landgericht München I,
der am zweiten Verfahren beteiligt gewesen war und auf drei
Jahre und neun Monate Haft plädiert hatte, habe in seinen Augen
die «Tatsituation» Brunnwiesers angemessen beurteilt und sich
nicht vorstellen können, «daß in dieser Sache die Staatsanwaltschaft beim LG München II derart negativ argumentiert haben
soll».[33] Auf diese Differenzen anspielend, schrieb Rauer dem
Vorsitzenden der Großen Strafvollstreckungskammer des Landgerichts Augsburg ins Stammbuch: «Es darf nicht der Eindruck
entstehen, als dürfte man nicht ungestraft eine Strafmaßverbesse-
rung erstreiten. Eine verlorene Schlacht der Anklagebehörde darf
nicht mit anderen Mitteln egalisiert werden.»[34]

Ob Graml sich von diesen politischen Pressionen einschüchtern ließ, wie er den Fall Brunnwieser juristisch beurteilte und was er über Sinti und Roma dachte, kann nicht geklärt werden; in den Akten findet sich dazu keine Spur. Bekannt ist nur, dass Graml (Jahrgang 1920) in einem gut bürgerlichen, streng national gesinnten Elternhaus aufgewachsen und 1933 der HJ beigetreten war, der er bis 1938 angehörte, ehe er mit Begeisterung Soldat wurde und bis Kriegsende blieb, zuletzt im Rang eines Oberleutnants. Das Urteil, das er am 11. Oktober 1978 verkündete, sprach jedenfalls für sich. Es entsprach nicht nur genau den Erwartungen, die Brunnwiesers Verteidiger und anscheinend auch Eisenmann und sein Ministerkollege Hillermeier geäußert hatten. Graml ging in der Begründung ein ganzes Stück darüber hinaus und brachte so viel Wohlwollen für Brunnwieser auf, wie es weder die beiden Münchner Landgerichte noch der Bundesgerichtshof getan hatten.

Der Richter glaubte Brunnwieser alles – dass er gemeint habe, «seine Familie schützen zu müssen», die Zigeuner «hätten seiner Frau und seinen Kindern etwas angetan», und dass er sich in einer Situation befunden habe, «die ihm den Einsatz der Schußwaffe als gerechtfertigt erscheinen ließ» – und setzte ihn am 31. Oktober 1978 bei einer Bewährungszeit von vier Jahren auf freien Fuß.[35] Abzüglich des Hafturlaubs dürfte Brunnwieser 500 bis 520 Tage im Gefängnis verbracht haben. Auf den ersten Blick eine lange Zeit. Aber war sie auch lange genug angesichts der schrecklichen Bilanz von einer Toten, einer Schwerverletzten, eines im Mutterleib getöteten Kindes und einer auseinandergerissenen Familie, die ihres Lebens nicht mehr froh wurde?

12

Der Tod als langer Schatten

Nedelko Slavic erinnert sich nicht an seine Mutter. Er war drei Jahre alt, als sie in Niederthann verblutete und aus seinem Leben verschwand. Auch von dem Prozess in München, den er 1977 als achtjähriger Junge besuchte, weiß er nicht mehr viel. Er sieht im Geiste seinen Vater, seinen kleinen Bruder und den Cousin seiner Mutter, wie sie sich um ihren Rechtsanwalt scharen, von dem sie sich ein bisschen Halt erhoffen. Nur eine verschwommene Vorstellung hat er von dem großen, hohen Gerichtssaal, von den Fotografen mit ihren Blitzlichtern und von den vielen fremden Leuten, die ihm Angst machten, während der Richter, die Verteidiger und die Zeugen so gut wie keine Spuren in seinem Gedächtnis hinterlassen haben; selbst die geifernden Auftritte Schmidt-Leichners mit ihren Ausfällen gegenüber Roma hat er vergessen, damals vermutlich auch gar nicht verstanden.

Gestochen scharf sind hingegen die Bilder, die Nedelko Slavic von dem Mann in sich trägt, der seine Mutter auf dem Gewissen hat. Als wäre es gestern gewesen, sagt er fast fünfzig Jahre nach den tödlichen Schüssen, sieht er Brunnwieser auf der Anklagebank sitzen. Wenn er die Augen schließe, habe er ihn vor sich: Sein Gesicht, die finstere Miene, die massige Gestalt, sein unerbittliches Schweigen seien in seinem Leben immer präsent. Der Angeklagte sei ihm hart wie Stein erschienen, «kalt und kaltherzig, ohne Herz, ohne gar nichts, gar keine Gefühle». Immer wenn er an seine Mutter denke, tauche automatisch auch der Täter in seinen Gedanken und Empfindungen auf. Der Mann habe nicht nur sie ausgelöscht, sondern eine ganze Großfamilie «kaputt gemacht» und ihm selbst alles weggenommen.

Der Mann auf der Anklagebank sei ihm wie ein Nazi vorgekommen, «ein richtiger Nazi, ein richtiger Nazi», bricht es aus Nedelko Slavic heraus. Brunnwieser, Jahrgang 1933 und damit viel zu jung, um eine belastete NS-Vergangenheit haben zu können, ist für den ältesten Sohn der Getöteten mittlerweile mehr als der reale Brunnwieser. Je mehr Nedelko als Erwachsener über seine Familiengeschichte erfuhr und je häufiger er als Angehöriger einer verfemten Minderheit unter Anfeindungen zu leiden hatte, desto rascher verwandelte sich das Bild, das er sich von dem Todesschützen eingeprägt hatte. Der Täter von 1972 und der eisige Angeklagte von 1977 sind in der Erinnerung nicht mehr zu trennen von den NS-Schergen, die seinen Urgroßvater und viele weitere Familienangehörige ermordet und auch in der Familie seiner Frau eine breite Blutspur hinterlassen hatten. Brunnwieser und diese Übeltäter vermischten sich schließlich mit den radikalen Hetzern, die ihm heute mit ihren rassistischen Beleidigungen das Leben so sauer machen. Überall begegne er Nazis und einer Mauer von Hass und Vorurteilen. «Scheiß-Zigeuner, Scheiß-Zigeuner» müsse er auf den Straßen in Deutschland immer wieder hören, auch in den Niederlanden, wo er seit Langem lebt.[1]

Nedelko Slavic macht keinen Hehl daraus, dass er die Deutschen lange hasste. Der Hass wurde nach dem Verlust der Mutter, der milden Strafe für den Täter und der ausgebliebenen Entschädigung anscheinend sein ständiger Begleiter. Er nahm sogar noch zu, nachdem er als Erwachsener aus Gesprächen mit seinem Vater und anderen Verwandten erfuhr, was mit dem Leichnam seiner Mutter geschehen war. Man hatte ihn, so hieß es in der Familie Slavic, im Krankenhaus Pfaffenhofen obduziert – ohne die Einwilligung des Mannes oder anderer Verwandter einzuholen – und dabei die Lunge, die Leber und die Nieren entnommen und sie einfach entsorgt, vielleicht sogar verkauft.

Wenn es wirklich so war, dann hätten die Ärzte nicht nur geltendes Recht missachtet, das die Zustimmung der Angehörigen vorschrieb und sie obendrein verpflichtete, die unter die Lupe genommenen Organe nach der Obduktion wieder in den Körper zurückzulegen. Sie hätten außerdem gegen eines der wichtigsten Elemente der traditionellen Roma-Kultur verstoßen, die auf dem Einklang von Mensch und Natur beruht. Einem Toten Organe zu entnehmen, ist in den Augen der Roma eine Art Sakrileg, weil der Leib als Teil der Natur betrachtet wird, der ihr nach dem Tod unversehrt zurückgegeben werden muss.[2]

Nedelko glaubte diese Erzählungen seiner Verwandten und reagierte ebenso verstört wie empört auf sie. In ihm nagte darüber hinaus die Ungewissheit, wo der Fötus seines Bruders geblieben war. Nach dem bayerischen Bestattungsgesetz vom 24. September 1970 musste eine «totgeborene oder während der Geburt verstorbene Leibesfrucht mit einem Gewicht von mindestens 500 Gramm» ordnungsgemäß bestattet werden – in einer Grabstätte unter der Erde oder durch «Einäscherung in einer Feuerbestattungsanlage und Beisetzung der in einer festen Urne verschlossenen Aschenreste in einer Grabstätte (Feuerbestattung) oder durch Einäscherung in einer Feuerbestattungsanlage und Beisetzung auf hoher See (Seebestattung)».[3]

Hinweise, dass der 36 cm große Fötus in der vorgeschriebenen Form verbrannt worden ist, finden sich in den Quellen nicht. Auch von einem eigenen Begräbnis oder einem eigenen Grab gibt es keine Spur. Dass die sterblichen Überreste des Kindes mit oder in der Mutter beerdigt worden sein könnten, hält Nedelko Slavic für kaum denkbar. Ihm, seinem Bruder und seinem Vater hat nie jemand ein Wort über den Verbleib des ungeborenen Lebens gesagt. Sie haben deshalb keinen Ort, an dem sie um ihren Sohn und Bruder trauern könnten. Man wird ihn ebenso umstandslos entsorgt haben wie die inneren Organe der Mutter, vermuteten sie und nährten damit ihre Wut und ihren Hass auf die Deutschen.

Ob sie mit ihren Vermutungen richtig lagen, kann nicht sicher geklärt werden. Die Prozessakten schweigen, die Ilmtalklinik in Pfaffenhofen besitzt keine Unterlagen mehr aus dieser lange zurückliegenden Zeit.[4] Viel spricht aber dafür, dass mit den Organen der toten Anka Denisov und mit ihrem ungeborenen Sohn tatsächlich nicht so pfleglich umgegangen wurde, wie die Familie Slavic es erwartet hatte. Experten und Praktiker, die in den 1970er Jahren in der Pathologie arbeiteten, berichteten, was damals als «Normalfall» galt:[5] Die einem Leichnam entnommenen Körperteile wurden in sogenannten Organkisten tiefgekühlt aufbewahrt und etwa für Forschungen oder zu Demonstrationszwecken vor Studierenden benutzt, ehe man sie dem Feuer übergab. Das Gleiche geschah mit Früh- und Totgeburten und mit Föten wie dem des kleinen Bruders von Nedelko Slavic, die ebenfalls verbrannt wurden, ohne die Angehörigen zu informieren.

Deutsche Staatsbürger, genauer: Angehörige der Mehrheitsgesellschaft, sahen in solchen Normalfällen kein Problem und gingen wie selbstverständlich davon aus, dass alle so dachten. Der Leichnam des kleinen Slavic erfuhr keine Sonderbehandlung, auch Ressentiments gegen Roma spielten für die Pathologen keine Rolle. Dass die Minderheit der Roma ihre eigenen, von der Mystik und Spiritualität ihres indischen Herkunftslandes geprägten Gebräuche und Rituale hatte (und hat), kam ihnen nicht in den Sinn. Sie wollten niemanden verletzen, taten es durch ihre Unwissenheit aber doch. Für die Pathologen war ihre Arbeit Routine, weiter nichts, für die Roma die reinste Barbarei.

Nedelko Slavic fand keine Worte für sein Leid, das er durch den Verlust seines kleinen Bruders in spe erfuhr, erst recht nicht für den der Mutter. Wie denn auch? Anka Denisov war drei Jahre lang für ihn da – danach war sie weg. Er weiß nicht, wie es gewesen wäre, auf ihrem Schoß zu sitzen, mit ihr über seine Sorgen zu sprechen und mit ihr seine Freude zu teilen, als er heiratete und selbst Kinder bekam. Im Haushalt seiner Gefühle klafft eine große Lücke, die sich in keiner Sprache der Welt beschreiben lässt. Ähnlich erging es seinem Bruder Guran, und nicht sehr viel anders stand es um seinen Vater Zeko, der zwei Tage vor seinem 21. Geburtstag seine Frau verlor.

Hilfe von außen erhielten sie zunächst nicht. Die drei zogen nach dem Tod von Anka Denisov mit Verwandten nach Italien, Frankreich, Belgien und schließlich auf einen Campingplatz in Amsterdam – immer auf der Suche nach Arbeit und ein bisschen Ruhe und Sicherheit, die sich freilich selten einstellten. Man wollte mit ihnen nichts zu tun haben und begegnete ihnen überall mit den gleichen Vorurteilen. Die Polizei in wechselnden Uniformen ließ sie nirgends aus den Augen und nie lange verweilen.

Um Deutschland machten sie einen großen Bogen, sie wollten das Trauma von 1972 hinter sich lassen, landeten im September 1976 aber schließlich doch in Köln. Die holländischen Behörden hatten sie zusammen mit der Großfamilie der Romanovs, die sie vermutlich noch aus Italien kannten, einfach über die Grenze abgeschoben.[6] In Köln lebten sie mit einer kleinen Gruppe von Roma im Stadtteil Ossendorf auf dem Gelände eines Flugplatzes, der teilweise zum Stellplatz für Landfahrer umfunktioniert worden war. Butzweilerhof, so hieß der Platz, war nichts als ödes Gelände, eine «No-Go-Area», die der Durchschnittskölner nie betrat. In Ossendorf ließ sich nur nieder, wer sonst überhaupt keine andere Bleibe fand. Es gab keine Toiletten, keinen Strom und kein fließendes Wasser. Die Zustände schrien zum Himmel und zwangen die Roma fast unweigerlich in die Kriminalität.[7]

Über die Familie Denisoff, die mit ziemlicher Sicherheit mit der Familie von Anka Denisov identisch ist, hieß es in einem diesbezüglichen Bericht aus dem Jahr 1977: Die Denisoffs bekamen in Italien «sogenannte ‹Identitätspapiere für Staatenlose›. Diese wurden ihnen im vergangenen Jahr bei einer Razzia von der Kölner Polizei abgenommen. [...] Sie haben keine Papiere, weil sie keinen festen Wohnsitz haben. Ohne Papiere können sie keinen Führerschein machen und ihren Wagen nicht registrieren lassen. So fahren sie meistens ohne Führerschein und mit nicht für den Verkehr zugelassenen Fahrzeugen.»[8] Ganz zu schweigen davon, dass sie ohne gültige Papiere und Aufenthaltsgenehmigungen auch keine Arbeit fanden und sich deshalb anderweitig behelfen mussten, wenn sie überleben wollten.

Der achtjährige Nedelko und sein sechsjähriger Bruder haben

das Elend von Ossendorf nie vergessen. Vor allem die Kälte machte ihnen zu schaffen. Die Wohnwagen waren nicht zu heizen, viele Kinder hatten keine Pullover und keine Mäntel, manche nicht einmal Schuhe. Kein Wunder, dass bald Erkältungen aller Art grassierten und Seuchen drohten. Die Sanitäter des Malteser-Hilfsdienstes versorgten die Kranken zwar mit dem Nötigsten. Die Caritas organisierte Spendenaktionen und stellte Decken und Betten zur Verfügung, und viele Kölner Bürger halfen mit Hausrat und Lebensmitteln aus.[9] Mehr als einen Tropfen auf dem heißen Stein bedeuteten diese milden Gaben und die Sozialhilfe der Stadt aber nicht, zumal sich die unsicheren Wochen hinzogen und lange nicht abzusehen war, was aus den Roma-Familien werden sollte.[10] «Hilfe, jedoch keine Lösung», titelte der Kölner Stadt-Anzeiger in seiner Weihnachtsausgabe am 24./25. Dezember 1976.

Auch daran erinnert sich Nedelko noch genau: Am 25. März 1977, sechs Wochen nach dem Prozess in München, den er mit seinem Vater und seinem Bruder erlebt hatte, tauchte die Polizei im Butzweilerhof auf. Kleingärtner, die in der Nähe ihre Parzellen betreuten, hatten sich über die Roma beschwert.[11] Die Denisoffs, so lautete die Botschaft der Ordnungshüter, mussten den Platz binnen zwei Stunden räumen und sich auf dem «Zigeunerlager» am Tivoli-Platz niederlassen, das ebenfalls dem reinen Grauen glich.[12] Die Umsiedlung konnte allerdings in letzter Sekunde von der Sozialreferentin der «Katholischen Zigeuner- und Nomadenseelsorge», Silvia Sobeck, verhindert werden, die der Familie Denisoff bereits seit Längerem bekannt war und auch um die tragischen Vorfälle in Niederthann wusste.

Die heute wegen ihrer haarsträubenden Vorurteile gegenüber Sinti und Roma sehr umstrittene Sozialreferentin[13] ist auch Nedelko Slavic in Erinnerung geblieben, in guter. Sie sei ihm und seiner Familie im gemeinsamen katholischen Glauben verbunden gewesen und habe ihnen in Köln immer wieder geholfen. Sie sei für ihn und seinen Bruder und für viele andere Roma-Kinder «wie eine Mutter» gewesen, wie ein «Engel».[14] Silvia Sobeck habe sich auch intensiv um Entschädigungsleistungen für sie bemüht, sei dabei aber ebenso gescheitert wie die Anwaltskanzlei Bossi. Weder Brunnwieser noch der deutsche Staat hätten je einen Pfennig für sie bezahlt.

Mehr als einen Aufschub konnte allerdings auch die energische Sozialarbeiterin nicht erreichen. Am 4. April 1977 rückte die Polizei ohne Vorankündigung mit einem Streifenwagen und einem Abschlepp-Tieflader an, um «den Zigeunern bei ihrem unfreiwilligen Umzug zu ‹helfen›», wie es in einem zeitgenössischen Bericht hieß.[15] Die Denisoffs mussten sich fügen und sich auf dem Tivoli-Platz einrichten, wo sie ebenfalls nicht lange bleiben durften.[16] Die Stadt Köln wollte sie und zwei weitere kleinere, ebenfalls illegal anwesende Roma-Familien los werden. Sie hatte in den Augen der Ratsherren genug mit den schon länger in der Stadt lebenden Sinti und Roma zu tun, die in der gerade eröffneten «Zigeunersiedlung am Pletschbach» erste vielversprechende Integrationsschritte machten.[17] Die illegalen Roma hingegen sollten verschwinden, sie seien ein Ärgernis und nicht bereit, die deutschen Gesetze zu akzeptieren. Die Frage war nur: Wohin mit ihnen?

Nach Ansicht der Bundesregierung gab es keinen Zweifel. Die Roma hatten länger in den Niederlanden gelebt, sie waren von dort illegal eingereist und fuhren immer noch Autos mit niederländischen Kennzeichen. Die Niederlande seien verpflichtet, die staatenlosen Roma aufzunehmen. Anfang 1977 war es tatsächlich zu einer deutsch-niederländischen Rückführungsvereinbarung gekommen, die freilich rasch platzte, weil die Roma den niederländischen Behörden nicht trauten – sie fürchteten, ohne großes Federlesen weiter nach Belgien abgeschoben zu werden. Nach zähen Verhandlungen, in die auch die niederländische Botschaft in Bonn eingeschaltet war, konnte schließlich doch noch ein Kompromiss gefunden werden. Die Romanovs, die etwa 80 Personen umfassten, und einige andere Roma ließen sich Anfang März 1977 in Lelystad nahe Amsterdam nieder und erhielten dort Fremdenpässe, die sie wenigstens ein bisschen vor Behördenwillkür schützten.[18]

Dass sich auch Zeko Slavic mit seinen beiden Söhnen unter ihnen befand, ist eher unwahrscheinlich. Die Denisoffs, so scheint es, zeigten wenig Neigung, in die Niederlande zurückzukehren. Sie wollten in der Bundesrepublik bleiben[19] und sich in Frankfurt a. M. ansiedeln, wo sie Verwandte hatten und wo ihnen eine Wohnung in Aussicht gestellt worden war.[20] Anfang Juni 1977, berichtete der Kölner Stadt-Anzeiger,[21] machten sich die Roma auf den Weg in die Main-Metropole, wo sie aber aus ungeklärten Gründen nicht Fuß fassen konnten,[22] sodass sie schließlich doch nach Lelystad zogen.

Ob Nedelko Slavic bereits im März oder erst im Juni 1977 nach Lelystad kam, muss dahingestellt bleiben. Er lebt jedenfalls heute noch dort. Die unweit von Amsterdam gelegene Stadt ist seine Heimat geworden, erst recht seit er mit 20 Jahren die holländische Staatsbürgerschaft bekam. Sein Bruder wohnt mit seiner Frau und seinen fünf Kindern um die Ecke, sein Vater, der später noch einmal heiratete, einige Kilometer entfernt, die übrige Großfamilie ist ebenfalls in Reichweite und meist unter sich.

Als Nedelko in Lelystad ankam, war die Stadt fast so alt wie er. Sie war im Rahmen eines ambitionierten Landgewinnungsprojekts auf dem Reißbrett geplant und 1967 auf einem dem Meer abgetrotzten Polder errichtet worden.[23] Lelystad sollte der Idealtypus einer Stadt der Zukunft werden, ein kleines im Zeichen des Funktionalismus stehendes Utopia mit Platz für 100 000 Einwohner. Das Stadtbild dominierten Einfamilienhäuser, die erschwinglich und modern ausgestattet waren. Viele hatten sogar ein drittes Stockwerk mit Dachterrasse und Hobbyraum und ähnelten – von der Seite betrachtet – Klavieren. Die Einwohner kamen anfangs aus dem Norden und Osten der Niederlande, in den 1970er Jahren aber zunehmend auch aus dem boomenden Amsterdam, das sich insbesondere einkommensschwächere Schichten nicht mehr leisten konnten.

Der Pioniergeist, der viele Neusiedler beseelte, verpuffte allerdings rasch, als sich herausstellte, dass zahlreiche staatliche Versprechen nichts als leere Worte blieben: Es gab keine Zugverbindung und keine Autobahn. Auch vieles andere ließ auf sich warten, so dass nicht wenige – und insbesondere die gut situierten – Einwohner in das 1975 errichtete, besser erschlossene und verkehrstechnisch besser angebundene Almere weiterzogen. Lelystad mutierte so schon zehn Jahre nach der Gründung zu einem sozialen Brennpunkt am Ende der Welt, in dem sich der «Abschaum» der Niederlande sammelte. So hieß es in einer Fernsehdokumentation, die sich auf den autobiografischen Roman «Lelystad» des Schriftstellers Joris van Casteren stützte: Die Arbeitslosigkeit stieg, der Drogenkonsum ebenso wie die Scheidungsrate, die Kriminalität und die Zahl der leer stehenden Häuser.[24]

Dieser Leerstand bewog die Regierung, nach anderen Lösungen Ausschau zu halten. Eine davon war die Ansiedlung von Sinti und Roma, die aus aller Herren Länder stammten und in anderen niederländischen Städten nicht wohl gelitten waren. Zu ihnen gesellte sich 1977 erst die Familie Romanov, die in Köln Probleme bekommen hatte und in die Niederlande abgeschoben wurde, später auch die Denisoffs. Willkommen waren die exotischen Neubürger im abgehängten und ausgezehrten Lelystad nicht. Auch in den Niederlanden grassierten tief verwurzelte Ressentiments gegen Zigeuner, die als solche auch beschimpft wurden und im allgemeinen Sprachgebrauch heute noch so heißen. Die Zeitungen aus den 1970er und frühen 1980er Jahren sind voll mit Meldungen, in denen die Roma Lelystads in einem denkbar schlechten Licht erschienen.[25] Man wollte mit ihnen nicht in einer Stadt leben – das sagten auch viele Nachbarn, und das sagte vor allem die kleine neofaschistische Nederlandse Volks-Unie, die 1977 mit einer Plakataktion gegen die unliebsamen Roma von sich reden machte.

Solche Gemeinheiten und Schikanen blieben nicht unwidersprochen, im Gegenteil: Die politisch Verantwortlichen stellten sich ihnen beherzt entgegen. Weh taten sie trotzdem, sie begleiteten Nedelko und seine Familie seit ihrer Ankunft in Lelystad und haben sich lange Zeit kaum gelegt. Der Druck wurde schließlich

Anfang der 1980er Jahre so groß, dass die Regierung sich entschloss, ein Auswanderungsprogramm für Roma aufzulegen. Sie sollten sich in den Vereinigten Staaten eine neue Bleibe suchen und wurden dafür mit beträchtlichen finanziellen Mitteln geködert. Vergeblich, wie sich bald herausstellte, weil Washington nicht richtig mitspielte und weil die Geldspritzen für einen Exodus größeren Stils nicht ausreichten.

Dennoch: So schwierig die Verhältnisse auch sein mochten, Nedelko und sein kleiner Bruder Guran fanden in Lelystad zwar keinen Frieden, sie kamen dort aber zum ersten Mal in ihrem Leben ein bisschen zur Ruhe. Das heute hier und morgen dort der Odyssee durch halb Europa ging in Lelystad zu Ende. Sie lebten anfangs in einem Wohnwagen, erhielten dann aber rasch eines der leer stehenden Häuser, das ihnen das Sozialamt der Stadt zur Verfügung stellte. Ihr Vater fand Arbeit, unregelmäßig zwar, aber immerhin, während sich die beiden Söhne in der Obhut ihrer Großmutter – der Mutter von Zeko Slavic – in den Niederlanden eingewöhnten. Pinka Pavlov war der große Rückhalt der Familie. Nedelko betrachtete sie geraume Zeit als seine leibliche Mutter, die ihm und seinem Bruder Geschichten erzählte, die mit der Familie zu tun hatten oder dem großen Fundus der «Zigeunermärchen» entstammten. Sie habe ihm alles gegeben, was eine Mutter einem Sohn geben könne.

Damit erschöpfte sich ihre Rolle jedoch nicht. Roma-Familien waren lange stark patriarchalisch strukturiert, die Frauen und Mädchen hatten sich zu fügen und zu schweigen, wenn die Männer sprachen. Eine Ausnahme bildete die Großmutter bzw. die älteste Frau der Großfamilie, die Phuri daj, wie sie auf Romanes hieß.[26] Sie hatte vor allem bei den nomadisierenden Roma und bei den Familien eine herausgehobene Rolle, die – wie die Denisoffs – dabei waren, sesshaft zu werden. Im Reise- und Integrationsstress war es die Phuri daj, die sich um die Erziehung der Kinder kümmerte und um den Zusammenhalt in der Großfamilie sorgte. Sie wirkte als eine Art Schlichterin, wenn es zu Spannungen zwischen den Generationen kam, und verwaltete das kostbarste Gut der Roma-Kultur: das traditionelle kollektive Wissen und das tradierte Tabu- und Normensystem, das nirgends nachzulesen war. Die Roma besaßen keine Bibel, keinen Brockhaus, keinen Knigge oder sonstige Schriftzeugnisse, die sie das Leben und Sterben lehrten, sondern nur mündliche Überlieferungen, die von Generation zu Generation weitergegeben wurden. Von allen als Hüterin dieser oralen Kultur respektiert, galt die Phuri daj als Quelle der ethnischen Identität und als Bindeglied zwischen Vergangenheit und Zukunft, in der alternative Lebensformen wie die der Roma angesichts rasanter Wandlungsprozesse nur dann eine Überlebenschance hatten, wenn sie auf gefestigten kulturellen Fundamenten beruhten. Nedelko Slavic hatte eine solche Phuri daj. Seine Großmutter war für ihn die entscheidende Instanz, die sein Leben als Rom wie sonst niemand prägte.

In Lelystad besuchte der achtjährige Nedelko zum ersten Mal eine Schule. Die Routinen des Schulalltags waren ihm fremd, er sprach kaum Holländisch und hatte einiges an Stoff nachzuholen. Er fiel deshalb aber nicht auf. So wie ihm ging es auch den meisten anderen 30 Roma-Kindern, die in einer Notschule auf dem Campingplatz in einer Klasse zusammensaßen. Schwieriger wurde es nach dem ersten Jahr, als Nedelko, sein Bruder Guran und zwei Roma-Mädchen auf eine normale niederländische Schule kamen – als die ersten Roma-Kinder in Lelystad überhaupt. Er hielt aber durch und blieb zehn Jahre auf der Schule, sein Bruder Guran ebenfalls. Eine Ausbildung absolvierten sie nach der Schule nicht, sie trauten es sich nicht zu, eine Lehre zu machen, hätten vermutlich auch keine Chance gehabt. Lehrherren winkten in der Regel sofort ab, wenn sie sahen, dass sie es mit Roma zu tun hatten. Nedelko musste sich deshalb mit Gelegenheitsarbeiten durchschlagen. Er handelte mit Autos, arbeitete bei Metzgern, in Zucker- oder Milchfabriken und wird vermutlich auch längere Zeit Sozialleistungen vom holländischen Staat erhalten haben.

Nedelko ließ sich von solchen Widrigkeiten aber nicht abhalten, eine eigene Familie zu gründen. Wie sein Vater und seine

Mutter heiratete er früh, mit 20 Jahren. Seine Frau war eine weit-
läufig Verwandte, sie kam aus einer serbischen Roma-Familie
und wurde, wie Nedelko, in Rom geboren, ehe sie nach Frankfurt
am Main übersiedelte. Ihre Familie hatte, wie fast alle Roma-
Familien, im Dritten Reich einen schweren Blutzoll entrichten
müssen. Die erste Frau ihres Vaters war hochschwanger von
Nazis ermordet worden, sie blieb aus der Familie nicht das einzige Opfer der deutschen Besatzer.

Das erste Kind Nedelkos erblickte 1989 das Licht der Welt, bald
folgten weitere, schließlich waren es acht, drei Mädchen und
fünf Jungen, die ihrerseits rasch Nachwuchs bekamen, sodass
Nedelko auf eine Schar von 16 Enkeln (2021) blicken kann. Die
Geburt der eigenen Kinder und Enkel lenkte die Erinnerung
Nedelkos immer wieder auf seine Mutter zurück. Bei jedem freu-
digen Ereignis brach die alte Wunde des Verlusts der Mutter auf.
Er trauerte um sie und für sich, zunehmend aber auch für seine
Nachkommen, die ohne Großmutter aufwachsen und damit ohne
Phuri daj auskommen mussten, weil auch die Mutter seiner Frau
schon früh verstarb. Seine Kinder und Enkel mussten so nicht
nur, wie er selbst, mit einer emotionalen Lücke fertig werden. Der
«Ausfall» der Großmütter riss für sie auch und vor allem eine kul-
turelle Lücke, die den Zusammenhang der Generationen unter-
brach und ihr Rom-Sein im Kern bedrohte.

Das Bedauern und der Schmerz darüber bewogen Nedelko,
mehr über seine Mutter und überhaupt über seine Familiengeschichte in Erfahrung zu bringen. Er sprach mit Verwandten
und Freunden, sparte aber seinen Vater fast ganz aus, weil er ihn
nicht belasten wollte. Aus dieser Spurensuche ergab sich eine pri-
vate Familiensaga, die dem Inhalt amtlicher Dokumente nicht
immer entspricht. Anka Denisov und ihre vier Begleiterinnen, so
erzählt man sich, seien 1972 mitnichten in das Haus des Bauern
eingedrungen, sie habe nur Wasser erbeten und sei grundlos erschossen worden. Ebenso sicher ist sich Nedelko, wenn es um das
Geschlecht des ungeborenen Kindes geht, das seine Mutter unter
dem Herzen trug. Es wäre ein Mädchen geworden. Das sei ihm

erzählt worden, und das habe er geträumt. Seine Mutter habe ihm im Traum sogar den Namen des Kindes zugeflüstert: Viola hätte sie geheißen.

Junge oder Mädchen, Familiengeschichten dieser Art stiften genauso Zusammenhalt wie andere Kulturpraktiken – etwa in christlichen Glaubensgemeinschaften, denen Nedelko und seine Verwandten sich seit Langem zugehörig fühlen. Er sei bereits als Kleinkind in Rom in die Kirche mitgenommen worden. Sein Glaube sei mit den Jahren gewachsen, mit ihm aber langsam auch die Zweifel, ob die katholische Kirche das Rechte für ihn sei. Er habe sich schließlich, wie viele Roma, einer freichristlichen Bewegung zugewandt, die sich – so kann man seine Äußerungen deuten – vom Katholizismus vor allem in dreierlei Hinsicht unterscheidet: Die oberste Instanz ist Jesus Christus, in ihm sehen die freien Christen die Verkörperung der höchsten universalen Kraft. Die Zehn Gebote haben für sie nicht die gleiche strenge Verbindlichkeit wie im katholischen Glauben, insbesondere bei der Definition von Sünden gewähren sich die Anhänger der freichristlichen Bewegung größere Auslegungsspielräume. Schließlich die kirchliche Hierarchie: In der freien Bewegung sind die Gläubigen die Kirche, Nedelko und die ihm Gleichgesinnten brauchen keine Anleitung, um Zugang zu Jesus Christus zu finden. Ihr geistlicher Cicerone ist das Neue Testament, das seit 2011 auch auf Romanes vorliegt. Der Papst hingegen ist für ihn keine Autorität, sondern nur ein normaler Mensch, mehr nicht. Er habe sich, sagt Nedelko, auch in der schwersten Zeit nie allein gefühlt und Jesus Christus immer an seiner Seite gespürt.

Neben der Familie half Nedelko Slavic vor allem der Glaube, den Verlust der Mutter zu bewältigen und mit den dauernden Diskriminierungen als Rom fertig zu werden. Sein Leben habe aus einer einzigen Kette von Zurücksetzungen und Schmähungen bestanden – er kenne gar nichts anderes und habe so gut wie keine niederländischen Freunde oder Kollegen, mit denen er gern verkehre. Erst in den letzten Jahren sei der Ausgrenzungsdruck geringer geworden, auch weil der holländische Staat die

Beleidigung von Sinti und Roma unter Strafe stelle. Seine Kinder und Enkelkinder hätten nicht mehr im gleichen Maße zu leiden wie seine Generation, sie seien in Kindergärten und Schulen besser integriert und fänden auch leichter einen Ausbildungsplatz, eine Wohnung und Anschluss an die Mehrheitsgesellschaft, die ihnen nicht mehr automatisch die kalte Schulter zeige. Ihre Ehepartner würden aber auch sie sich weiterhin im Kreis der großen Familie, also unter Roma, suchen.[27]

Die starke Verwurzelung in einem gelebten Glauben gab Nedelko Slavic anscheinend auch die Kraft zur Versöhnung, die sein Leben seit Längerem bestimmt und auch den Hass auf die Deutschen langsam aus- und schließlich aufzehrte. Seine Vorfahren und seine Mutter seien von Deutschen, nicht von den Deutschen umgebracht worden, die er nicht mehr, wie früher, unter Generalverdacht stellt. Er lebt in den Niederlanden, aber mit Blick auf Deutschland: Er schaut häufig deutsches Fernsehen und fährt nach Frankfurt in Urlaub, der Heimatstadt seiner Frau, in der auch eine Tochter lebt.

Sie heißt Marizabela, so wie Anka Denisov geheißen hatte, bevor man sie in Jugoslawien zwang, einen slavisch klingenden Namen anzunehmen; sonst hätte sie keinen Pass bekommen. Nedelko besucht sie ebenso regelmäßig wie das Grab seiner Mutter in Köln. Auch sein Vater und sein Bruder reisen einmal im Jahr dorthin. Ob auch darin ein Zeichen der Annäherung an Deutschland zu erkennen ist? Nedelko dachte jedenfalls nie daran, den Leichnam umbetten und nach Lelystad bringen zu lassen. Sobald er erwachsen war, suchte und fand er die zwischenzeitlich verwahrloste Grabstelle in Köln, die beinahe aufgelassen worden wäre. Er verlängerte den Pachtvertrag und ließ einen schlichten schwarzen Naturstein auf das Grab setzen, den ein golden eingefasstes ovales Porzellanbild der Mutter ziert. «Anka Genisov 5.1.1954–5.11.1972» steht darauf – sein Fehler, sagt Nedelko Slavic, bei der Übermittlung der Daten an den Steinmetz in Köln habe es eine Panne gegeben, die nur schwer zu beheben gewesen wäre, aber vielleicht auch ein bisschen symptomatisch ist für ein fast immer schadhaftes Leben, das bereits mit 18 Jahren zu Ende ging – in Bayern, in Niederthann, im Grunde wegen nichts.

Gibt es solche steinernen Spuren auch von Milena Ivanov? Nedelko Slavic weiß es nicht genau, der Kontakt zu ihr ist abgerissen. Ihm ist nur erinnerlich, dass das junge Mädchen, das am Nachmittag des 5. November 1972 ebenfalls von zwei Schüssen getroffen wurde, aber überlebte, nach Schweden übersiedelte, um dort ein neues Leben zu beginnen. Wie es verlief, entzieht sich seiner Kenntnis. Die Vorzeichen standen jedenfalls nicht sehr gut. Die 16-Jährige hatte neben einem Treffer in die Wade einen Bauchschuss erlitten – und zwar einen «Steckschuß mit insgesamt acht Schußlöchern im Dünndarm, Durchschuß des Gekröses des li. Eileiters und Blasenverletzung», wie es in einem Attest des Krankenhauses von Pfaffenhofen hieß.[28] Sie war lebensgefährlich verletzt, konnte nur durch eine sofortige Notoperation am Leben erhalten werden und musste zwei Wochen nach der Tat ein zweites Mal operiert werden, weil sich zwischen der Gebärmutter und dem Dünndarm ein eigroßer Abszess gebildet hatte. Die im linken Becken in der Nähe des Schambeines steckende Kugel konnte allerdings auch bei diesem Eingriff nicht entfernt werden. Ob Milena Ivanov je wieder ganz gesund werden würde, stand 1972/73 in den Sternen. Die Mediziner rechneten jedenfalls mit beträchtlichen Spätfolgen. Milena selbst hatte noch ganz andere, präzisere und schlimmere Befürchtungen. Kurze Zeit nach der Entlassung aus der Klinik erzählte sie Zeko Slavic, dem Vater von Nedelko, dass sie keine Kinder bekommen könne, die Verletzungen seien zu schwerwiegend.[29]

Unter diesem Handicap hätte jede Frau zu leiden gehabt. Für eine Romni galt das umso mehr, als Kinder in der Roma-Kultur als Segen, als «großes Geschenk Gottes»[30] betrachtet wurden. Seit Jahrhunderten bestand für Romnja der eigentliche Lebenssinn darin, Kinder, möglichst viele Kinder zu gebären. Wer zeugungsunfähig oder unfruchtbar war – sei es auf Grund von Zwangssterilisationen im Dritten Reich, sei es aus anderen Gründen –, fand nur selten einen Partner und geriet in der Regel rasch an den

Rand der Gemeinschaft. Keine Familie gründen und keine Nachkommen haben zu können, konnte den sozialen Tod einer Frau
bedeuten. Eine Romni ohne Kinder war eine Frau mit Makel, sie
war abgestempelt und genoss kaum Ansehen bei den ihren, zumal sie es vermutlich selbst als Schande empfand, über die Ursachen ihrer Kinderlosigkeit zu sprechen. Eine schreckliche Perspektive für ein junges Mädchen, das am Anfang seines Lebens
stand und sich weiß Gott was von seiner Zukunft erhofft hatte –
eine große Familie in jedem Fall.

13

Die Tat als langer Schatten

Nichts deutet darauf hin, dass man sich in Niederthann über solche Lebenskatastrophen den Kopf zerbrochen hätte. Auch das weitere Schicksal von Zeko Slavic und seinen beiden Söhnen Nedelko und Guran kümmerte anscheinend niemanden. Kein Pfarrer erinnerte an die Tote und ihre Hinterbliebenen, keinem war Anka Denisov eine Messe wert. Die Routinen des Alltags hatten das Dorf bald wieder so fest im Griff, als wäre nichts geschehen. Auch die Familie Brunnwieser?

Als der Ehemann und Vater Ende Oktober 1978 – ziemlich genau sechs Jahre nach den tödlichen Schüssen – nach Hause zurückkehrte, herrschte Erleichterung. Feierstimmung kam aber nicht auf. Die vier Jahre Bewährung, die ihm der Richter Bernhard Graml auferlegt hatte, drückten ihn nicht. Er hatte Sorgen anderer Art: Die drei Rechtsanwälte, die sich seit Längerem mit seinem Fall beschäftigten, verlangten saftige Honorare und konnten nicht auf ewig vertröstet werden, zumal er sie bei den anstehenden juristischen Nachhutgefechten weiter brauchte. Außerdem wollten die Anwälte der Nebenkläger Geld sehen und schließlich auch die Nebenkläger selbst nicht auf ihren Ausgaben für die beiden Hauptverfahren sitzen bleiben; die Reisen nach München und die Übernachtungen hatten Zeko Slavic eine Stange Geld gekostet. Nicht zu reden von den Aufwendungen der zwei Schwurgerichtsprozesse in München und den zwei Revisionen vor dem Bundesgerichtshof – alles in allem eine beachtliche Summe, die sich im Herbst 1978 noch nicht genau beziffern ließ, aber sicher in die Zehntausende ging. Erst ein Jahr später zeichnete sich ab, dass Brunnwieser vor einem Schuldenberg von mehr als 40 000 DM stand und dass dabei die Kosten für seine Anwälte noch gar nicht mitgerechnet waren.

Über die Entlohnung der drei Verteidiger lässt sich nur spekulieren. Brunnwieser dürfte dafür die Spenden verwandt haben, die ihm 1974 so reichlich zuflossen, dass er Staranwälte wie Schmidt-Leichner und später Rauer engagieren konnte. Schmidt-Leichner, so scheint es, erhielt von ihm eine Art Vorschuss,[1] der mit dem Gesamthonorar in Höhe von 12 500 DM nicht mehr abgerechnet werden konnte, weil der «Große S-L» 1983 in Bad Wiessee verstarb. Wann Rauer und Paetsch von der Kanzlei Nippold ihr Geld bekamen, wie hoch die Summen jeweils waren und ob dafür die Spendenkasse reichte, muss offen bleiben. Zu Rechtsstreitigkeiten scheint es jedenfalls nicht gekommen zu sein.

Schwieriger gestaltete sich die Abrechnung mit der Kanzlei Bossi, die für ihre Dienste Höchstgebühren, sprich über 13 000 DM verlangte. Sie begründete das mit der Schwere des Falles,[2] die auch Brunnwieser und seine Rechtsanwälte zunächst nicht bestritten. Die Verteidigung akzeptierte die Forderung von Bossi und Co., wollte sie aber mit den Kosten verrechnen, die ihrem Mandanten in den erfolgreichen Verfahren um Entschädigung für Nedelko und Guran Slavic und Milena Ivanov und um die Erstattung für die Beerdigung von Anka Denisov entstanden waren.[3] Brunnwiesers Rechtsanwälte erzielten dabei einen Teilerfolg, der allerdings die Schuldenlast nur geringfügig reduzierte, weswegen sie die gesamte Kostenrechnung der Kanzlei Bossi in Frage stellten. In ihren Augen sprach nichts für Höchstgebühren, aber alles für den Normaltarif, der sich auf 7000 statt der geforderten 13 000 DM belaufen hätte. Ihr Mandant könne solche exorbitanten Summen nicht aufbringen, die Ersparnisse der Familie seien «aufgezehrt».[4]

Bossi und seine Kollegen nahmen diesen Hilferuf zur Kenntnis, aber nicht sonderlich ernst. Sie erinnerten das Landgericht München II, das über die finanzielle Abwicklung der Causa

Brunnwieser zu entscheiden hatte, noch einmal an die Schwere des Falles, die vor allem die Verteidigung heraufbeschworen hatte, weil sie «ihre Strategie [...] ausschließlich auf radikale Angriffe gegen die Zigeuner aufgebaut» und mit ihrer «Phalanx» von drei Anwälten die Vertreter der Nebenklage besonders gefordert habe. Im Übrigen könne es um die wirtschaftlichen Verhältnisse Brunnwiesers nicht so schlecht bestellt sein, wie seine Rechtsanwälte insinuierten, wenn er sich im Revisionsverfahren gleich drei Verteidiger leisten konnte.[5]

Die Kanzlei Bossi blieb deshalb im Februar 1979 bei ihrer alten, an den Höchstsätzen orientierten Kostenrechnung und bekam Recht. Etwas anders lagen die Dinge bei den Forderungen, die Bossi und Kollegen im Namen der Nebenkläger erhoben und die sich auf die Ausgaben von Zeko Slavic und seinen beiden Söhnen bezogen. Das Landgericht München II bezifferte diese Kosten im August 1978 auf über 10 700 DM und legte zugleich einen ab Mai fälligen Jahreszins in Höhe von vier Prozent fest, falls sich die Zahlungen verzögern sollten.[6]

Es versteht sich von selbst, dass die Verteidiger Brunnwiesers diesen Beschluss nicht hinnahmen. Sie legten Widerspruch ein und konnten das Landgericht München II mit ihren Argumenten wenigstens ein bisschen beeindrucken; es verminderte am 4. September 1979 die Ansprüche der Nebenkläger auf 8500 DM,[7] stellte die Verteidiger damit aber mitnichten zufrieden. Sie traten mit einer weiteren Beschwerde auf den Plan[8] und erreichten am 13. September 1979 wieder ein kleines Zugeständnis: Der Beschwerde wurde vom Landgericht München II zwar nicht stattgegeben, das Verfahren aber an das Oberlandesgericht München überwiesen,[9] das am 12. Oktober 1979 den Kostenfeststellungsbeschluss vom 13. September aufhob und die «Sache» an die Schwurgerichtskammer beim Landgericht zurückgab.[10]

Das Schwurgericht musste sich also Mitte Oktober 1979 binnen zwei Monaten zum dritten Mal mit einer Beschwerde von Brunnwiesers Rechtsanwälten beschäftigen – und fand sich zu keinem weiteren Entgegenkommen bereit. Es wies die «Erinnerung» des

Verurteilten erneut zurück,[11] mit der Folge, dass sich der 3. Strafsenat des Oberlandesgerichts am 13. November 1979 abschließend
mit dem Fall befassen musste.[12] Hier machte sich die Zähigkeit
der Verteidigung bezahlt. Das OLG hob die beiden vorhergehen-
den Kostenfeststellungsbeschlüsse auf und setzte – anders als
bei den Kosten für die Kanzlei Bossi – «Mittelgebühren» statt
«Höchstgebühren» an; für Roma galt anscheinend ein schlechte-
rer Tarif. Dementsprechend fiel die Erstattungssumme deutlich
niedriger aus. Statt der ursprünglich geforderten 10 700 DM
musste Brunnwieser nur noch etwas mehr als 3100 DM bezahlen.

Brunnwieser dürfte erleichtert gewesen sein. Er hatte eine
Sorge weniger, aber noch genügend andere, die sein Rechtsanwalt Walter Rauer immer wieder stark aufgebauscht ins Feld
führte, um Vorteile für seinen Mandanten herauszuschlagen.
Gewiss, Brunnwieser hatte nach der Entscheidung des OLG noch
immer Schulden in Höhe von gut 30 000 DM. Dem standen aber
auch Einnahmen gegenüber, die sich sehen lassen konnten und
ihn letztlich zu einem fast wohlhabenden Mann machten, den
auch ein finanzielles Zugeständnis an die Familie Slavic nicht
ruiniert hätte. Im Mai 1980 trug der Haus- und Grundbesitzer
Max Brunnwieser als Schichtführer bei BMW fast 1750 DM netto
nach Hause. Seine Frau, die mittlerweile ebenfalls bei BMW beschäftigt war und obendrein über Pachteinnahmen in Höhe von
2100 DM im Jahr verfügte, verdiente 1300 DM, ehe sie Mitte 1982
bei der Apfelernte vom Baum fiel, sich das Kreuzbein brach und
ihre Arbeit aufgeben musste; vorübergehend oder für immer,
konnte ebenso wenig geklärt werden wie die Frage, ob sie nach
dem Krankengeld eine Rente bezog. Für die jüngere Tochter
musste die Familie nicht mehr aufkommen. Sie hatte ihre Lehr-
zeit bei BMW erfolgreich absolviert und fand Monat für Monat
1200 DM in der Lohntüte, während die ältere Tochter noch bis
1982 studierte.[13]

Trotz dieser ganz und gar nicht trostlosen Lage dachte Brunnwieser anscheinend nicht daran, seine Schulden so rasch wie
möglich abzutragen. Er spielte auf Zeit und setzte auf einen Zah-

lungsmodus, der ihn nicht allzu sehr beschwerte. Den Forderungen der Kanzlei Bossi kam er überhaupt nicht nach, sodass diese sich gezwungen sah, sein Gehalt bei BMW pfänden zu lassen. Auf rund 300 DM pro Monat belief sich die Pfändungssumme, das Ehepaar Brunnwieser verfügte damit aber immer noch über 2900 DM. Kaum ins Gewicht fiel dagegen die monatliche Rate an die Gerichtskasse, die Brunnwieser zahlen musste, um die Prozesskosten in Höhe von 16 000 DM zu begleichen.[14] Rauer hatte Raten von 100 DM beantragt, und das Gericht gab sich damit tatsächlich zufrieden.

Dennoch unternahm Rauer einen Versuch nach dem anderen, um die Gerichtskosten nach unten zu drücken oder die diesbezüglichen Zahlungen Brunnwiesers ganz annullieren zu lassen. Überzeugende Argumente für seine «Gerichtskostenerlaßbitten» hatte er nicht, er kaprizierte sich deshalb, wie schon Schmidt-Leichner, auf polemische Angriffe auf die in den beiden Münchner Verfahren als Zeugen aufgebotenen Roma, die in seinen Augen «exzessive» Kosten verursacht hatten. Er hielt die «Erzählungen» dieser Zeugen, die «angeblich» aus Amsterdam und Hamburg angereist waren, für glatte Lügen, die bei ihm aber nicht verfingen, wie er den Staatsanwalt beim Landgericht München II am 3. März 1980 wissen ließ. «Da kann ja jeder Zeuge kommen und behaupten, er müsse mit der gesamten Familie zu Gericht quer durch Europa reisen. Zum Schluß reisen Nomaden noch mit dem Kamel an und verlangen Stallgebühren.» Die noch ausstehenden 2600 DM, die selbstverständlich nicht die Zeugen, sondern das Gericht als Gebühren festgesetzt hatten, seien viel zu hoch. Mehr als 600 DM dürften dafür nicht veranschlagt werden, meinte der Rechtsanwalt.[15]

Solche Schmutzereien blieben kein einmaliger Ausrutscher. Der Rechtsanwalt und Universitätslehrer dachte so, wie er schrieb. Das stellte er ein halbes Jahr später, am 25. Oktober 1980, erneut unter Beweis, als er dem Staatsanwalt beim Landgericht München II ein zweites Mal vorwarf, «dass die Justizverwaltung ein wenig zu großzügig mit der Anweisung von Zeugengebühren an die Herren Zigeuner verfahren ist. Einige 1000 DM hätte man dabei getrost einsparen können.»[16]

Einer der «Herren Zigeuner», der in beiden Verfahren ausgesagt hatte, war übrigens Zeko Slavic, der zweimal von Köln nach München gereist war und in der bayerischen Hauptstadt jeweils etwa eine Woche verbracht hatte – einmal sogar mit seinen beiden Kindern. Eindruck machte Rauer mit seinen ebenso haltlosen wie ungeheuerlichen Vorwürfen nicht, jedenfalls keinen positiven. Sei es, dass sie nur an die Eintreibung der Gerichtskosten dachte, sei es, dass sie die rassistischen Ausfälle Rauers missbilligte, die Strafvollstreckungsbehörde wies seine Anträge nicht nur zurück, sondern erhöhte die monatliche Rate für Brunnwieser ab Juli 1980 auf 250 DM.[17] Angesichts der Einkommensverhältnisse der Brunnwiesers sah sie darin keine unzumutbare Härte. Ihre Geduld war am Ende. Rauer hatte sie lange genug mit seinen überzogenen Eingaben strapaziert. Brunnwiesers Lage war nicht annähernd so dramatisch, wie Rauer sie darstellte. Seine Schreiben an den Staatsanwalt, mit denen er um Mitgefühl und Nachsicht für seinen Mandanten warb, erschienen unglaubwürdig und wirkten kontraproduktiv, zumal er mitunter auch noch Einkommensquellen der Brunnwiesers wie die Pacht verschwieg.

Dennoch machte Rauer unverdrossen weiter – mit seinen rassistischen Attacken auf die Roma und mit seinen Bitt- und Klagebriefen, die das Gericht für Brunnwiesers Notlage sensibilisieren sollten. Nach der Erhöhung der Ratenzahlungen auf 250 DM malte er wieder einmal den Ruin der Familie an die Wand. Auch die jüngste Tochter, die mittlerweile ihr eigenes Geld verdiente, werde bluten müssen, um die Gerichtskosten abzutragen, mutmaßte Rauer. Niemand hatte diese Forderung erhoben, der Rechtsanwalt pochte trotzdem darauf, dass es das gute Recht der Tochter sei, ihr Einkommen zu behalten. Sie habe seelisch genug gelitten und dürfe nicht auch noch materiell geschädigt werden.[18]

Der Staatsanwalt ging auf dieses Schreiben nicht ein. Er zog nur Erkundigungen über die finanzielle Lage der Brunnwiesers ein und erteilte dann Rauer eine erneute Absage. Es blieb bei den festgesetzten Gerichtskosten, die sich im Mai 1982 nur noch auf 14 000 DM beliefen, und bei der monatlichen Rate von 250 DM, die im Juni 1982 auf 200 DM reduziert wurde.[19] Daran änderte sich auch nichts, als Maria Brunnwieser kurz danach vom Apfelbaum fiel und nicht mehr arbeiten konnte. Die Vollstreckungsinstanzen gaben kein Pardon, erst recht nicht, als Brunnwieser im Herbst 1982 die fälligen Ratenzahlungen einfach einstellte. Sie ließen das November- und das Dezembergehalt samt Weihnachtsgeld pfänden[20] und führten damit Rauer und seinem Mandanten nachdrücklich vor Augen, dass mit ihnen nicht zu spaßen war.

Es braucht nicht viel Fantasie, um sich vorzustellen, wie dieser Pfändungsbeschluss auf Max Brunnwieser wirkte. Er kam aus der Falle der Selbstgerechtigkeit, die vor allem seine Rechtsanwälte, Bekannten, die beiden Pfarrer und die Parteifreunde von der CSU ihm gestellt hatten, auch jetzt nicht heraus. Ganz auf sich und den Mythos fixiert, viel eher Opfer als Täter zu sein, sah er in der bayerischen Justiz nur noch Bösewichte am Werke. Die Seinen dachten vermutlich nicht anders, und auch im Freundes- und Bekanntenkreis gab es offensichtlich niemanden, der die Pfändungen verstanden, geschweige denn gebilligt hätte. In Niederthann kochte es. Die Bauern schimpften auf die entrückten Gerichte und fühlten sich in ihrer Meinung bestätigt, dass der kleine Mann nichts weiter als ein Spielball seelenloser Apparate sei, die ihn sogar kurz vor Weihnachten mit ihren Schikanen überzogen.

Rechtsanwalt Rauer griff diese Stimmung Anfang Januar 1983 in einem Schreiben an die Staatsanwaltschaft beim Landgericht München II auf und forderte erneut den alsbaldigen Erlass der restlichen Gerichtskosten. Max Brunnwieser, der durch den Krankenstand seiner Frau und den Tod seiner Schwiegermutter ohnehin schon hart genug geprüft sei, habe die Pfändung schwer getroffen. «Die Familie [...] hat in bitterer und verschämter Armut die Feiertage verbracht. Zur Fürsorge will man nicht gehen. Das tut man als anständiger Bürger nicht.»[21]

Die «Kahlpfändung» in Höhe von 3200 DM sei ein massiver «Aderlaß» gewesen, setzte Rauer am 23. Januar 1983 nach.[22] Die

Familie brauche jetzt eine «gewisse Verschnaufpause mit Ratenzahlungen» und habe diese auch verdient, denn Brunnwieser sei
«ja mehr Opfer als Täter» gewesen. «Diese armen Leute hat es
stark gebeutelt. Das kann nicht Sinn und Zweck der Strafvollstreckung sein. Nicht in einem solchen – außergewöhnlichen –
Tötungsfall, der einen ganzen Landstrich bewegte, und die Obrigkeit und die örtliche Geistlichkeit auf Seiten des Bauern Brunnwieser stand; nicht so natürlich die Justiz.»[23]

Freunde im Landgericht München II machte sich Rauer mit
solchen Seitenhieben auf die volksferne Justiz nicht. Die Staatsanwaltschaft brauchte auch keine Belehrung über Sinn und
Zweck ihrer Arbeit. Sie hob nur den Pfändungsbeschluss auf, be-
kräftigte aber ansonsten ihre früheren Entscheidungen: Brunnwieser musste Monat für Monat 200 DM zahlen und so die restlichen rund 10 000 DM Gerichtskosten abstottern. Dabei blieb es
in den folgenden Jahren. Brunnwieser ließ sich die Pfändung
vom Herbst 1982 eine Lehre sein und kam danach seinen Ver-
pflichtungen regelmäßig und pünktlich nach. Nach der Zahlung
von weiteren 7600 DM wollte ihm die Staatskasse den verbleiben-
den Rest von 2500 DM erlassen.[24]

Dieser bereits 1983 in Aussicht gestellte Nachlass zeigte erneut:
Die von Rauer geschmähte bayerische Justiz kam Brunnwieser
weit entgegen, in den beiden Prozessen sowieso, aber auch mit
der Reduzierung der Haftzeit und am Ende sogar mit einem
großzügigen Geschenk bei den Prozesskosten. Der Zahlungs-
modus, den sie ihm auferlegte, war recht und billig und zog keine
unnötigen Härten für die Familie nach sich. Rauer schoss mit
seinen Armutsberichten an die Staatsanwaltschaft weit über das
Ziel hinaus und machte sich fast lächerlich, als er die Fürsorge als
letzte Rettung ins Spiel brachte – für einen fest angestellten
Schichtführer bei BMW, der jetzt 1800 bis 1900 DM netto verdiente, der zusätzliche Einnahmen aus Verpachtung erzielte,
keine Miete zu zahlen brauchte und dessen Töchter mittlerweile
finanziell auf eigenen Beinen standen.

Mitte der 1980er Jahre legte sich auch in Niederthann die Wut auf die Obrigkeit wieder. Jeder konnte ja sehen, dass die Brunn-wiesers nicht am Bettelstab gingen, sondern ganz gut über die Runden kamen. Eine Spendenaktion wie 1974 war nicht nötig; selbst die engsten Freunde sahen keinen Anlass dafür. Wer den-noch zweifelte, brauchte sich nur an die Beerdigung der Schwie-germutter des Todesschützen zu erinnern, die im Herbst 1982 viel Geld gekostet hatte. Zum Leichenschmaus hatte die Familie mehr als 50 Gäste geladen, denen ein Mittagessen sowie Kaffee und Kuchen aufgetischt wurden.[25] «Verschämte Armut» hatte Rauer das genannt.

Nachdem Ende der 1980er Jahre die letzte Ratenzahlung bei der Strafvollstreckungskasse eingegangen war, schloss die Justiz die Akten über dem Fall Brunnwieser. In den mehr als fünfzehn Jahren seit den tödlichen Schüssen hatten fast immer äußere Im-pulse den Alltag der Familie Brunnwieser bestimmt – die Verhaf-tung, die Gerichtsverfahren, die Haft und schließlich das zähe Ringen um das Geld. Das damit verbundene Wechselspiel von Hoffnungen und Befürchtungen war jetzt zu Ende. Es kehrte Ruhe ein, die aber lange prekär blieb, weil die Schüsse unhörbar nachhallten. Wie hätte es auch anders sein können? Neue Tapeten und sonstige Reparaturen am Haus änderten nichts daran, dass sich hier Schreckliches zugetragen hatte und dass jeder mehrmals täglich durch die Diele ging, in der Anka Denisov verblutet war und Milena Ivanov schwer verletzt gelegen hatte.

In den ersten Tagen nach der Tat hatten sich die Brunnwiesers nicht mehr in ihr Haus getraut. Sie fürchteten die «Rache der Zigeuner»[26] und dachten daran, das Anwesen zu verkaufen und Niederthann zu verlassen. Nichts wie weg und anderswo neu beginnen, schien ihre Devise zu sein. Vielleicht fand sich in Öster-reich eine Bleibe, wo sie Verwandte hatten und wo sie und ihre Geschichte niemand kannte. Vor allem Max Brunnwieser lieb-äugelte mit solchen Plänen, die darauf hinaus liefen, die Uhren anders zu stellen, wenn sie sich schon nicht zurückdrehen ließen. Er wollte einen dicken Trennungsstrich zur Vergangenheit und damit auch sich selbst aus der Verantwortung ziehen.

Die Staatsanwaltschaft bestand auf Inhaftierung und bereitete damit diesen kurzen Wunschträumen ein rasches Ende. Die Brunnwiesers kehrten notgedrungen zurück und richteten sich wieder ein in ihrem Haus, das ihnen fremd und unheimlich geworden war. Maria Brunnwieser, die Ehefrau des Täters, hatte dabei die größten Probleme. Sie blieb unter der Woche tagsüber oft allein in dem Haus ohne Hüter. Das abseits gelegene, verwinkelte Anwesen wirkte auf sie besonders im Herbst und Winter, wenn die Wolken tief hingen und die Nebel sich nicht lichteten, wie eine einzige Drohung; auch die Hunde gaben ihr das frühere Gefühl selbstverständlicher Sicherheit nicht zurück. Die nicht mehr ganz junge Frau befand sich fast immer im Ausnahmezustand. Sie riegelte Haus und Hof ab, achtete auf jedes Geräusch und registrierte jedes Fahrzeug, das vorüberfuhr. Unbekannte Autokennzeichen, harmlose Spaziergänger, Anrufe zu ungewohnter Stunde, sie sah in allem ein böses Omen und eine drohende Gefahr. Die Zigeuner waren los, sie konnten in ihrer überreizten Fantasie überall sein.

Maria Brunnwieser lebte jahrelang auf Schritt und Tritt mit dieser Angst. Auch ihre beiden Töchter fanden nicht leicht in die unbeschwerte Routine früherer Tage zurück. Erika, die älteste, ging in Pfaffenhofen auf das Gymnasium und musste dafür in aller Herrgottsfrühe aufstehen, um den Linienbus zu erwischen, der um 6.15 Uhr fuhr. Ihre jüngere Schwester Christa besuchte die Volksschule in Geisenhausen und absolvierte danach eine Lehre bei BMW in München. Beide kamen oft erst am Nachmittag oder Abend nach Hause zurück und brachten ihre eigenen Sorgen mit, wenn man Rechtsanwalt Rauer glauben darf. Christa, schrieb er 1980 an das Landgericht München II, «hat seit 8 Jahren das Elend der Familie Brunnwieser völlig unschuldig mit durchmachen müssen, ist in der Schule Spießruten gelaufen, hat sich dumm anreden lassen müssen, hat die Not während der Inhaftierungszeiten des Vaters unschuldig erdulden müssen und hat auch die Tage großer seelischer Not dieser kreuzbraven Familie mit auf sich geladen, ohne gefragt worden zu sein, ob ihr das auch passe».[27]

Sorgen über Sorgen, wobei Max Brunnwieser seiner Frau und seinen Töchtern vermutlich keine große Stütze war. Er fuhr täglich zur Arbeit nach München und musste sich in seinen freien Stunden am Abend und am Wochenende um den Hof kümmern. Ein Mann, der sein Herz auf der Zunge trug, war er noch nie gewesen; schon nach dem Tod seines Sohnes hatte er sich mehr und mehr in die Einsilbigkeit zurückgezogen, die jetzt zu seiner zweiten Natur wurde. Dass er sich immer weiter in sich verkroch, spürten nicht nur seine Frau und seine beiden Töchter, die ihn ohnehin nur selten zu Gesicht bekamen. Das spürten auch seine Arbeitskollegen, die mit ihm tagein tagaus in den Bus nach München stiegen. Früher hatte er sich an ihren Gesprächen und Flachsereien beteiligt, er hatte mit ihnen gelacht und geschimpft – nie in einer Hauptrolle, dazu war er von zu langsamem Temperament. Nach seiner Haft saß er meist nur stumm und wie abwesend dabei, kaum ein Zaungast mehr.

Die Nachbarn erlebten ihn nicht anders. Brunnwieser war ein anderer geworden, wie jeder sah und fühlte und noch heute betont: In sich gekehrt sei er gewesen, misstrauisch habe er gewirkt, auf Distanz sei er bei aller Freundlichkeit bedacht gewesen, glücklich habe er nie mehr werden können. Die Ereignisse vom November 1972 waren immer präsent und ließen sich nicht ungeschehen machen. Ganz gleich, ob seine Nachbarn Verständnis für ihn zeigten oder nicht, etwas stand wie eine gläserne Wand zwischen ihnen und ihm. Sie traten innerlich genauso einen Schritt zurück wie er, wenn sie einander begegneten und miteinander sprachen. Befangene Zurückhaltung machte sich auf beiden Seiten breit und wich nicht mehr.

Nicht dass Brunnwieser sich ganz isoliert hätte: Er ging mit seiner Familie wie eh und je in die Kirche, er machte bei den Volksmärschen mit, die in den 1980er Jahren in Mode kamen, und er ließ sich nicht lange bitten, wenn es Jahr für Jahr galt, den Maibaum in der Mitte des Dorfes aufzustellen. Nur bei der anschließenden Feier ließ er sich nicht mehr blicken. Ihm war nicht nach Gesellschaft und Stimmung zumute, er genierte sich für seine

Zeit im Gefängnis und fürchtete wohl auch aufdringliche Nachfragen. Wer wusste denn, ob nicht doch ein besonders Vorwitziger im Rausch die Grenzen des Sagbaren überschritt und sich – mit und ohne Hintergedanken – nach den vier Schüssen vom November 1972, dem Prozess und der Haft erkundigte?

Was hinter ihm lag, war schwer. Brunnwieser verschloss und versiegelte seinen Lebensschrecken in sich. Er sprach mit keinem darüber, und niemand fragte ihn. Er wollte es nicht anders, wollte ganz allein mit seiner Vergangenheit fertig werden oder einfach nur vergessen. Das Dorf half ihm dabei – mit freundlichem Schweigen, das bis zu seinem Tod am 12. August 2019 anhielt. Das Foto auf seinem Sterbebild zeigt einen milden alten Mann mit weichen Zügen, der mit sich im Reinen zu sein scheint. War er es wirklich oder verraten die verschatteten Augen nicht doch Gram und Kummer? Biss ihn noch im Alter das Gewissen? Klagte er sich in schlaflosen Nächten an? Bereute er die Tat? Ging ihm das Schicksal der hinterbliebenen Kinder von Anka Denisov nahe? Dachte er überhaupt je an sie oder blieb er bei seiner irrigen Meinung, er sei das eigentliche Opfer gewesen und Anka und Milena hätten nichts anderes verdient? Brunnwieser gewährte keinen Einblick in seine Gefühle.

Auch seiner Familie nicht? Redete er überhaupt mit ihr? Wie reagierte sie? Half seine Frau ihm, die Schatten der Vergangenheit zu vertreiben? Drängte sie ihn, sich zu öffnen und vielleicht professionelle Hilfe in Anspruch zu nehmen? Wollten seine Töchter mehr von ihm wissen, seine Enkelkinder, die sich alle mit einer Art Erbschuld hätten belasten fühlen können? Machten sie ihm Vorwürfe oder hatten sie Nachsicht mit ihm, weil sie die umlaufenden Geschichten von seiner Unschuld glaubten? War der Name Brunnwieser eine Last für sie? Erika behielt ihn nach ihrer Heirat. Aus Trotz, aus Solidarität mit dem Vater oder aus Stolz auf ihn, der in ihren Augen nichts Böses getan und nur recht und richtig gehandelt hatte, als er schoss? Man weiß es nicht und bleibt mit vielen offenen Fragen zurück.

Der Verstorbene konnte nicht mehr befragt werden, seine 2021 verschiedene Frau ebenso wenig wie seine jüngere Tochter Christa; sie kam schon 1999, noch keine 37 Jahre alt, bei einem Motorradunfall ums Leben. Die übrige Familie will an die weit zurückliegenden Ereignisse nicht mehr erinnert werden und hüllt sich in Schweigen – aus Angst vor dem Schmerz neu aufgerissener alter Narben, aus Sorge um die Zukunft ihrer Nachfahren, die unbelastet aufwachsen sollen, aus Ignoranz oder aus Erleichterung, dass endlich Gras über die Ereignisse gewachsen ist? Das Geheimnis bleibt gewahrt – die Leitung bei Nachfragen stumm.

14

Was bleibt?

Ein großer Scherbenhaufen? Auf jeden Fall eine zerstörte Familie, eine gebrochene Familie und ein Mädchen, das vermutlich nie Kinder bekommen konnte. Sie alle wurden die Tragödie vom 5. November 1972 nie ganz los. Nedelko Slavic, Erika Brunnwieser und Milena Ivanov hätten den verfluchten Herbsttag nur zu gerne aus ihrem Erlebnishorizont getilgt. Ihre Biografien blieben von ihm gezeichnet. Er war für alle drei und ihre Angehörigen die große Zäsur. Mehr als eine ramponierte Normalität hielt ihr Leben danach nicht mehr für sie bereit.

Keine Frage: Die vier Schüsse von Niederthann verursachten familiäre Lebenskatastrophen mit langfristigen Folgen. Sie waren aber zugleich auch so etwas wie ein kollektiver Weckruf, der zunächst nur die Minderheit der Sinti und Roma erreichte, mit einer gewissen zeitlichen Verzögerung aber auch von der Mehrheitsgesellschaft gehört wurde. Laute und leisere Klingelzeichen, die ein Umdenken ankündigten, hatte es in den 1950er und 1960er Jahren immer wieder gegeben. Dass die Situation der Sinti und Roma zum Himmel schrie, dass sie im Dritten Reich fast ausgerottet worden waren und dass die Vorurteile ihnen gegenüber nach 1945 dennoch unvermindert fortlebten und zu massiven Diskriminierungen führten, war kein Staatsgeheimnis, aber doch weit davon entfernt, allgemeines Wissensgut zu sein.

Die Ereignisse von Niederthann und einige Fälle vergleichbarer Art erinnerten an diese Klingelzeichen und verstärkten sie. Ihr Echo war im Fernsehen zu hören, die große und die kleine

172

Presse trugen es weiter und machten es zu einem wichtigen Katalysator eines Umorientierungsprozesses, der in den 1980er Jahren zwar nicht zur Akzeptanz und Gleichstellung der Sinti und Roma in der deutschen Gesellschaft führte, aber einen bemerkenswerten Teilerfolg markierte. Ihr Los besaß jetzt Farbe und ein Gesicht – das Gesicht der 18-jährigen, hochschwangeren Anka Denisov, deren Tod nur die Verstocktesten gleichgültig ließ.

Die offensichtliche Wirkung dieses aufrüttelnden Bildes und der Ereignisse vom November 1972 als Katalysator ist ebenso schwer zu taxieren wie die subkutane. Wer sich prüfte, umdachte und im Kontakt mit Sinti und Roma anders sprach und handelte als zuvor, legte meist keine Rechenschaft über seine Motive ab. Purer Zufall dürfte es aber auch nicht gewesen sein, dass sich Anfang der 1980er Jahre keine fünfzig Kilometer von Niederthann entfernt wie in einem Brennglas zeigte, dass etwas in Bewegung geraten war, selbst in der bayerischen Provinz, die von der großen urbanen Presse nur zu gerne als exotischer Hinterwald ohne Entwicklungsperspektive beschrieben wurde. Neun Jahre nach den Schüssen auf Anka Denisov machte das niederbayerische Hohenthann im Landkreis Landshut von sich reden. «Eine Gemeinde bittet um Gnade für Sinti-Frau», titelte die Süddeutsche Zeitung am 4./5. Juli 1981. Was war geschehen, dass sich ein Dorf mit einer Sintiza solidarisierte, anstatt sie davonzujagen?

1978 siedelte sich eine Sinti-Familie in dem siebzehn Kilometer nördlich von Landshut gelegenen Dörfchen Weihenstephan an, das zur Gemeinde Hohenthann gehörte. Nicht gerade zur Freude der 250 Einwohner und namentlich der Nachbarn, die der seit Langem von ihrem Mann getrennt lebenden Sintiza Irena Reinberger[1] und ihren sechs Kindern im Alter von drei bis 12 Jahren mit großer Skepsis begegneten und sich in ihren Bedenken gegen Sinti und Roma bestätigt fühlten, als sie Genaueres über das Vorleben der Familie erfuhren: Der Mann saß in Haft, und die Frau hatte eine stattliche Reihe von siebzehn Delikten auf dem Kerbholz, die ihr bereits einige Geldstrafen und sechs Bewährungsstrafen eingetragen hatten, und sah einem weiteren Prozess entgegen.[2] Der Bürgermeister, Fritz Rauchenecker von der CSU, hatte dennoch Mitleid mit der knapp 30-Jährigen, die den glaubhaften Eindruck erweckte, sie wolle ein neues Leben beginnen. Er trat dem murrenden Volk in seinem Ort entgegen und besorgte der Neubürgerin, die zuvor immer in einem Wohnwagen gelebt hatte, sogar ein kleines Haus. Der Erfolg gab ihm recht. Die Familie fand sich rasch gut zurecht, eines der Kinder schloss sich sogar dem Schützenverein an und brachte es dort zu Meisterehren.

Schwierig wurde es für die Sinti-Familie, als Irena Reinberger im Sommer 1979 vor dem Landgericht Traunstein erscheinen musste, das sie wegen fortgesetzter Hehlerei in Tatmehrheit mit Diebstahl in einem besonders schweren Fall zu einer Strafe von zwei Jahren und 10 Monaten verurteilte. Rechtskräftig wurde das Urteil nach einem gescheiterten Revisionsverfahren vor dem Bundesgerichtshof im November 1980, Anfang Januar 1981 sollte die Strafe in der Justizvollzugsanstalt Aichach angetreten werden.

Irena Reinberger akzeptierte die Freiheitsstrafe, bat aber, erst im Sommer 1981 in Aichach einrücken zu müssen, wenn ihre älteste Tochter aus der Schule komme und auf ihre Geschwister aufpassen könne. Der Verband Deutscher Sinti, schrieb sie in einem «Bittgesuch» an das Landgericht Traunstein, werde sich um eine Sintiza kümmern, die ihre Kinder «nach unserem Brauchtum» erziehen könne. Eine Unterbringung in einem Heim oder bei «Nicht-Sintis» würde ihre «Kinder unserem Volk entfremden» und komme deshalb in ihren Augen nicht in Frage.[3]

Unterstützung fand dieses Bittgesuch bei der Gemeinde Hohenthann, die erneut bewies, dass ihr nicht nur das Wohl der «normalen» eingesessenen Bürger am Herzen lag. Sie wandte sich direkt an das Landgericht Traunstein und versicherte: «Es darf von hier aus mitgeteilt werden, daß keinerlei Beschwerden über die Familie Reinberger an uns herangetragen wurden und daß der Prozeß der Eingliederung als gut gelungen anzusehen ist.»[4] Nachdem auch der Rechtsanwalt der Verurteilten die missliche Lage der unbetreuten Kinder unterstrichen hatte, trug die Staatsanwaltschaft des Landgerichts den besonderen Lebensumständen von Frau Reinberger Rechnung und willigte kurz vor Weihnachten in eine Haftverschiebung bis Anfang August 1981 ein.[5]

Mehr als eine Atempause gewann die Sinti-Familie damit aber nicht, denn schon im Frühjahr 1981 stellte sich heraus, dass Irena Reinberger nicht ganz im Bilde gewesen war, als sie den Schulabschluss ihrer ältesten Tochter prognostiziert hatte. Die Wahrheit war: Das Mädchen musste noch zwei Jahre die Schulbank drücken und stand erst Mitte 1983 als Erziehungshilfe zur Verfügung.[6] Der Mutter blieb deshalb keine andere Wahl, als erneut um einen Aufschub der Strafvollstreckung zu bitten – diesmal um zwei Jahre.

Ihren stärksten Verbündeten hatte sie dabei im Verband Deutscher Sinti, der seine frühere Zurückhaltung über Bord warf und sich so entschieden für Irena Reinberger einsetzte, wie es wenige Jahre zuvor noch kaum vorstellbar gewesen war. Ranco Brantner, einer aus der Führungsriege des Verbandes, nahm sich persönlich des Falles an. Er reiste nach Hohenthann, inspizierte die Lage der Familie und schrieb dann einen Brief an das bayerische Justizministerium, in dem er Worte fand, die selbst hartherzigen Beamten unter die Haut gehen mussten. Irena Reinberger sei überall als «sogenannte Zigeunerin von ihren Mitbürgern verstoßen» worden, sie fühle sich als «Mensch zweiter Klasse» und sei fest entschlossen, ein «neues, sauberes, straffreies Leben» zu beginnen.[7]

Wenn nicht alles täuscht, war das Justizministerium nicht ganz taub gegenüber der Bitte um einen weiteren Aufschub, zumal auch die Gemeinde Hohenthann das Gnadengesuch wärmstens unterstützte. Frau Reinberger sei mit ihren «Kindern in die Dorfgemeinschaft aufgenommen» worden, sie würden von der «Gemeinschaft wie eingesessene Mitbürger behandelt».[8] Allein die Staatsanwaltschaft in Traunstein ließ sich nicht erweichen. Sie lehnte einen weiteren Strafaufschub mit Argumenten ab, die sich in ihrer Voreingenommenheit selbst entlarvten. Ein nochmaliges Entgegenkommen, betonte die Staatsanwaltschaft, lasse «Unverständnis bei der rechtstreuen Bevölkerung besorgen, das dann letztlich in Abneigung gegen Minderheiten mit Sondervorteilen umschlagen könnte».[9]

Irena Reinberger musste Ende Oktober 1981 also den Weg in die Justizvollzugsanstalt Aichach antreten. Auch die Tatsache, dass sie erneut schwanger war, bewirkte keinen Sinneswandel. Selbst ein Appell des Sozialdienstes Katholischer Frauen e. V. München, Frau Reinberger zumindest für die Geburt in ein Krankenhaus ihrer Wahl nach Landshut zu entlassen, blieb ohne Folgen. Sie sei nervlich angeschlagen und leide unter der Trennung von ihrer Familie, schrieb der Sozialdienst, der dem Fall auch noch eine historische Tiefendimension gab. Die Familie Reinberger habe im Dritten Reich sehr viel durchgemacht. Irena habe das «Gefühl, daß sie auch in unserem Staat noch immer diskriminiert ist».[10]

Es half alles nichts. Jasmin, das siebte Kind der Sintiza, kam im April 1982 in Aichach auf die Welt – und das obwohl sich die Schwangerschaft schwierig gestaltete und zeitweise sogar die Gefahr einer Fehl- oder Frühgeburt bestand. Der Sozialdienst Katholischer Frauen und der Verband Deutscher Sinti kümmerten sich vor und nach der Niederkunft ständig um Irena Reinberger. Ranco Brantner besuchte sie im Gefängnis, er besorgte ärztliche Atteste, um eine Haftentlassung zu bewirken, und mobilisierte erneut die Gemeinde Hohenthann, die es tatsächlich nicht an Unterstützung fehlen ließ. Eine Wende brachte aber erst die Intervention des Leiters der Haftanstalt, der im Oktober 1982 der Staatsanwaltschaft Traunstein eindringlich nahelegte, Gnade vor Recht ergehen zu lassen. Die Verurteilte, schrieb er, sei während ihres einjährigen Gefängnisaufenthaltes nur positiv aufgefallen, sie habe wiederholt Urlaub und Ausgang erhalten und sei immer rechtzeitig zurückgekehrt. Sie sei depressiv, verschlossen und vermisse ihre Kinder.[11]

Da auch der Staatsanwalt in Traunstein nun einem Gnadenerweis nicht mehr entgegentrat,[12] setzte das Justizministerium die Vollstreckung der Strafe – bei einer Bewährungsfrist bis November 1986 – aus.[13] Irena Reinberger durfte zu ihrer Familie nach Hohenthann zurück, wo es anscheinend nicht wenige gab, die sich über die Familienzusammenführung freuten. Hohenthann war nicht Niederthann, wo sich keine Hand für die Roma gerührt hatte. Der niederbayerische Ort bewies Zivilcourage und sprang damit über den Schatten der auch dort vorhandenen Vorurteile und Ressentiments. Den Ausschlag gaben mutige Einzelne, vor allem der Bürgermeister, der für seinen toleranten Kurs kämpfen musste, schließlich aber doch genügend Unterstützung fand – im Gemeinderat und vermutlich auch in der örtlichen Zivilgesellschaft, die sich für die Schicksale und Anliegen von Minderheiten zu interessieren begann.

Der Bürgermeister musste für seinen Kampf viel einstecken. Nachdem eine Münchner Boulevardzeitung den Fall bereits vor der Entscheidung des Gerichts aufgegriffen hatte, erhielt er Morddrohungen von anonymen Briefschreibern und Anrufern, die sein humanitäres Engagement für Sinti mit scharfen Worten geißelten. Rauchenecker, nach Statur und Auftreten ein «gestandenes Mannsbild»,[14] knickte deshalb nicht ein. Verunsichert war er aber schon, zumindest so sehr, dass er es sich zweimal überlegte, ob er den Gemeinderat noch einmal überreden sollte, sich für die Sintiza einzusetzen. Am Ende blieb er seiner Linie ebenso treu wie seine Mitstreiter vor Ort, die damit ein beeindruckendes Stück Ortsgeschichte schrieben und ein selbst überregional beachtetes Beispiel gaben, dass man mit Sinti und Roma auch anders umgehen konnte als in Niederthann und in der Vergangenheit.

Die Presseberichterstattung Anfang der 1980er Jahre zeigt: Hohenthann war ein Sonderfall, bei dem aber politische und mentale Entwicklungstendenzen zutage traten, die überall zu beobachten waren und nach und nach das Klima in vielen Städten und Gemeinden beeinflussten, partiell zumindest. Die Windrichtung des Zeitgeistes hatte sich gedreht und mit ihr die Aufmerksamkeitsökonomie der politischen Parteien, der Verbände und vieler Einzelner gewandelt, die nun mit anderen Augen auf die Welt blickten.

Dieser Wandel machte sich auch am Beispiel der Sinti und Roma bemerkbar, die Ende der 1970er Jahre neues Selbstbewusstsein gewannen und sich zunehmend lauter vernehmen ließen. Nach den Schüssen in Niederthann war ihre Stimme kaum zu hören gewesen. In ihren Kreisen wusste man zwar genau, was in dem oberbayerischen Dorf geschehen war. Ein energischer Protest oder gar ein Aufschrei blieb aber aus – es war, als schrien sie nach innen. Als Irena Reinberger 1981 in das Gefängnis einrücken sollte, war von dieser Scheu nichts mehr zu spüren. Ranco Brantner meldete sich sofort lautstark zu Wort, er mobilisierte die Presse und pochte darauf, die Sintiza auf freiem Fuß zu belassen.

Dieser beherzte Einsatz war kein Zufall, sondern Symptom eines Emanzipations- und Selbstfindungsprozesses auf Seiten der Sinti und Roma, der in den 1970er Jahren zunehmend größere Dynamik erlangte.[15] Dass sich die Sinti und Roma nicht mehr alles gefallen ließen, hatte viele Gründe, die freilich nur schwer zu gewichten sind: die neue internationale Sensibilität für Menschenrechts- und Minderheitenfragen, die auch vor den Vereinten Nationen verhandelt wurden, das Vorbild von Bürgerrechtsbewegungen in anderen Ländern, vor allem aber der parallele generationelle Umbruch bei den Sinti und Roma und in der Mehrheitsgesellschaft. Hier trat in den 1970er Jahren die Generation der Opfer in den Hintergrund, dort die der Täter, die gerade beim Thema Zigeuner mehr als verstockt gewesen war. Viele jüngere Mehrheitsdeutsche ließen sich von dem überall grassierenden Reform- und Modernisierungselan ergreifen und gewannen langsam auch ein ehrlicheres Verhältnis zum Dritten Reich, namentlich zu den schauerlichen Verbrechen, die Deutsche begangen, aber vielfach verdrängt und verschwiegen hatten. Dabei gerieten neben den Strukturen des NS-Regimes und den tödlichen Utopien der Nazis langsam auch die Opfer des Nationalsozialismus in den Blick – längst nicht alle und längst nicht bei allen. Aber immerhin: Der Boden war bereitet, als die Jungen unter den Sinti und Roma mit Romani Rose an ihrer Spitze die Führung des Verbandes Deutscher Sinti übernahmen und mit neuer

Entschlossenheit auf die viel zu lange vergessenen Opfer aus ihren Reihen aufmerksam machten und ihr Recht verlangten.

Die ältere Generation der Sinti reagierte skeptisch auf solche Forderungen. Von Einzelnen wie den Brüdern Oskar und Vinzenz Rose abgesehen, hatte sie nach den Erfahrungen im Dritten Reich, den Enttäuschungen bei der Wiedergutmachung und angesichts der fortdauernden Diskriminierungen den letzten Mut verloren und darauf verzichtet, ihre Interessen öffentlich zur Geltung zu bringen. Sie hatte sich geduckt, ihre Kultur vernachlässigt, vielfach sogar ihre Identität verleugnet, um keinen Anstoß zu erregen. Über ihr bitteres Los im Dritten Reich und die vielen Verluste in ihren Familien sprachen die Älteren wenig, schon gar nicht im größeren Kreis.

Sehr zum Leidwesen ihrer Söhne, die bei allem kulturell gebotenen Respekt gegenüber den Alten diesen Formen der Leisetreterei mit immer größerer Skepsis begegneten, ehe sie ganz mit ihnen brachen. Romani Rose und seine Mitstreiter aus der jungen Generation verfolgten andere Ziele als ihre Väter, für sich und ihre eigenen Kinder, die nicht mehr an den Rändern der Gesellschaft aufwachsen und immer und überall den Nadelstichen der verächtlichen schiefen Blicke ausgesetzt sein sollten. Sie bestanden auf Chancengleichheit und aktive gesellschaftliche Teilhabe, bekannten sich aber zugleich dazu, Sinto oder Rom zu sein, weil sie stolz waren auf ihre Sprache und Kultur, die sie vor dem allmählichen Untergang im Zeichen der Assimilation bewahren wollten. Viel Zeit blieb dafür nicht mehr, die Auflösungserscheinungen waren nicht zu übersehen;[16] wer sprach denn noch fließend Romanes außer den Alten?

Eines vor allem stand ihnen klar vor Augen: Sie mussten die Vereinzelung in ihren Familien und Gruppen überwinden und sich zu einem schlagkräftigen Interessenverband zusammenschließen, der für alle sprechen und nicht mehr so leicht ignoriert werden konnte. Die Gründung des Verbandes Deutscher Sinti war dazu nur der erste Schritt gewesen, weitere mussten folgen, auch wenn die ältere Generation darin nicht weniger als einen

Traditionsbruch erblickte. Als Vorbild diente ihnen dabei nicht nur der Zentralrat der Juden in Deutschland, der es mit seinem Präsidenten Werner Nachmann an der Spitze verstand, die Verfolgungsgeschichte der Juden im öffentlichen Diskurs zu verankern und deren aktuelle Nöte und Sorgen so vehement zu thematisieren, dass sie Gehör fanden.

Eine ähnlich große Attraktivität entfaltete für die jüngere Generation die Sammlungsbewegung der Sinti und Roma auf transnationaler Ebene, die schon Ende der 1960er Jahre den Europarat bewog, sich der misslichen Lage der Sinti und Roma in Europa anzunehmen und Empfehlungen zur Beseitigung der sozialen Misere vorzulegen. Höhepunkt dieser Kampagne zur Stärkung der inneren Kohäsion und äußeren Sichtbarkeit waren 1971 der erste Welt-Roma-Kongress in London und 1978 die Gründung der Romani Union, die auf den zweiten Welt-Roma-Kongress in Genf zurückging und bereits ein Jahr später als konsultatives Mitglied in den Wirtschafts- und Sozialrat der Vereinten Nationen aufgenommen wurde.[17]

Romani Rose war in New York dabei, als die Romani Union den Ritterschlag der höchsten internationalen Anerkennung erhielt. Er stand mit der Union und den Organisatoren der Weltkongresse schon seit Längerem in Kontakt und hatte den Verband Deutscher Sinti sogar in die Romani Union geführt. Nach New York fühlte er sich in seinem Kurs internationaler Vernetzung bestätigt, der so rasch so große Erfolge zeitigte. Jeder Fortschritt auf der Weltbühne strahlte auf den Verband Deutscher Sinti zurück und gab ihm Auftrieb.

Ähnliches galt für die Partnersuche auf der nationalen Ebene, die Rose mit der gleichen Intensität betrieb. Er sprach mit Vertretern der politischen Parteien, suchte den Austausch mit den beiden großen Kirchen und knüpfte Verbindungen mit dem Zentralrat der Juden in Deutschland. Besonders vielversprechend erwies sich von Beginn an die Fühlungnahme mit Menschenrechtsorganisationen und hier vor allem mit der Gesellschaft für bedrohte Völker e. V., die sich mit ihrem Engagement für die «Rechte unterdrückter Minderheiten und Opfer genozidaler Gewalt in dekolonisierten Staaten» einen Namen gemacht hatte und von dem Journalisten Herbert Riehl-Heyse nicht umsonst das «unparteiische Weltgewissen» genannt wurde.[18]

Erste Spuren einer konzertierten Aktion finden sich bereits Mitte der 1970er Jahre, als die Gesellschaft für bedrohte Völker ihre Aufmerksamkeit auf innenpolitische Defizite zu richten begann und dabei auf die Sinti und Roma in Deutschland stieß. Sie sammelte Material über eines der «brennende[n] Minderheitenprobleme»[19] der Bundesrepublik und kontaktierte politisch aktive Sinti wie Romani Rose und die Romani Union, die sich um diese Zeit anschickten, ihr Schicksal in die eigenen Hände zu nehmen, dabei aber immer wieder rasch an die Grenzen ihrer finanziellen und organisatorischen Möglichkeiten stießen. Die Gesellschaft für bedrohte Völker sprang genau hier ein: Sie besaß Geld, ein Netzwerk an einflussreichen Sympathisanten und vor allem Erfahrungen, wie man Kampagnen organisierte, die «einschlugen».

Die Botschaften, auf die sich die Gesellschaft für bedrohte Völker mit der Romani Union und den deutschen Sinti verständigte, waren an die Bundesregierung adressiert und wurden im Dezember 1979 in der Wochenzeitung Die Zeit publiziert.[20] Das Memorandum genannte Dokument, im Grunde die Magna Charta der Sinti und Roma, traf den Nerv der 1970er Jahre. Es stieß auf eine moralisch aufgewühlte deutsche Gesellschaft, die mit ihrer Geschichte langsam auch ihr Gewissen entdeckte und sich so reumütig wie bußfertig fühlte. Das Memorandum schien vielen Deutschen die Augen zu öffnen für die Sinti und Roma als Opfer eines Völkermords mit 500 000 Toten, von denen bis dahin niemand Kenntnis genommen hatte, und als ausgegrenzte Minderheit, von der nicht wenige am Rande von Müllhalden und Kläranlagen leben mussten – immer jenseits des Existenzminimums, permanent in ihrer eigenständigen Sprache und Kultur bedroht und ständig üblen Diskriminierungen ausgesetzt. Und warum? Weil die Gesellschaft taub gewesen war und die Politik die Augen verschlossen und geschwiegen hatte, anstatt über die unerhörten Verbrechen an den Sinti und Roma aufzuklären, ihnen durch großzügige Wiedergutmachung materiell auf die Beine zu helfen und sie als nationale Minderheit anzuerkennen, damit der Kreislauf der ewigen Herabsetzungen durchbrochen werden konnte, die ihnen auch nach dem Zweiten Weltkrieg das Leben so sauer machten.

Solche Botschaften wurden durch zahlreiche Informations- und Gedenkveranstaltungen, durch Plakataktionen und größere und kleinere Publikationen unter die Leute gebracht. Sie rüttelten zumal dann auf, wenn sie in klare Parolen gegossen wurden. «Holocaust heißt auch die Vernichtung von 500 000 Zigeunern im Dritten Reich», stand auf Plakaten der Gesellschaft für bedrohte Völker zu lesen, «In Auschwitz vergast, bis heute verfolgt», lautete der Titel eines Sammelbandes, der 1979 in der Reihe rororo aktuell erschien und rasch zum Bestseller avancierte.

Sinti und Roma waren jetzt nicht zuletzt deshalb in vieler Munde, weil ein prominenter Jude das Vorwort zu dem Rowohlt-Band beisteuerte: der Emigrant und Philosoph Ernst Tugendhat, der seinen kleinen Beitrag mit einem Paukenschlag eröffnete: «Von ihrem Schicksal her sind Zigeuner und Juden Geschwister.» Er meinte damit vor allem «die Endlösung der physischen Vernichtung», der Juden wie Zigeuner aus rassischen Gründen zum Opfer gefallen seien. Heute sei der Albtraum für die Juden in der Bundesrepublik vorbei, für die Zigeuner hingegen keineswegs. «Im Dritten Reich galten wir Juden als Untermenschen. Die Zigeuner werden noch heute als Untermenschen zwar nicht offen bezeichnet, aber empfunden und behandelt.»[21]

Das war starker Tobak, aber ebenso wirkungsvoll wie die «erste deutsche und europäische Gedenkkundgebung»[22] zum Völkermord an den Sinti und Roma im Oktober 1979 auf dem Gelände des ehemaligen Konzentrationslagers Bergen-Belsen. Diese Veranstaltung stand schon wegen der Wahl des Ortes ganz im Zeichen der «Parallelisierung des Verfolgungsschicksals von Sinti und Roma mit der Shoah».[23] Dafür bürgte auch die Hauptrednerin Simone Veil, die als Jüdin, Überlebende von Auschwitz und Präsidentin des Europaparlaments den Anliegen der Sinti und Roma die erforderliche Aufmerksamkeit verschaffte. «Alle waren dem gleichen Schicksal unterworfen, die meisten von ihnen waren Juden und Zigeuner», betonte Veil,[24] die Bergen-Belsen nur zu gut kannte; sie war dort inhaftiert gewesen und ihre Mutter dort ums Leben gekommen.

Das Fernsehen und alle einflussreichen Zeitungen berichteten über Simone Veil und die Gedenkkundgebung in Bergen-Belsen, alle mit positiver Konnotation und viele mit Verweis darauf, dass die Aktion der Sinti auch den Beifall der großen Politik fand. Die Vorsitzenden von SPD und FDP, Willy Brandt und Hans-Dietrich Genscher, hatten Botschaften geschickt. Die CDU war mit dem stellvertretenden Ministerpräsidenten von Niedersachsen vertreten, der im Auftrag seines Regierungschefs Ernst Albrecht und von Helmut Kohl, dem Vorsitzenden der Partei, ein Grußwort sprach. Und die Bundesregierung hatte Staatssekretär Björn Engholm nach Bergen-Belsen entsandt, der vor 2000 Besuchern bekannte, im Dritten Reich sei ein «unfaßbarer Massenmord» an Sinti und Roma begangen worden.[25]

Von dem neuen Selbstbewusstsein der Sinti und Roma zeugte auch der Hungerstreik in der KZ-Gedenkstätte Dachau zu Ostern 1980, den der Verband Deutscher Sinti ohne die Schützenhilfe der Romani Union und der Gesellschaft für bedrohte Völker allein organisierte und der Bergen-Belsen in puncto Publizität noch weit übertraf. Anlass des Streiks an diesem symbolträchtigen Ort war ein schon länger schwelender Streit mit dem bayerischen Innenministerium. Dabei ging es um die skandalumwitterte Landfahrerzentrale beim bayerischen LKA und die «Zigeunerakten» aus der NS-Zeit, die dort nach 1945 ergänzt und anscheinend noch immer genutzt und aktualisiert wurden. Der Verband Deutscher Sinti sah darin einen Verstoß gegen das Grundgesetz, und nicht nur das: Er fühlte sich an die «Erfassungsmethoden des Dritten Reiches» erinnert und schreckte selbst vor der Behauptung nicht zurück, die «Nachkriegsnazis im LKA» hätten die

Wiedergutmachung verfolgter Sinti und Roma gezielt torpe-
diert.[26] Romani Rose und seine Mitstreiter forderten deshalb die
«sofortige Überstellung» dieser Akten an das Bundesarchiv in
Koblenz, um sie «einer weiteren unerlaubten Behördenbenut-
zung zu entziehen».[27] Außerdem verlangten sie eine Distanzie-
rung des Innenministers von der «Sondererfassungspraxis der
Kriminalpolizei» und eine öffentliche Rehabilitierung der Sinti
und Roma, die sich zu Unrecht pauschal als Kriminelle diffamiert
fühlten.[28]

In der bayerischen Regierung gab es so gut wie niemanden,
der die Forderungen der Sinti und Roma ernst genommen, geschweige denn akzeptiert hätte – Innenminister Gerold Tandler
von der CSU am wenigsten. Er schaltete auf stur und wurde
immer sturer, als er seine Kriminaler als Nazis an den Pranger gestellt sah. Eine Lösung war nicht in Sicht, die Fronten verhärteten
sich sogar weiter, als Romani Rose einen Hungerstreik auf dem
Gelände des ehemaligen Konzentrationslagers Dachau organisierte.

Dort versammelten sich zu Ostern 1980 zwölf Sinti und eine
Münchner Sozialarbeiterin und erklärten, so lange zu hungern,
bis die bayerische Staatsregierung einlenkte – wenn es sein müsse
bis zum bitteren Ende. Drei Streikende trugen gestreifte Häft-
lingsanzüge, sie waren selbst im KZ gewesen und verliehen schon
durch ihre bloße Präsenz den Forderungen der Sinti eine besondere moralische und historische Dignität. Wirkungsvollere Bilder
gab es nicht, Romani Rose wusste genau, was er tat und wie es
wirkte, wenn er sagte: «Dachau hat bis heute kein Ende genommen, wir werden tagtäglich verfolgt und diskriminiert.»[29] Er war
dem Status des Schützlings und Lehrlings der Gesellschaft für bedrohte Völker längst entwachsen und erwies sich als Meister der
Inszenierung, die trotz eines gewissen Furors authentisch wirkte,
weil sie reale Versäumnisse und Missstände ansprach, die längst
hätten behoben werden müssen.

Der Hungerstreik dauerte vom 4. bis zum 11. April – sieben
Tage und Nächte voller Dramatik, die sich unter den Augen zahl-

reicher Reporter und Besucher von Stunde zu Stunde steigerte, weil die Beamten des Innenministeriums nicht nachgaben und weil sich der Gesundheitszustand der Streikenden zusehends verschlechterte. Ranco Brantner, der als 14-Jähriger zwangssterilisiert worden war, erlitt zwei Herzattacken und musste in das Dachauer Krankenhaus gebracht werden, wo er weiter hungerte, sodass mit dem Schlimmsten gerechnet werden musste. Eine fatale Perspektive – der Imageschaden für Bayern und den Bund wäre immens gewesen, wenn einer der Streikenden sein Leben gelassen hätte.

Es war deshalb kein Wunder, dass bald hektische Vermittlungsversuche gestartet wurden (nicht zuletzt von Joseph Kardinal Ratzinger und Landesbischof Johannes Hanselmann[30]), die schließlich auch die bayerische Staatsregierung bewogen, ihren Kurs des Aussitzens zu überdenken und den Forderungen der Sinti so weit entgegenzukommen, dass sie den Hungerstreik abbrachen. Das Innenministerium versprach Aufklärung über den Verbleib der Akten und die Prüfung von zweifelhaften Wiedergutmachungsfällen. Und der Landtag verpflichtete sich, den strittigen Fragen hinsichtlich der Landfahrerzentrale nachzugehen und überhaupt alles zu tun, um den notwendigen «Abbau von Vorurteilen und Diskriminierungen» voranzutreiben.[31]

Viel war das nicht. Romani Rose hatte in der Sache tatsächlich kaum etwas erreicht, auf das Ganze gesehen aber doch alles gewonnen, waren seine zentralen Anliegen doch jetzt buchstäblich in der Welt. Die großen amerikanischen Zeitungen berichteten ebenso über den Hungerstreik wie die großen europäischen, von den deutschen ganz zu schweigen. Auch das internationale und nationale Fernsehen nahm sich des Themas an, mehrmals und immer mit dem Hinweis, dass Solidaritätsadressen aus aller Welt bei den Streikenden eingetroffen seien – unter anderem von Heinrich Böll, Willy Brandt, dem Geigenvirtuosen Yehudi Menuhin und dem Hollywood-Schauspieler Yul Brynner, der selbst ein Rom war.

Auch die Bundesregierung verfolgte den Hungerstreik mit «besorgter Aufmerksamkeit»[32] und viel Empathie, die vor allem

Justizminister Hans-Jochen Vogel als einer der ersten prominenten Politiker aufbrachte. Er ließ es sich nicht nehmen, die Streikenden in Dachau zu besuchen und ihnen Respekt zu zollen. Er
habe selten erlebt, dass eine kleine Gruppe «so viel bewirkt und
in Bewegung gesetzt» habe. Auch ihm sei der Begriff Zigeuner
ganz selbstverständlich über die Lippen gegangen. Er habe erst
jetzt verstanden, betonte er im Gespräch mit den Streikenden,
«was es für Sie bedeuten muss, sich ‹Sinto› zu nennen».[33]

Vogels Präsenz unterstrich es erneut: Die Geschichte der Bundesrepublik kennt nicht viele Beispiele, dass es einer Gruppe –
mit welchen Anliegen und Zielen auch immer – binnen so kurzer
Zeit gelang, ein solches Maß an Aufmerksamkeit und Zustimmung zu gewinnen. Die Sinti und Roma waren 1979 keine «vergessenen Opfer» mehr, sie hatten sich – medial zumindest – von
diesem Etikett emanzipiert und pochten nun mit immer größe-
rem Erfolg auf ihre Rechte und einen neuen Namen, der ihrem
Selbstwertgefühl entsprach: Sinti und Roma, anstatt Zigeuner,
um einen Trennungsstrich zu einer Jahrhunderte währenden Geschichte voller Demütigungen und Diskriminierungen zu ziehen.
Sie wollten selbst bestimmen, wie sie hießen.

Der CSU gingen diese Ambitionen viel zu weit. Der Konflikt
um den Hungerstreik zeigte erneut, dass sich keine Partei mit
den Sinti und Roma schwerer tat als die Christlich-Soziale Union.
Der erwähnte Fritz Rauchenecker bildete mit den CSU-Gemein-
deräten aus Hohenthann eine Art Vorhut in seiner Partei. Der
Bürgermeister stellte sich demonstrativ vor eine Sinti-Familie
und legte sich dabei auch mit einem Teil seiner konservativen
Wählerschaft an. Rauchenecker löste sich damit aus überkomme-
nen Ressentiments und Feindbildern, die 1972 seinen Kollegen
Max Elfinger aus Schweitenkirchen noch so beherrscht hatten,
dass er sich vorbehaltlos mit Max Brunnwieser solidarisierte und
Zigeuner fast in toto verteufelte.

Die CSU erlebte in den siebziger Jahren zwar eine ihrer vielen
Mutationen. Diese gaben ihr aber nur in puncto Organisation
und Effizienz ein modernes Gepräge, während programmatisch

noch lange traditionelle Gesellschaftsbilder prägend blieben. Gerade mit den Anliegen gesellschaftlicher Minderheiten wie der Homosexuellen und auch der Sinti und Roma hatte die Mehrheit der Christlich-Sozialen Union ungleich größere Probleme als andere Parteien, die solche Anliegen bereits einige Zeit früher thematisiert hatten.

Viele in der CSU dachten noch immer so, wie Elfinger und seine Parteifreunde in Schweitenkirchen gedacht hatten. Gewiss, die bayerische Staatspartei und die bayerische Staatsregierung ließen die Sinti und Roma nach dem Hungerstreik in Dachau nicht ganz abblitzen. Auch die CSU bewegte sich, aber nur langsam und widerwillig – jedenfalls ohne innere Überzeugung, wie die Landtagsdebatte bewies, die den Ereignissen in Dachau folgte. Die bayerische SPD machte im Maximilianeum ihrem Ruf als Vorkämpferin für die Sinti und Roma alle Ehre. Der Abgeordnete Joachim Schmolcke, der schon in Dachau dabei gewesen war, setzte sich besonders vehement für die Minderheit ein. Er rekapitulierte die Ausgrenzungsgeschichte der Sinti und Roma seit dem Mittelalter, geißelte ihre Verfolgung und Vernichtung im Dritten Reich und fand deutliche Worte der Kritik an den vielfältigen Diskriminierungen, denen Sinti und Roma auch noch nach 1945 ausgesetzt waren. Er und seine Genossen forderten mit Blick auf diese seit jeher drangsalierte und geächtete Minderheit eine radikale Kehrtwende der bayerischen Politik und gaben dafür ambitionierte Ziele vor. Sie verlangten eine große Bildungsoffensive für die junge Generation der Sinti und Roma und ein Kultur- und Dokumentationszentrum in Dachau,[34] wobei sie hier ein zukunftsweisendes Projekt übernahmen, das die organisierten Sinti selbst vorgeschlagen hatten. In den zurückliegenden Jahrzehnten sei es zu «einer weitgehenden Zerstörung der vielfältigen und seit Jahrhunderten mündlich überlieferten Sinti-Kultur» gekommen. Die übrig gebliebenen Reste dieser Kultur und Lebensgewohnheiten drohten in der «modernen, gleichmacherischen Industriegesellschaft abzubrechen und vergessen zu werden». Das geforderte Zentrum sollte diesen fatalen Tendenzen in Zusammenarbeit mit internationalen Experten entgegenwirken und außerdem «besonders begabte junge Sinti in ihren musischen und künstlerischen Neigungen» fördern, sie «als Journalisten, Lehrer, Autoren, Rechtsberater usw.» ausbilden, «um künftig die Anliegen dieses Volkes im politischen Alltag besser vertreten und den Dialog mit den Behörden der verschiedenen Ebenen direkter führen zu können».[35]

Eine Mehrheit fand Schmolcke für seine engagiert vorgetragene Initiative nicht. Er scheiterte an der CSU, die ein Schwergewicht in die Landtagsdebatte schickte: das Mitglied der Fraktionsführung Richard Hundhammer, der drei Jahre zuvor als Beisitzer des Landgerichts München I an dem überaus milden Urteil im Fall Brunnwieser beteiligt gewesen war. Hundhammer betonte zwar, dass es im bayerischen Landtag niemanden gebe, der das «Unrecht, das auch an Zigeunern im Dritten Reich verübt worden ist», nicht verurteile. Auch er und die CSU seien der Meinung, dass in der KZ-Gedenkstätte Dachau «auch die Verfolgung der Zigeuner im Dritten Reich in angemessener Weise dokumentiert wird». Der Sohn des legendären Alois Hundhammer, der 1933 einige Monate im KZ Dachau interniert gewesen war, verrannte sich dann aber mit seiner ebenso selbstgerechten wie polemischen Behauptung, seine Familie und er selbst hätten «im Gegensatz zu vielen heute lebenden Zigeunern erlebt [...], was NS-Schreckensherrschaft ist»,[36] und fand bis zum Schluss nicht mehr zu einem einigermaßen vernünftigen Ton zurück.

Im Gegenteil! Hundhammers Rede ließ jegliche Empathie für die Situation der Sinti und Roma vermissen. In ihr fand sich fast jedes Vorurteil, das ihnen gegenüber bestand: Die Sinti und Roma seien an ihrem Los selbst schuld, weil sie sich nicht genügend anpassten. Eltern, die ihren Kindern einen ständigen Wechsel des Wohnorts zumuteten, nähmen deren schulische Defizite bewusst in Kauf. Der Staat könne nicht hinter «jeder landfahrenden Sippe oder jeder Zigeunersippe [...] einen Bus [...] mit Lehrern nachschicken, damit dieser Bildungsnachteil ausgeglichen werden kann.»[37] Das Verhältnis der Sinti und Roma zum «Eigentum der

Mehrheitsangehörigen» hielt er anscheinend für zweifelhaft.[38] Der bayerische Staat habe mit der Landfahrerordnung von 1953 nur versucht, das «Landfahrerunwesen» in den Griff zu bekommen und die «begründeten Sorgen und Ängste der Bevölkerung» aufzunehmen. An der von manchen Seiten beklagten ausgebliebenen Wiedergutmachung für Sinti und Roma gebe es nichts zu deuteln, schließlich seien viele von ihnen nicht aus rassischen Gründen, sondern aus «ordnungspolitischen Gesichtspunkten» inhaftiert worden. Unter den Häftlingen im Konzentrationslager Dachau habe es keine Zigeuner gegeben,[39] weshalb das von Schmolcke und den organisierten Sinti vorgeschlagene Dokumentations- und Kulturzentrum schon aus historischen Gründen an diesem Ort fehl am Platz sei. Dachau habe wegen des Konzentrationslagers ohnehin schon genug zu tragen, man könne der Stadt nicht noch mehr aufbürden. Hundhammer sagte es nicht so drastisch wie ein Moderator des Bayerischen Rundfunks, meinte es aber genau so: Dachau wolle nicht «immer eine politische Mülldeponie Großdeutschlands bleiben».[40]

Hundhammer reagierte mit seiner Landtagsrede auf den Hungerstreik in Dachau und auf die mitunter überzogenen Behauptungen, die Romani Rose gezielt lanciert hatte, um sich Gehör zu verschaffen. Anstatt zuzuhören und die Argumente und Vorwürfe der Sinti-Vertreter gelassen zu prüfen und gegebenenfalls zu widerlegen, ging Hundhammer zum Gegenangriff über. «Wir lassen uns nicht zu Schuldigen abstempeln. Es käme dann nämlich so heraus, als ob Zigeuner lauter Engel wären und wir die Schuldigen», lautete das Motto seiner aggressiven Tiraden, die ihn als Mann mit Rückgrat ausweisen sollten, der öffentlichem Druck standhielt und nur den «Tatsachen ins Gesicht» sah, «so wie sie sich wirklich darstellen».[41] Der mutige, nur der Wahrheit verpflichtete Bekenner, ein nicht nur in der CSU beliebter bayerischer Sozialtypus, mochte damit an den Stammtischen der Republik Beifall finden, in den Bierzelten sowieso. Einen Dienst erwies er aber weder sich noch seiner Partei, die sich nicht nur in der öffentlichen Wahrnehmung, sondern auch im Vergleich mit den anderen Parteien isolierte; selbst in der CDU hatten die Anliegen der Sinti und Roma mittlerweile breite Akzeptanz gewonnen.

Hundhammers Rede wirkte wie aus der Zeit gefallen – war sie aber zumindest in Bayern nicht, wie der Staatssekretär im Innenministerium Franz Neubauer bewies, der nach dem Sprecher der CSU-Fraktion die Position der Staatsregierung darlegte und dabei deutlich machte, dass die Zugeständnisse an den Verband Deutscher Sinti nach dem Hungerstreik nicht sehr viel galten. Die Staatsregierung habe 1965 die Landfahrerzentrale aufgelöst, 1970 die Landfahrerordnung außer Kraft gesetzt und bis 1974 die beim Landeskriminalamt geführte Zigeunerkartei vernichtet. Der Staatssekretär pochte außerdem darauf, dass die Landfahrerzentrale legal und die Landfahrerordnung verfassungskonform gewesen seien.[42] Kein Wort der Selbstkritik, keine Silbe des Bedauerns, dass die bayerische «Zigeunerpolitik» die Sinti und Roma diskriminiert und sie zu einem Leben am Rande der Gesellschaft verdammt hatte, kein Hauch von Mitleid. Auch die SPD wollte nichts mehr davon wissen, dass sie an der Landfahrerordnung maßgeblich beteiligt gewesen war und zu Zeiten der von ihr geführten Vierer-Koalition nichts gegen die eklatante Diskriminierung der Sinti und Roma unternommen hatte.

Abgesehen von Außenseitern wie Rauchenecker dürfte es in der CSU nur wenige Abweichler von dem Kurs gegeben haben, den Hundhammer und Neubauer vorgaben. Andere Stimmen waren jedenfalls nicht zu hören. Auch Innenminister Tandler schwieg, er zog im Hintergrund die Fäden, fand es aber nicht der Mühe wert, sich nach Dachau zu begeben und selbst mit den Streikenden zu sprechen. Diese Verstocktheit war umso erstaunlicher, als sich etwa zur selben Zeit die katholische und die evangelische Kirche, also wichtige Verbündete der CSU, mit anderen Tönen vernehmen ließen.

In Niederthann hatte sich die katholische Kirche in Gestalt zweier Seelsorger klar positioniert. Die örtlichen Pfarrer attestierten Brunnwieser das uneingeschränkte Recht, sich zu wehren; nur ein «Feigling» oder «Trottel» hätte anders gehandelt. Sie be-

trachteten selbst das milde Urteil noch als Fehlurteil und machten Stimmung gegen die Justiz, während die tote Anka Denisov
ihren Seelenfrieden offensichtlich nicht störte. Ganz anders die
Situation keine zehn Jahre später in Hohenthann, wo der Sozialdienst Katholischer Frauen e. V. in München nicht zögerte, sich
auf die Seite der übel beleumundeten Minderheit zu schlagen,
und sich intensiv um eine junge Romni und ihre unmündigen
Kinder kümmerte.

Die katholischen Frauen, die in Hohenthann dieses Zeichen
praktizierter Caritas setzten, verstärkten in ihrer Kirche eine Tendenz, die bereits seit den 1950er Jahren zu beobachten war. Auch
die Katholiken hatten nach 1945 zur Verfolgung und Vernichtung
der Sinti und Roma im Nationalsozialismus geschwiegen. Dass
es Menschen ihrer Glaubensrichtung gewesen waren, die im Dritten Reich als Sinti und Roma beinahe ausgerottet worden waren,
drang auch in katholischen Kreisen nur langsam durch. Die
Amtskirche wollte davon lange nichts wissen, sie schritt auch
nicht ein, als sich da und dort Pfarrer weigerten, Sinti und Roma
zu beerdigen und ihre Kinder zu taufen.

Die katholischen Laienorganisationen hingegen bemühten sich
frühzeitig um die Linderung der materiellen Nöte der Sinti und
Roma. Den Anfang machte 1958 der Sozialdienst Katholischer
Männer in Köln, der auf einem Wohnwagenplatz am Nordrand
der Stadt tätig wurde und dort anfangs vor allem Sinti-Kinder
betreute.[43] Dabei blieb es nicht. Das Elend der Sinti und Roma er-
forderte größeres Engagement, auch die Defizite der seelsor-
gerischen Betreuung der überwiegend katholischen Minderheit
ließen sich nicht länger ignorieren. Bald arbeitete ein ganzes
Team von sozialpädagogischen Fachkräften, Erzieherinnen, Er-
satzdienstleistenden und engagierten Jugendlichen für das Ziel,
die Lebenschancen der Sinti und Roma zu verbessern, ohne
ihnen allzu strikte Anpassungsleistungen an die Mehrheitsgesellschaft abzufordern.

Aushängeschild und Motor dieser Form der katholischen Sozialarbeit war über lange Jahre Silvia Sobeck,[44] die seit 1963 beim

Sozialdienst Katholischer Männer angestellt war und in einem Kölner Lager eine Spielstube für Sinti-Kinder leitete. 1974 übernahm sie den ein Jahr zuvor von der Deutschen Bischofskonferenz geschaffenen Posten einer Sozialreferentin innerhalb der Katholischen Zigeuner- und Nomadenseelsorge in Deutschland und Westberlin und leistete dort Beachtliches, ehe sie Ende der 1970er Jahre wegen ihrer Sozialpolitik «von oben herab», ihrer ideologischen Nähe zu Rassehygienikern aus der NS-Zeit und ihres mehr als fragwürdigen, letztlich rassistischen «Zigeuner»-Bildes in die Kritik geriet und ihr ganzes Renommee verspielte. Sie sah in den Sinti und Roma ein von Natur aus «primitives und ungebildetes Volk», das nie in der Lage sein würde, seine zivilisatorische Rückständigkeit zu überwinden. Sinti und Roma waren in ihren Augen Kinder, und sie behandelte sie wie Kinder. Die Mutter der katholischen Zigeunerfürsorge konnte es dementsprechend nicht verwinden, als sich selbstbewusste Vertreter dieser Minderheit ihrer gut gemeinten paternalistischen Bevormundung entzogen und eigene Zukunftsvorstellungen entwickelten.[45] Silvia Sobeck verstieg sich sogar zu der Behauptung, der Verband Deutscher Sinti vertrete nur eine Minderheit und sei überhaupt eine von Kommunisten unterwanderte terroristische Vereinigung. Sie zerstörte dadurch ihr Lebenswerk, auf das sie so stolz war, am Ende selbst.

Es dürfte dennoch unstrittig sein, dass die paternalistische Zigeunerseelsorge- und Fürsorgepolitik der Ära Sobeck ganz im Einklang mit der «Zigeuner»-Pastoral des Papstes stand und in der katholischen Kirche in abgeschwächter Form lange nachwirkte.[46] Achim Muth, der von der Deutschen Bischofskonferenz bestellte Nationalseelsorger für Zigeuner und Nomaden und ein Geistesverwandter von Silvia Sobeck, blieb nicht von ungefähr bis 1988 im Amt, und es spricht Bände, dass die Katholische Zigeuner- und Nomadenseelsorge erst 2010 auf Druck des Zentralverbandes Deutscher Sinti und Roma in Katholische Seelsorge für Sinti, Roma und verwandte Gruppen umbenannt wurde. Ebenso sicher ist aber: Die katholische Kirche weitete ihr soziales Engagement kontinuierlich aus und war mit ihren Hilfsdiensten oft dort zur Stelle, wo die Not am größten war. Oder anders ausgedrückt: Die Kirche war der CSU ein, zwei Schritte voraus, blieb aber partiell doch ihren alten «Zigeuner»-Bildern treu und damit hinter den Erwartungen der Sinti und Roma zurück.

Joseph Kardinal Ratzinger, der Erzbischof von München und Freising, verkörperte diese Ambivalenz. Er zögerte nicht lange, als er von dem Hungerstreik in Dachau erfuhr. Der spätere Papst Benedikt XVI. veröffentlichte zusammen mit dem evangelischen Landesbischof Johannes Hanselmann umgehend eine Erklärung, die nichts zu wünschen übrig ließ. Die beiden Kirchenfürsten wandten sich in dem Zeugnis gelebter Ökumene gegen die ubiquitäre Diskriminierung der Sinti und Roma, boten ihre Vermittlerdienste an und versprachen alles zu tun, «damit Vorurteile abgebaut und Verständnis für die Situation der Sinti geweckt werden».[47]

Ratzinger sagte auch ein Treffen mit einer Sinti-Delegation zu, das aber auf sich warten ließ, während Landesbischof Hanselmann bereits kurz nach dem Hungerstreik für einen Meinungsaustausch bereit stand, was aber nicht hieß, dass die evangelische Kirche in der Vergangenheit größere Sensibilität für die Anliegen der Sinti und Roma bewiesen hätte. Der Dialog, der 1979 auf dem Kirchentag in Nürnberg begann, wurde ihr von Romani Rose aufgezwungen, dann aber rasch fortgesetzt und intensiviert, weil sich die evangelische Kirche zu ihrer Mitschuld am Völkermord an den Sinti und Roma bekannte und sich zunehmend mehr mit deren Anliegen solidarisierte.

Kardinal Ratzinger aber zögerte, sondierte und ließ recherchieren, was es mit dem Sobeck-Streit auf sich habe und wie es um die Legitimation des Verbandes Deutscher Sinti bestellt sei. Sprach er wirklich für eine Mehrheit der Sinti? Erst als diese Fragen nach längerem diplomatischen Hin und Her geklärt waren, kam das Treffen im April 1981 zustande.[48] Der Kardinal nahm sich immerhin zwei Stunden Zeit und musste sich dabei den Vorwurf gefallen lassen, dass seine Kirche das an den Sinti und Roma im Dritten Reich begangene Unrecht ignoriert habe, dass wegen dieses Versäumnisses die alten Vorurteile kritiklos in die Gegenwart übernommen würden und die Sinti nach wie vor der «Diskriminierung, Demütigung und Benachteiligung ausgesetzt» seien.

Ratzinger erklärte daraufhin, «es sei nötig, Vorurteile [...] überall dort abzubauen, wo sie festzustellen sind», mahnte aber zugleich, dies sei nur durch «eine ruhige und kontinuierliche Arbeit» möglich, «nicht durch lautstarke Erklärungen». Er zeigte sich bereit, «die Sinti in ihrem Bemühen um Anerkennung ihrer Menschenrechte, ihrer Kultur, ihrer Sprache und ihres Brauchtums zu unterstützen», und begrüßte ihre Forderung, die «Sozialarbeit an und für Sinti» in deren Hände zu legen, sofern genügend qualifizierte Kräfte zur Verfügung stünden. Schließlich wollte er sich auch dafür verwenden, von der Bischofskonferenz prüfen zu lassen, ob und in welcher Weise die katholische Kirche Kontakte zu den politisch Verantwortlichen aufnehmen könne, um einem zentralen Anliegen der Sinti zum Durchbruch zu verhelfen: Die katholische Kirche sollte sich «für eine offizielle Erklärung der Bundesregierung einsetzen, in der die Verfolgung und der Völkermord an den Sinti im Dritten Reich anerkannt und bedauert werden sollen».

Ähnlich vage äußerte sich Ratzinger, als es um das Dokumentations- und Kulturzentrum mit Sitz in Dachau ging, das die Sinti vorgeschlagen hatten. Der Kardinal hielt die Errichtung eines solchen Zentrums für «wünschenswert und sinnvoll», vermied es aber, die Unterstützung seiner Kirche zuzusagen. Als «Standort sollte aber nicht Dachau gewählt werden, weil diese Stadt durch die Anlage des ersten Konzentrationslagers der Nationalsozialisten ohnehin einer Belastung ausgesetzt sei, die eigentlich das ganze Land tragen müsse». Dann verabredete man sich für ein weiteres Treffen nach Ablauf eines Jahres, «sofern dazu eine Notwendigkeit» bestehe. Ratzinger wolle, «soweit erforderlich, mit den Sinti auch weiterhin im Gespräch bleiben».[49]

Ganz zufrieden konnte der Verband Deutscher Sinti mit dem Treffen und den Ergebnissen der Unterredung nicht sein. Seine

Vertreter hatten ein Jahr auf einen Termin warten müssen, sie hörten Absichtserklärungen – mehr nicht – und mussten sich für ihre spektakulären Aktionen wie den Hungerstreik in Dachau tadeln lassen. Sie kamen als Bittsteller, und sie gingen als Bittsteller, die wiederkommen durften, wenn es nötig sein sollte, wie es im Kommuniqué der katholischen Kirche gleich zweimal hieß. Für den Verband war das Treffen dennoch ein historischer Erfolg, der – bei aller inhaltlichen Unverbindlichkeit – kaum überbewertet werden kann. Der Empfang bei Kardinal Ratzinger, einem der einflussreichsten Bischöfe Deutschlands, signalisierte ein behutsames Umdenken in der katholischen Kirche und war nicht weniger als die Akkreditierung des Verbandes Deutscher Sinti auf der großen Bühne, eine Art Schlüssel, der viele bis dahin verschlossenen Türen öffnete.

Dieser kardinale Erfolg und das Aufsehen, das die Gedenkfeier in Bergen-Belsen und der Hungerstreik in Dachau erregt hatten, brachten die Kritiker Romani Roses in den eigenen Reihen nicht zum Verstummen. Ihre Zahl nahm aber ebenso ab wie die Resonanz, die sie unter denen fanden, die größeren Zusammenschlüssen und Aufsehen erregenden Auftritten seit jeher mit Skepsis begegneten. Der Widerstand gegen Roses Pläne brach langsam in sich zusammen, immer mehr Meinungsführer bekannten sich zu den Zielen des jungen Aktivisten.

Die Zeit war reif für die Gründung eines eigenen großen Dachverbandes, in dem Sinti und Roma ungeachtet ihrer unterschiedlichen Interessen und Standpunkte gleichermaßen vertreten waren. Mehr als 70 Repräsentanten regionaler Sinti- und Roma-Vereine folgten schließlich der Einladung nach Darmstadt, wo am 5. und 6. Februar 1982 der Zentralrat Deutscher Sinti und Roma aus der Taufe gehoben wurde, der schon durch seinen Namen eine wichtige Botschaft aussandte: Die Sinti und Roma fühlten sich als Deutsche, die Bundesrepublik war ihre Heimat, hier wollten sie bleiben und für ihre Rechte kämpfen. Keiner war dazu mehr entschlossen als Romani Rose, der Initiator des Treffens, der einstimmig zum Vorsitzenden des Zentralrats gewählt wurde.[50]

Die Öffentlichkeit nahm von dem historischen Zusammenschluss übrigens kaum Notiz; die Süddeutsche Zeitung widmete dem Ereignis nur eine Agenturmeldung von 24 Zeilen.[51] Dennoch: Die Gründung des Zentralrats zerstreute in Bonn die letzten Zweifel daran, dass Romani Rose die überwiegende Mehrheit der Sinti und Roma vertrat. Endlich gab es den schon seit Längerem erhofften Dachverband, der als breit legitimierter Ansprechpartner gelten konnte und gleichsam Prokura hatte, wenn es um Fragen der Sinti und Roma ging. Der Zentralrat war dieser Partner und Rose sein Gesicht und seine Stimme. Der Meister der Inszenierung hatte sich beim Hungerstreik in Dachau und danach als wortgewaltiger Redner profiliert und sich zugleich als ebenso zäher wie besonnener Unterhändler erwiesen, der bei aller Schärfe seiner Argumente den Bogen nie überspannte. Er hatte sich damit großen Respekt erworben, sogar bei seinen Kontrahenten von der CSU, die sich bei vielen seiner Zuspitzungen empört die Haare rauften, am Ende aber doch zugeben mussten: Er sei ein «Mann, wie man ihn in jeder Partei brauchen könnte».[52]

Es war deshalb auch kein Wunder, dass Rose schon wenige Wochen nach der Verbandsgründung in Darmstadt den Bundeskanzler traf. Die Sinti und Roma hatten lange auf eine solche Geste warten müssen, wie überhaupt gesagt werden muss, dass ihre Anliegen auf der großen politischen Bühne in Bonn und im Bundestag bis dahin überhaupt keine Rolle spielten.[53] Bundespräsident Gustav Heinemann hatte zwar 1969 eine kleine Delegation der in Hamburg gegründeten «Zigeunerrechtsmission» empfangen; das Treffen blieb aber folgenlos und war in den Reihen der Sinti äußerst umstritten.[54] Die Bundesregierung begann sich erst Anfang der siebziger Jahre zu bewegen, nachdem der Europarat 1969 Empfehlungen «Zur Lage der Zigeuner in Europa» verabschiedet hatte. Viel kam dabei aber nicht heraus. Aktiv wurde nur das zuerst von Käthe Strobel und dann von Katharina Focke (beide SPD) geführte Familienministerium, das 1973 einen «Sachverständigenkreis für Zigeunerfragen» – ohne Sinti und Roma – berief und anschließend mehrere Forschungsprojekte über die «soziale Lage der Zigeuner und Landfahrer» in Auftrag gab,[55] die in der Öffentlichkeit freilich nur geringe Resonanz fanden. Dieses Schicksal teilten auch einige wenige schriftliche und mündliche Anfragen einzelner Abgeordneter, die sich samt und sonders auf die beklagenswerte Situation der Sinti und Roma bezogen, die übrigens bis etwa 1980 in der Regel Zigeuner genannt wurden. Der Begriff Sinti und Roma bürgerte sich sogar im politischen Diskurs erst danach langsam ein.[56] Selbst Bundeskanzler Helmut Schmidt brauchte noch 1982 semantischen Nachhilfeunterricht. In einer für ihn bestimmten Vorlage hieß es gleichsam als Warnung: «Die Vertreter des Zentralrats legen Wert darauf, nicht als Zigeuner oder Landfahrer, sondern als Sinti und Roma bezeichnet zu werden.»[57]

Mehr geschah in der Ära der sozial-liberalen Koalition nicht. Bundeskanzler Willy Brandt hatte zwar versprochen, eine Abordnung der Sinti zu empfangen, fand dann aber ebenso wenig einen Termin wie Bundespräsident Walter Scheel.[58] Die Bundesregierung schickte nicht einmal einen Vertreter zum dritten Welt-Roma-Kongress, der sich im Mai 1981 in Göttingen traf.[59] Erst Scheels Nachfolger Karl Carstens (CDU) nahm sich im Dezember 1981 Zeit für ein Gespräch mit einer Sinti und Roma-Delegation, ehe im März 1982 auch Bundeskanzler Schmidt nachzog und endlich für Klarheit sorgte: «Den Sinti und Roma ist durch die NS-Diktatur schweres Unrecht zugefügt worden. Sie wurden aus rassischen Gründen verfolgt. Diese Verbrechen sind als Völkermord anzusehen.»[60] Dieses späte Bekenntnis «legte den Grundstein für die Integration der Verfolgungsgeschichte von Sinti und Roma in der deutschen und europäischen Holocausterinnerung».[61]

Nach dem Empfang beim Bundeskanzler begann für den Zentralrat eine fast beispiellose Erfolgsgeschichte, die im Einzelnen nicht erzählt werden muss. Die Erfolge überstürzten sich geradezu: 1985 erste große Debatte im Bundestag über Sinti und Roma, der bis 1993 weitere, vor allem von den Grünen initiierte Debatten folgten, 1995 Anerkennung der Sinti und Roma als nationale Minderheit, 1996 Audienz beim Papst in Rom, 1997 Eröffnung des Dokumentations- und Kulturzentrums Deutscher Sinti und Roma in Heidelberg[62] durch Bundespräsident Roman Herzog, 2012 Einweihung des nahe des Reichstags in Berlin gelegenen «Denkmals für die im Nationalsozialismus ermordeten Sinti und Roma Europas» in Anwesenheit von Bundespräsident Joachim Gauck und Bundeskanzlerin Angela Merkel (CDU), die bei dieser Gelegenheit betonte, die Erinnerung an den Völkermord an den Sinti und Roma sei «Teil unseres demokratischen Selbstverständnisses»[63].

Romani Rose und der Zentralrat hatten damit ihre großen Ziele erreicht, mehr vielleicht sogar, als sie zu hoffen gewagt hatten, als sie in den 1970er Jahren ihre Bürgerrechtsarbeit begannen und beinahe verzagten angesichts des Berges an Problemen, der vor ihnen lag. Die Frage war nur, was diese vielfältigen Formen staatlicher Akzeptanz und symbolischer Wertschätzung praktisch bedeuteten – im Leben einzelner Sinti und Roma. Mussten sie dennoch weiter unter Vorurteilen, Diskriminierungen und dem Z-Wort leiden? Oder waren die alten «Zigeuner»-Bilder tatsächlich verblasst? Hatte sich die deutsche Gesellschaft wirklich so sehr verändert, und war sie tatsächlich so tolerant geworden, wie es die offiziellen Verlautbarungen vermuten ließen? Oder anders formuliert: Bewahrheitete sich das Zukunftsversprechen, das Anfang der 1980er Jahre von dem niederbayerischen Hohenthann ausging, wo sich ein ganzes Dorf mit einer Sintiza solidarisierte und damit zeigte, wie man auch miteinander umgehen konnte? War Hohenthann nun wirklich überall?

Epilog

Nedelkos Traum

Fünfzig Jahre sind vergangen, seit Anka Denisov am Nachmittag des 5. November 1972 in Niederthann stand und sich umschaute. Das Ortsbild hat sich seither kaum verändert. Die Silhouette des Dorfes ist gleich geblieben: die gedrungene Kirche, die stattlichen Bauernhöfe und die Metzgerei, nur die Gaststätte, das Lagerhaus und der kleine Krämerladen haben zugemacht. Hinzugekommen sind an den Rändern ein paar Einfamilienhäuser, die trotz ihrer wuchtigen Aufdringlichkeit den Eindruck behaglicher Zufriedenheit nicht wirklich stören. Niederthann scheint mit seinen 130 Seelen in sich zu ruhen wie eh und je.[1]

Der Schein aber trügt. Stehen geblieben ist die Zeit nämlich nicht – weder politisch noch wirtschaftlich, und auch mit Blick auf die Mentalität hat sich einiges bewegt. Die CSU hat ihre dominierende Stellung ebenso verloren wie die katholische Kirche und sich überhaupt einen neuen Anstrich verpasst. In einigen um- und ausgebauten Höfen wohnen junge Städter aus München und Ingolstadt, die zu den Grünen tendieren und die Kirche nur von außen kennen. Auch die alte Dorfgemeinschaft, immer schon kaum mehr als eine wohlige Legende, wird nur noch beschworen und inszeniert – bei großen kirchlichen Festen beispielsweise und jedes Jahr am 1. Mai, wenn in der Dorfmitte ein Baum aufgestellt wird. Bei solchen Anlässen sind auch die Zuzügler dabei. Sie packen an und demonstrieren ihren Lokalpatriotismus nicht weniger engagiert als die Alteingesessenen, die schon viel zu lange zusammenleben, als dass sie sich noch grün sein könnten.

Alle kennen sich vom Sehen, sie grüßen einander und wechseln ein paar Worte, gehen aber ansonsten ihrer Wege. Zum Nachbarn oder zum Stammtisch führt keiner – es gibt ihn und das Wirtshaus seit vielen Jahren nicht mehr.

Niederthann ist noch näher an die Kreisstadt Pfaffenhofen herangerückt, die sich ihrerseits zu einem modernen urbanen Zentrum gemausert hat und 2013 nicht umsonst zu Deutschlands nachhaltigster Kleinstadt gewählt wurde; an ihrer Spitze steht ein sozialdemokratischer Bürgermeister, der von einer bunten Rathauskoalition getragen wird. Kürzer ist auch der gefühlte Abstand zu den Großstädten Augsburg und München sowie zum ehrgeizigen Ingolstadt geworden, das, trotz Krise und Skandalen, im Banne der vier Ringe zumindest kulturell nach den Sternen zu greifen versucht. Dort gibt es qualifizierte Arbeitsplätze, Shopping-Mekkas und ein vielfältiges Kulturprogramm, das man auch in Niederthann zur Kenntnis nimmt. Das kleine Dorf ist kein Vorort dieser Metropolen, liegt aber in deren Einzugsbereich und ist deshalb denselben gesellschaftlichen Wandlungsprozessen ausgesetzt, die dort zu spüren sind. Die Zeiten dörflicher Abgeschiedenheit und Selbstbezogenheit sind längst vorbei.

Besucher merken das auf Schritt und Tritt – und sie hören es. Niederthann spricht Dialekt, aber das trifft bei Weitem nicht mehr auf alle zu. Selbst die Alten haben sich angepasst, neue Vokabeln aus dem Fernsehen und von ihren Enkeln aufgeschnappt und andere aus ihrer Umgangssprache verbannt, weil sie aus der Mode gekommen oder politisch kontaminiert sind. Zigeuner ist so ein Wort. Früher führte es jeder im Mund, ohne Bedenken und ohne nachzudenken, heute weiß selbst der Letzte, dass er sich zumindest auf eine gerunzelte Stirn gefasst machen muss, wenn er es benutzt. Richtigen Ersatz gibt es aber nicht. «Sinti und Roma» ist für viele nur ein Notbehelf, vom dem nur die wenigsten den Plural und den Singular kennen, ganz zu schweigen davon, dass kaum jemand erklären kann, worin der Unterschied zwischen Sinti und Roma besteht.

Dabei sind die irgendwie Namenlosen in Niederthann heute so

gut wie unbekannt. Sinti und Roma waren vor Brunnwiesers Schüssen eine Seltenheit in der Gegend und ließen sich auch später kaum mehr blicken; größere negative Schlagzeilen lieferten sie jedenfalls nicht. Selbst ältere Zeitzeugen müssen lange überlegen, ehe sie sich erinnern und dabei selbstverständlich nur einen kleinen Teil der Lebenswirklichkeit von Sinti und Roma einfangen können; die meisten Angehörigen der Minderheit waren damals und sind heute völlig integriert und gehen, wie alle anderen, unauffällig ihren Dingen nach. Nur ab und zu, so die Zeitzeugen, tauchten nach der Jahrtausendwende in der Kreisstadt einige Roma und Romnja aus Südosteuropa auf, die auf dem Hauptplatz musizierten und um Geld baten. Sie bereiteten der Stadtverwaltung genauso wenig Sorgen wie die Sinti- und Roma-Gruppen, die sich gelegentlich auf dem Volksfestplatz zu Familientreffen versammelten oder auf der Durchreise dort Halt machten. Der zuständige Beamte zeigte sich dabei sehr großzügig und drückte beide Augen zu, wenn die Fremden über die genehmigte Zeit hinaus blieben. Auch an der Autobahnraststätte ließen sich Sinti- und Roma-Familien höchstens alle heiligen Zeiten nieder, und wenn, dann selten länger als einige Stunden oder Tage. Die Gemeinde Schweitenkirchen hatte es sich nämlich zum Prinzip gemacht, die seltenen Gäste zur raschen Weiterfahrt zu animieren – durch Aufstockung von finanziellen Leistungen, die bei ärmeren Sinti- und Roma-Familien fällig waren, wenn sie sich länger vor Ort aufhielten.

Wer heute in Niederthann und Umgebung lebt, kennt Sinti und Roma so meist nicht aus eigener Anschauung, sondern nur aus den Medien und aus Erzählungen der Älteren, die allerdings kaum einen Anlass haben, ihr rassistisches Wissen zu aktivieren und an die nächsten Generationen zu überliefern. Auf Brunnwieser und seine Opfer angesprochen, herrscht bei Zeitzeugen dennoch zumeist verlegenes Schweigen. Wer sich äußert, sucht hilflos nach passenden Begriffen und findet sie nicht. Die Kommunikation leidet unter dieser Befangenheit. Sie kreist um ein semantisches Vakuum. Nur nichts Falsches sagen, scheint die

Devise zu sein, die freilich nicht lange durchzuhalten ist. Die traditionellen «Zigeuner»-Vorbehalte sind anscheinend bei vielen in abgeschwächter Form noch immer vorhanden, sie schlummern knapp unter der Oberfläche und lassen sich nicht dauerhaft verleugnen. Die Abneigung, der Sinti und Roma begegnen, sitzt in Mimik und Gestik, sie äußert sich in der Sprache und im Tonfall – sie ist praktisch überall zu spüren und spitzt trotz aller lauernden Vorsicht selbst hinter philoziganistischen Äußerungen hervor.

Brunnwieser hingegen ist auch heute noch über jede Kritik erhaben. Mehr als «er war überfordert und hat aus verständlichen Gründen durchgedreht» hört man nicht. Er gilt als unschuldiges Opfer, während die fünf Romnja als Täterinnen betrachtet werden, die sich ihr Missgeschick selbst zuzuschreiben hatten. Keiner habe sie gezwungen, in das fremde Haus einzudringen und dort zu stehlen. Diese Interpretation der Ereignisse von 1972 sitzt seit mehr als fünfzig Jahren wie festgefroren in der lokalen Gesellschaft von Niederthann und Umgebung. Niemand schaut genauer hin und setzt sich mit Fragen auseinander, die von den Gerichten 1974 und 1977 längst eindeutig beantwortet worden sind: Was ist damals wirklich passiert? Musste Brunnwieser schießen? Hätte er nicht einfach nur Warnschüsse abgeben können, zumal die fünf Mädchen und jungen Frauen schon das Weite suchten, niemanden bedroht und nichts gestohlen hatten? War er, der eine junge Frau mit ihrem ungeborenen Kind auf dem Gewissen und ein Mädchen für ihr ganzes Leben gezeichnet hatte, mit einer verbüßten Strafe von eineinhalb Jahren vielleicht ganz gut bedient? Wie steht es überhaupt um die Verhältnismäßigkeit von Anlass und Tat und Strafe? Ein gebildeter Mann verrennt sich sogar in der Spekulation, wie er heute in einer ähnlichen Situation handeln würde, vor der Brunnwieser 1972 stand. Die Hand will er nicht ins Feuer legen für sich. Das Verständnis für den Täter ist groß, nicht nur bei ihm.

Auch die damalige Solidaritätskampagne für Brunnwieser findet noch immer viel Beifall. Niederthann und Umgebung lobt sich dabei selbst und ist stolz auf die Spendenbilanz. Man habe genau das Richtige getan und dort geholfen, wo Not am Mann gewesen sei. Namentlich Bürgermeister Elfinger, Landrat Scherg und Landwirtschaftsminister Hans Eisenmann hätten sich große Meriten erworben. Auch hier keine Fragen: War die Not wirklich so groß? Nutzten die CSU-Granden den Fall nicht auch zur eigenen Profilierung und zur Mobilisierung ihrer konservativen und noch weiter rechts stehenden Wählerschaft? Und nahmen sie dafür nicht bedenkenlos die hetzerische Vitalisierung schon langsam verblassender «Zigeuner»-Bilder und -Ängste ebenso in Kauf wie die Diskreditierung der Justiz? Kritische Geister sehen das so, sie stehen mit ihren Ansichten aber weitgehend allein und haben übrigens mit Sinti und Roma ebenfalls ihre Probleme.

Es bleibt dabei: Sinti und Roma sind den meisten fremd und unheimlich. Je weniger von ihnen zu sehen und zu hören ist, desto besser. Schon der kleinste Reiz kann den Dominoeffekt einer Assoziationskette in Gang setzen, die fast unweigerlich zu der Unterstellung kollektiver Kriminalität führt. Die meisten trauen ihnen ohne aktuelle Anlässe und konkrete Erfahrungen nicht – und vieles zu. Eine andere Sicht auf sie scheint es nicht zu geben. Dass zwei junge Romnja gleichsam vor ihrer Haustür Opfer eines schrecklichen Verbrechens wurden, ist nie wirklich in das Bewusstsein der Einwohner von Niederthann und Umgebung gedrungen. Wie denn auch? Brunnwiesers Tat war Notwehr und kein Verbrechen – das ist die seit fünfzig Jahren gültige Wahrheit. Also fragt man auch nicht weiter. Was geschah mit den beiden kleinen Kindern von Anka Denisov? Was mit ihrem Mann? Wo und wie leben sie? Wie kam die schwer verletzte Milena Ivanov später zurecht? Wurde sie überhaupt wieder richtig gesund? Niemand stellt solche Fragen.

Man hat Milena Ivanov und Anka Denisov und ihre beiden Kinder vergessen. Die Solidarität mit Brunnwieser und die große Sympathie, die ihm entgegengebracht wird, korrespondieren mit einer erschreckenden Ignoranz, wenn es um das Schicksal der Romnja geht. Über vierzig Jahre nach dem Hungerstreik in der KZ-Gedenkstätte Dachau und nach all den Akzeptanzerfolgen, die der Zentralrat Deutscher Sinti und Roma seit den 1980er Jahren verbuchen konnte, ist die Bilanz überhaupt ernüchternd: Das beweisen nicht nur die Momentaufnahmen aus Niederthann, das zeigte auch die groß angelegte, von der Antidiskriminierungsstelle des Bundes in Auftrag gegebene Studie über «Bevölkerungseinstellungen gegenüber Sinti und Roma», die 2013 durchgeführt wurde und als repräsentativ gelten kann.[2] Die Befunde der Studie hielten die Antidiskriminierungsstelle und der Zentralrat Deutscher Sinti und Roma für «dramatisch», und das mit Recht, obwohl es auch ermutigende Anzeichen gibt. Die Kenntnisse über die Minderheit haben dank intensiver Aufklärungsbemühungen stark zugenommen; über 80 Prozent aller Deutschen wissen mittlerweile, dass Sinti und Roma im Dritten Reich verfolgt und ermordet worden sind. Nur eine winzige Minderheit lehnt das Gedenken an ihre Verfolgung dezidiert ab, während die weit überwiegende Mehrheit dem «Denkmal für die im Nationalsozialismus ermordeten Sinti und Roma Europas» positiv gegenübersteht. Außerdem beginnt der Bestand überlieferter «Zigeuner»-Bilder und -Vorurteile brüchig zu werden, und schließlich haben die Feindbildkonstruktionen von Sinti und Roma nicht mehr dieselbe Schärfe und Festigkeit wie früher.

Aber, so heißt es in der Studie der Antidiskriminierungsstelle des Bundes, sieben bis acht Prozent hatten 2013 immer noch «starke Aversionen» gegen Sinti und Roma, 19 Prozent ließen eine «dezidierte Distanz und Ablehnung» ihnen gegenüber erkennen. Die Sinti und Roma nehmen den «untersten Rang in der ‹ethnischen Hierarchie›» ein, gefolgt von Asylbewerbern, Muslimen, Osteuropäern, schwarzen Menschen und Juden.[3] Ihnen wird die «geringste Sympathie entgegengebracht, sie sind am wenigsten als Nachbarn erwünscht und ihr Lebensstil wird besonders häufig als abweichend eingeschätzt».[4] Nicht wenige staunten sogar, dass Sinti und Roma deutsche Staatsbürger sind, sie hielten sie für Ausländer. Alter, Bildungsgrad, wirtschaftliche Lage, politische Orientierung und regionale Herkunft (Ost-West) spielten dabei eine gewisse, aber keine größere Rolle,[5] wobei sich in den letzten Jahren mit Blick auf die Parteienpräferenzen eine Verschiebung anzubahnen beginnt. Je weiter rechts sich die Befragten verorten, desto größer ist die Abneigung gegenüber Sinti und Roma. Bei AfD-Wählern ist sie besonders ausgeprägt. Eine Mehrheit von 51,7 Prozent derer, die laut Selbstauskunft die AfD wählen, ist Sinti und Roma gegenüber negativ eingestellt.[6]

Andere, methodisch nicht ganz so ambitionierte und differenzierte Studien kamen mit Blick auf das Jahr 2014 zu stark abweichenden Ergebnissen, die vor allem aus unterschiedlichen Messmethoden resultieren dürften. 27 bzw. 53 Prozent aller Deutschen hegten antiziganistische Vorurteile, wobei unter die 53 Prozent auch diejenigen fielen, die mit der «Chiffre ‹Sinti und Roma› ein Gefühl des Unbehagens und der Unsicherheit verbinden».[7]

Diese Daten und Analysen sprechen bei aller Widersprüchlichkeit dafür, dass sich die Stimmung gegenüber Sinti und Roma nach 2013/14 im Zeichen der EU-Binnenmigration aus Bulgarien und Rumänien (Stichwort: «Armutsmigration» und zweite «Zigeuner-Hysterie» nach der ersten um 1990[8]) weiter eintrübte, ab 2020 aber eine gewisse Entspannung spürbar ist. Laut der renommierten Leipziger Autoritarismus-Studie 2020 hätten 44,5 Prozent der Ostdeutschen und 41,2 Prozent der Westdeutschen ein Problem damit, wenn sich Sinti und Roma in ihrer Gegend aufhielten. 54,1 Prozent im Osten und 52,5 Prozent im Westen meinten, Sinti und Roma neigten zur Kriminalität. Zwei Jahre zuvor lagen die entsprechenden Quoten deutlich höher – bei über 60 Prozent im Osten und bei über 54 Prozent im Westen respektive bei 69 Prozent im Osten und fast 58 Prozent im Westen.[9] Die Bundesrepublik Deutschland rangiert damit in der Europäischen Union im Mittelfeld. Zu den «Spitzenreitern der Ablehnung und Antipathie»[10] zählen nicht nur die osteuropäischen Länder, sondern auch Italien, Belgien, Griechenland und Österreich. Alles in allem, so der beunruhigende Befund des Eurobarometers aus dem Jahr 2019, hat «rund ein Viertel der Bevölkerung Europas antiziganistische Einstellungen».[11]

Woher diese Entspannung in Deutschland rührt und ob sie

einen Trend zu einer dauerhaften Verbesserung signalisiert, muss eine schwebende Frage bleiben. Aber so oder so – die Mehrheitsgesellschaft und die Minderheit der Sinti und Roma trennen noch immer Welten, die Diskriminierungsbereitschaft der einen ist anscheinend ebenso hoch wie das Diskriminierungsrisiko für die anderen.[12] Das ergab sich bereits aus einer großen Umfrage des Zentralrats Deutscher Sinti und Roma aus dem Jahr 2006. Nur etwas mehr als 13 Prozent der Sinti und Roma, die sich daran beteiligten, hatten keinerlei Diskriminierung erfahren, 76 Prozent waren häufiger beleidigt oder benachteiligt worden, über zehn Prozent eher selten.[13] Exklusion und Diskriminierung bestimmen ihr Leben, oft und für viele Tag für Tag.

Zu diesem Ergebnis kommt auch der Bericht der von der Bundesregierung einberufenen Unabhängigen Kommission Antiziganismus, der im Mai 2021 vorgelegt wurde. Repräsentative Zahlen finden sich darin nicht, die beschämende Wucht der aus allen gesellschaftlichen Bereichen stammenden Einzelfälle lässt aber nur einen Schluss zu: Erhebliche Teile der in Deutschland lebenden Sinti und Roma sehen sich ständig mit rassistischer Diskriminierung konfrontiert.[14] Brennpunkte sind die Arbeitswelt, Behörden, der Wohnungsmarkt und nicht zuletzt das Bildungswesen,[15] wo trotz beträchtlicher Fortschritte in allen Schularten das Problem der Benachteiligung und Ablehnung besonders virulent geblieben ist. Über 60 Prozent der im Rahmen einer groß angelegten Studie befragten Elternteile gaben an, dass ihre Kinder in Schulen diskriminiert wurden, 50 Prozent hätten dort sogar Gewalterfahrungen machen müssen.[16]

Hier wie dort zeigt sich also: Sinti und Roma begegnen auch heute noch fast überall einer Mischung aus Gleichgültigkeit, Ablehnung und offener Feindseligkeit. Sie sind letztlich doch Zigeuner geblieben. Die auf sich gerichteten rassistischen Ressentiments haben nicht mehr dieselbe Virulenz und sie verdichten sich nicht mehr zu so gefestigten Feindbildern wie früher, sie sind aber dennoch auf verletzende Weise vorhanden. Sinti und Roma haben dabei nicht nur unter dem alten «Zigeuner»-Hass zu leiden, der seit Jahrhunderten in der deutschen Gesellschaft steckt, immer neue Aufladungen erfährt und unverwüstlich zu sein scheint, auch wenn die im Dritten Reich dominante Variante des Vernichtungsrassismus nur noch sehr wenige Anhänger haben dürfte, während subtilere Formen von strukturellem, institutionellem und direkt-persönlichem Antiziganismus noch immer ihre Kraft bewähren.

Sinti und Roma sind außerdem Zielscheibe der mit Antiziganismus immer schon verschwisterten Fremdenfeindlichkeit, die sich primär aus diffusen Ängsten speist, aber nicht zwingend rassistisch motiviert sein muss – der Angst vor dem Anderen und Unbekannten, der Angst vor Überfremdung und der Angst vor dem Verlust von Arbeitsplätzen oder, genereller, dem Verlust von sozialer Sicherheit, die vielen im rasanten Wandel der Welt als so gefährdet wie nie erscheint. Eng damit verwandt ist die weit verbreitete Resistenz gegen die massiven Flüchtlingsbewegungen, die den zuwandernden Roma aus Südosteuropa, aber auch alteingesessenen Sinti und Roma das Leben schwer machen kann, wenn sie – obwohl längst deutsche Staatsbürger – als «Armutsmigranten» markiert und denunziert werden. Das alte Feindbild Zigeuner fließt hier mit dem neuen, noch drastischeren Feindbild Roma zusammen und verbindet sich zu einer toxischen Mixtur, die schleichende Wirkungen entfalten, aber auch jederzeit hochgehen kann.[17]

Eine der traurigsten Begleiterscheinungen dieses heute für Sinti und Roma fast täglich erfahrbaren variantenreichen Rassismus ist, dass die aus der NS-Zeit stammenden Traumata lebendig bleiben beziehungsweise reaktiviert werden. Die wenigen noch lebenden Opfer leiden unter ihren Erinnerungen, die angesichts rassistischer Übergriffe und der Hetze von NPD und AfD nicht verblassen. Im Gegenteil: Die Angst vor einer Wiederkehr der Nazis oder ihrer Gesinnungsgenossen nimmt bei vielen zu und verfolgt sie bis in die Träume. Auch ihre Kinder und Enkelkinder sind davon betroffen, sie spüren die emotionalen Nöte ihrer Eltern und Großeltern, verknüpfen sie mit eigenen Ausgrenzungs- und Diskriminierungserfahrungen und kommen zu einem schmerzlichen Schluss: Sie verstummen, ziehen sich zurück und sind «Gadje gegenüber auf der Hut».[18] Im Extremfall wollen sie sogar ihr Heimatland verlassen, auch wenn sie nicht wissen, wann und wohin.

Erich Schneeberger (Jahrgang 1950), der Vorsitzende des Verbandes Deutscher Sinti und Roma, Landesverband Bayern e. V., hat anscheinend viele solcher traurigen Geschichten gehört. In seinen Augen nimmt der Antiziganismus seit Jahren zu, das gilt auch für die Gewalttaten gegen die Mitglieder der von ihm vertretenen Minderheit. Vor allem in den sozialen Netzwerken habe sich der Hass auf Sinti und Roma bis zu «Vernichtungsphantasien» gesteigert,[19] ohne dass es eine angemessene gesellschaftliche Reaktion gegeben habe. Den Grund dafür sieht er in der fehlenden Lobby. «Wenn ein jüdischer Mitbürger beleidigt oder verletzt wird, gibt es einen Aufschrei. Zurecht! Das ist aber bei uns nicht so. Oder hat man etwas davon gehört, dass Angehörige der Roma in Berlin niedergestochen worden sind? Oder dass bei dem Anschlag in Hanau drei Roma unter den Opfern waren? Oder dass der Attentäter vom Münchner OEZ auch einen Sinto und zwei Roma ermordet hat?»[20]

Zwei jüngere Roma kommen zu ähnlich deprimierenden Urteilen wie der Veteran der bayerischen Sinti und Roma. Einer von ihnen ist der Poet und Pädagoge Ruždija Russo Sejdović, der sich seit vielen Jahren in den Reihen des interkulturellen Vereins «Rom e. V.» für eine Verständigung von Roma und Nicht-Roma engagiert. Sejdovic (Jahrgang 1966) stammt aus Montenegro, lebt seit 1989 in Köln und fühlt sich als echter «Kölsche Jung», der sehr an seiner neuen Heimat hängt. Diskriminierungserfahrungen sind ihm nicht fremd. Er ist immer wieder mit Vorbehalten konfrontiert und konnte in den 1990er Jahren eine Lehre als Offset-Drucker nicht antreten, als der Lehrherr erfuhr, dass er einen Rom vor sich hatte. Sejdović misst seinen eigenen antiziganistischen Alltagserfahrungen der letzten Jahre keine ganz große Bedeutung zu. Ihn persönlich tangiere das nicht sonderlich, im Übrigen werde er als Rom auch von Sintis kritisiert und sogar in seinem Roma-Umfeld als «verrückter Gadscho» betrachtet.[21]

Sorge bereitet ihm aber die Renaissance des Nationalismus und die Konjunktur für rechte und rechtsradikale Parteien, die in Sinti und Roma schon immer fremdes Gesindel sahen und jetzt noch allergischer auf sie reagieren, weil sie sich nicht mehr verstecken, sondern im Zeichen der ubiquitären Diskussion über Diversität und Identität neues Selbstbewusstsein und einen neuen Stolz auf ihre Kultur und Sprache gewinnen.

Dabei verkennt Ruždija Russo Sejdović ebenso wenig wie Radoslav Ganev, dass sich in den letzten Jahrzehnten die Situation ihrer Minderheit nicht nur rechtlich, materiell und mit Blick auf die Bildungschancen zum Besseren gewandelt hat; vor allem im politischen Diskurs über Sinti und Roma gebe es eine Art Quantensprung – hin zu mehr Sensibilität. Ganev, ein gebürtiger Bulgare (Jahrgang 1986), hat sich als Gründer von «Romanity» – einer kulturellen Vermittlungsinstanz zwischen Mehrheit und Minderheit – einen Namen gemacht. Er kam 1995 nach Deutschland und hat hier eine beeindruckende Bildungskarriere absolviert, die in einem erfolgreichen Studium gipfelte. Der Politologe sieht keinen Anlass für Fortschrittseuphorie. Er zögert lange bei der Antwort auf die Frage, ob er sich in Deutschland akzeptiert und integriert fühle. Selbst er, der Akademiker, werde als Migrant nicht als vollwertiges Mitglied der Gesellschaft betrachtet. Für die Sinti und Roma als Minderheit gelte das noch viel weniger. Im Alltag seien in puncto Inklusion praktisch keine Fortschritte zu verzeichnen. Die alten Ressentiments sitzen so fest wie eh und je, es gebe kaum Kontakte, die Mehrheitsgesellschaft zeige der Minderheit permanent die kalte Schulter. «Feste [‹Zigeuner›-] Bilder im Kopf, wenig Wissen über Sinti und Roma und kein Interesse an ihnen – das ist eine äußerst schlechte Kombination» für eine Entspannung und ein zuträgliches Zusammenleben. Der Antiziganismus sei «wesentlich salonfähiger als alle anderen Rassismen, die wir kennen».[22]

Eine bittere Bilanz, die noch bitterer wird, wenn man Ganev und Sejdović fragt, ob in ihren Augen Niederthann auch heute noch möglich wäre. Die Antwort kommt spontan, sie lautet: Ja, bleibt aber so nicht stehen. Die Reaktion auf ein neues Niederthann würde anders ausfallen, vermuten sie. Gesellschaftlich so breit abgestützte Solidarisierungsaktionen wie im Fall Brunnwieser halten beide für eher unwahrscheinlich. Nicht genug damit, dass die «Community» der Sinti und Roma alle publizistischen Hebel in Bewegung setzen würde. In den Medien würde sich auch unabhängig davon ein Sturm der Entrüstung erheben, ganz zu schweigen davon, dass es keine größere Partei, gesellschaftliche Interessenvertretung oder sonstige offizielle Vereinigung gibt, die sich so vorbehaltlos hinter den Täter und gegen die Opfer stellen würde, wie es die CSU und die katholische Kirche in den 1970er Jahren für richtig hielten.

Ein Fall für sich dürften die AfD und andere kleinere rechtsradikale Parteien sein. Alle Analysen belegen es: In keiner Partei sind antiziganistische Ressentiments so stark und so weit verbreitet wie in der AfD, sie sind aber auch unter den Anhängern anderer Parteien präsent – selbstverständlich auch in der CSU, die 1972 nicht davor zurückschreckte, sich mit Brunnwieser zu solidarisieren und mit ihm auf Wählerfang am rechten Rand zu gehen. Der in allen Teilen und Tiefen der Gesellschaft schlummernde Antiziganismus erhielt damit die höheren politischen Weihen und konnte sich so zunehmend freier und unbekümmerter äußern. Genau hier, in der politischen Mitte der Gesellschaft, hat sich etwas verändert, so die durch Erfahrung beglaubigte Hoffnung, die Ruždija Russo Sejdović mit einer zweiten Hoffnung verknüpft, die fast nach einem Appell klingt. Er sei sich sicher, dass die Familie der erschossenen Anka Denisov und die schwer verletzte Milena Ivanov heute nicht vergessen, sondern irgendeine Form von Entschädigung erhalten würden; im Übrigen sei es für eine solche Geste nie zu spät.

Wie Nedelko Slavic, der älteste Sohn von Anka Denisov, über diese Fragen denkt, muss offen bleiben. Als einer der Hauptleidtragenden der Tragödie von Niederthann blickt er auf ein Leben voller Kummer und Diskriminierung zurück; er kenne gar nichts anderes, seufzt er.[23] Ganz pessimistisch ist er dennoch nicht, nicht mehr. In den letzten Jahren sei die Situation für die Sinti und Roma etwas besser geworden – für ihn selbst, aber vor allem für seine Kinder und Enkel, die eine hellere Zukunft vor sich haben, als er sie je hatte. Nedelko meint, was er sagt, weiß aber auch, dass seine Einschätzung einer Hoffnung gleicht, die sich schnell als Traum voller trotziger Melancholie erweisen kann.

Dank

Ich weiß nicht, warum mich ein Artikel der Süddeutschen Zeitung aus dem Jahr 1972 über den «Zigeuner-Krieg» von Niederthann so elektrisierte, dass ich sofort beschloss, der Sache nachzugehen und ein Buch darüber zu schreiben. War es die Affinität zu den Abgründen der bayerischen Provinz, aus der ich stamme? Eine mit Faszination gemischte Urangst vor Zigeunern, die – ein Erbe meiner Mutter und Großmutter – endlich bearbeitet werden wollte? Eine Art Vergangenheitsbewältigung in eigener Sache also, die cum ira et studio zur Darstellung drängt? Sicher weiß ich hingegen, dass ich dieses Buch niemals zu einem Abschluss gebracht hätte, wenn mir nicht großzügigste Hilfe zuteil geworden wäre. Dafür möchte ich mich herzlich bedanken. Mein Dank gilt meinen seit Jahren als Rat- und Ideengebern bewährten Freunden Franz-Josef Brüggemeier, Anselm Doering-Manteuffel, Gabi und Udo Horsmann, Thomas Schlemmer, Christian Weisenborn und Ludger Schulze, die Stunden über Stunden mit mir diskutierten und am Ende nicht zögerten, das gesamte Manuskript (oder Teile davon) kritisch zu prüfen, was – weiß Gott – nötig war. Bedanken möchte ich mich ferner bei den zahlreichen Zeitzeugen, die sich viel Zeit für mich nahmen, und bei einigen der illustersten Stützen der deutschen Sinti und Roma-Forschung: Karola Fings, Daniela Gress, Verena Meier und Frank Reuter, die mich ermunterten, mit Literatur versorgten und mir viele wertvolle Hinweise gaben. Der Dank, den ich ihnen schulde, richtet sich auch an Guido Treffler vom Erzbischöflichen Archiv München, an Gerhard Fürmetz vom Bayerischen Hauptstaatsarchiv und ganz besonders an Christoph Bachmann, den Leiter des Staatsarchivs München, der auf alle Quellenfragen eine Antwort wusste und auch sonst ein geschätzter Ratgeber war. In großer

Dankesschuld stehe ich außerdem bei Radoslav Ganev, dem Initiator von «Romanity», und bei dem kulturpolitischen Tausendsassa Russo Sejdović von «Rom e. V.» Köln. Die anfangs von Befangenheit geprägten Gespräche mit ihnen verwandelten sich rasch in einen freundschaftlichen Austausch, bei dem ich stets der Nehmende war. Danke für dieses Entgegenkommen, das keine Selbstverständlichkeit ist. Russo vollbrachte überdies ein kleines Wunder, als er mir den Weg zu Nedelko Slavic, dem ältesten Sohn der 1972 erschossenen Anka Denisov, ebnete. Die langen Interviews, die ich mit ihm führen konnte, waren eine gewiss nicht schmerzfreie Reise in eine Vergangenheit, die für ihn noch immer Gegenwart ist. Ihm gebührt der größte Dank – für zahlreiche Einblicke in die Familiengeschichte, die mir ansonsten verborgen geblieben wären, und für das große Vertrauen, das er mir, dem fremden Historiker, entgegenbrachte. Mein Dank geht schließlich an den Verlag, namentlich an Sebastian Ullrich, der an das Projekt glaubte und es auf seine zart-fordernde Art begleitete, und an meine Frau Gabriele Jaroschka, die erste und wertvollste Leserin auch hier.

München, im März 2022

Anmerkungen

Vorbemerkung

1 Dies gilt für den Todesschützen und seine Angehörigen, deren Namen auch in den zitierten Quellentexten und Zeitungsartikeln verändert wurden.
2 Vgl. Susan Arndt, Rassismus begreifen. Vom Trümmerhaufen der Geschichte zu neuen Wegen, München 2021; Christian Geulen, Geschichte des Rassismus, 3., durchgesehene Auflage München 2017; Maria Alexopoulou, Deutschland und die Migration. Geschichte einer Einwanderungsgesellschaft wider Willen, Ditzingen 2020.
3 Geulen, Geschichte des Rassismus, S. 108.
4 Vgl. H. Catherine Davies, «Gastarbeiterkriminalität» und die Anfänge der Polizeilichen Kriminalstatistik in der frühen Bundesrepublik, in: Geschichte und Gesellschaft 47 (2021), S. 470 und S. 497.
5 Ulrich Bielefeld, Einleitung, in: Ders. (Hrsg.), Das Eigene und das Fremde. Neuer Rassismus in der Alten Welt?, Hamburg 1991, S. 19.
6 Mark Terkessidis, Die Banalität des Rassismus. Migranten zweiter Generation entwickeln eine neue Perspektive, Bielefeld 2004, S. 100.
7 Zu den Problemen, die mit diesem umstrittenen Begriff verbunden sind, vgl. Wolfram Stender, Die Wandlungen des ‹Antiziganismus› nach 1945. Zur Einleitung, in: Ders. (Hrsg.), Konstellationen des Antiziganismus. Theoretische Grundlagen, empirische Forschung und Vorschläge für die Praxis, Wiesbaden 2016, S. 1–50.
8 Terkessidis, Die Banalität des Rassismus, S. 109.
9 Klaus-Michael Bogdal, Europa erfindet die Zigeuner. Eine Geschichte von Faszination und Verachtung, Berlin 2011.

Prolog
Vier Schüsse und viele Fragen

1 Bayerisches Landeskriminalamt, Gutachten, 18.12.1972, in: Staatsarchiv (StA) München, Staatsanwaltschaften, 38033/2.
2 Protokoll der Sektion aufgenommen am 6.11.1972 im Leichenschauhaus in Pfaffenhofen a. d. Ilm, in: StA München, Staatsanwaltschaften, 38033/1.
3 Städtisches Krankenhaus Pfaffenhofen a. d. Ilm: Ärztliche Bestätigung zwecks Vorlage bei der Staatsanwaltschaft, 7.11.1972, in: StA München, Staatsanwaltschaften, 38033/1; Dr. Hans Voglrieder an Bayerische Landespolizei, Kriminalaußenstelle Pfaffenhofen a. d. Ilm, 4.12.1972, in: Ebenda.

4 Stern, 10.4.1974.
5 Der Hinweis auf den ZDF-Film stammt von Dr. Wolfgang Habermeyer. Herzlichen Dank dafür.
6 tz, 13.11.1972, Abendzeitung, 8.11.1972.
7 So hieß es in einer Zuschrift aus Gelsenkirchen-Buer an das Schwurgericht beim Landgericht München II, 24.3.1974, in: StA München, Staatsanwaltschaften, 38033/2.

1
Im Banne von Ressentiments:
Die Polizei im «Zigeuner-Krieg»

1 Bayerische Landespolizei, Landespolizeistation Pfaffenhofen a. d. Ilm an Kriminalaußenstelle Pfaffenhofen a. d. Ilm, 6.11.1972, in: StA München, Staatsanwaltschaften, 38033/1.
2 Bayerische Landespolizei, Kriminalpolizeiinspektion Ingolstadt, Schlußbericht, 19.2.1973, in: StA München, Staatsanwaltschaften, 38033/1.
3 Abendzeitung, 17.11.1972; tz, 18.3.1974.
4 Protokoll der öffentlichen Sitzungen des Schwurgerichts des Landgerichts München II, 18.3., 19.3., 20.3. und 21.3.1974, in: StA München, Staatsanwaltschaften, 38033/2.
5 Ilmgau Kurier, 29.3. und 6.4.1972.
6 Zur Biografie Brunnwiesers vgl. Dr. Sebastian Maier, Direktor des Nervenkrankenhauses Regensburg, an Staatsanwaltschaft beim Landgericht München II, 2.10.1973, in: StA München, Staatsanwaltschaften, 38033/2.
7 Bürgermeister Max Elfinger versicherte 1974 unter Eid, dass Brunnwieser auch im Gemeinderat saß. Protokoll der Sitzungen des Schwurgerichts des Landgerichts München II, 18.–21.3.1974, in: StA München, Staatsanwaltschaften, 38033/2. Das Bayerische Landesamt für Statistik konnte in seinen Unterlagen keine Hinweise auf eine solche Mitgliedschaft finden. Es teilte mir am 7.12.2021 mit, dass Brunnwieser in den Gemeinderatswahlen von 1966, 1972 und 1978 nicht gewählt worden war. Auch die Gemeinde Schweitenkirchen bestätigte diese Information.
8 Münchner Merkur, 20.3.1974.
9 Protokoll der öffentlichen Sitzungen des Schwurgerichts des Landgerichts München II am 18.3., 19.3., 20.3. und 21.3.1974, in: StA München, Staatsanwaltschaften, 38033/2; Bayerische Landpolizei, Kriminalaußenstelle Pfaffenhofen a. d. Ilm, Zeugenvernehmung Anton Werther, 9.11.1972, in: StA München, Staatsanwaltschaften, 38033/1.
10 Bayerische Landespolizei, Kriminalpolizeiinspektion Ingolstadt, Tatortbefundbericht, 30.11.1972, in: StA München, Staatsanwaltschaften, 38033/1.
11 Bayerische Landespolizei, Landespolizeistation Pfaffenhofen a. d. Ilm an Kriminalaußenstelle Pfaffenhofen a. d. Ilm, 6.11.1972, in: StA München, Staatsanwaltschaften, 38033/1.
12 Ilmgau Kurier, 9.11.1972.

13 Bayerische Landespolizei, Kriminalaußenstelle Pfaffenhofen a. d. Ilm, Haftanzeige, 7.11.1972, in: StA München, Staatsanwaltschaften, 38033/1.

14 Vgl. Eveline Diener, Das Bayerische Landeskriminalamt und seine «Zigeunerpolizei» (1946 bis 1965). Kontinuitäten und Diskontinuitäten der bayerischen «Zigeunerermittlung» im 20. Jahrhundert, Frankfurt a. M. 2021, S. 41–65; Katrin Reemtsma, Sinti und Roma. Geschichte, Kultur, Gegenwart, München 1996, S. 89; Guenter Lewy, «Rückkehr nicht erwünscht». Die Verfolgung der Zigeuner im Dritten Reich, München/Berlin 2001, S. 19–27; Michael Schenk, Rassismus gegen Sinti und Roma. Zur Kontinuität der Zigeunerverfolgung innerhalb der deutschen Gesellschaft von der Weimarer Republik bis in die Gegenwart, Frankfurt a. M. u. a. 1994, S. 228 und S. 231–239; Marion Bonillo, Sinti und Roma im Deutschen Kaiserreich 1871 bis 1918. Eine Minderheit im Fokus der verschärften «Zigeunerpolitik», in: Oliver von Mengersen (Koord.), Sinti und Roma. Eine deutsche Minderheit zwischen Diskriminierung und Emanzipation, Bonn/München 2015, S. 58 f.

15 Diener, Das Bayerische Landeskriminalamt und seine «Zigeunerpolizei», S. 58.

16 Vgl. Karola Fings, Sinti und Roma. Geschichte einer Minderheit, München 2016; dies., Der Völkermord an den Sinti und Roma im Nationalsozialismus. Lokale Vorstöße, zentrale Initiativen und europäische Dimension, in: von Mengersen (Koord.), Sinti und Roma, S. 101–123; Reemtsma, Sinti und Roma; Michael Zimmermann, Rassenutopie und Genozid. Die nationalsozialistische «Lösung der Zigeunerfrage», Hamburg 1996; Lewy, «Rückkehr nicht erwünscht»; Bogdal, Europa erfindet die Zigeuner; Wolfgang Benz, Sinti und Roma: Die unerwünschte Minderheit. Über das Vorurteil Antiziganismus, Berlin 2014; Wolfgang Wippermann, «Wie die Zigeuner». Antisemitismus und Antiziganismus im Vergleich, Berlin 1997.

17 Monatsbericht der Regierung von Niederbayern und der Oberpfalz für Juli 1950, in: Bayerisches Hauptstaatsarchiv (BayHStA) München, MInn, 82314.

18 Monatsbericht der Regierung von Schwaben für April 1950, in: BayHStA München, MInn, 82311.

19 Monatsbericht der Regierung von Niederbayern und der Oberpfalz für Juli 1952, in: BayHStA München, MInn, 82338.

20 Monatsbericht der Regierung von Unterfranken für August 1946, in: BayHStA München, MSo, 0082. Im Monatsbericht für Juli 1946 heißt es: Die Zigeuner seien «frech und anmaßend, wobei der KZ-Ausweis keine geringe Rolle spielt, obwohl sie großenteils auf Grund des Zigeuner- und Arbeitsscheuengesetzes oder aus kriminellen Gründen im KZ waren», in: Ebenda.

21 In den Monatsberichten der bayerischen Regierungspräsidenten aus den 1940er und 1950er Jahren wird oft darüber geklagt, dass eine gesetzliche Handhabe gegen Zigeuner und Landfahrer fehle. Vgl. als ein Beispiel von vielen den Monatsbericht der Regierung von Unterfranken für

November 1949, in: BayHStA München, MSo, 0085. Vgl. auch Gilad Margalit, Die Nachkriegsdeutschen und «ihre Zigeuner». Die Behandlung der Sinti und Roma im Schatten von Auschwitz, Berlin 2001, S. 101–106.

22 Abendzeitung, 10.11.1972.

23 Vierteljahrsbericht der Regierung von Oberbayern, 1.10.–31.12.1953, in: BayHStA München, MF, 70628. Im Landkreis Schongau, so heißt es in diesem Bericht, drohten zwei Zigeunerinnen einer Bauernfamilie, die «Bäuerin werde krank werden und ihr Vieh im Stall werde verenden, wenn man ihnen nicht einen größeren Geldbetrag und Lebensmittel aushändige. Dabei machten sie bei dem Betreten des Stalles Gesten des Verzauberns.» Die Bauern verloren dabei 700 DM in bar und Lebensmittel im Wert von 100 DM.

24 Monatsbericht der Regierung von Niederbayern und der Oberpfalz für Juni 1952, in: BayHStA München, MInn, 82337; Monatsbericht der Regierung von Niederbayern und der Oberpfalz für Oktober 1949, in: BayHStA München, MInn, 82305.

25 Vgl. Anja Reuss, Kontinuitäten der Stigmatisierung. Sinti und Roma in der deutschen Nachkriegszeit, Berlin 2015, S. 198; Gilad Margalit, Die deutsche Zigeunerpolitik nach 1945, in: VfZ 45 (1997), S. 557–588.

26 Vgl. Diener, Das Bayerische Landeskriminalamt und seine «Zigeunerpolizei», S. 93–110 und S. 183–476.

27 Beilage zum Bayerischen Landeskriminalblatt Nr. 25 vom 7.4.1961 (Auszug aus dem Tätigkeits- und Erfolgsbericht des Bayerischen Landeskriminalamtes für das Jahr 1960), in: BayHStA München, MInn, 86382; Beilage zum Landeskriminalblatt Bayern Nr. 36 vom 11.5.1956 (Auszug aus dem Tätigkeits- und Erfolgsbericht des Bayerischen Landeskriminalamtes für das Jahr 1955), in: Ebenda. Vgl. auch die übrigen Berichte von 1952 bis 1963, in: Ebenda.

28 Vgl. dazu auch Diener, Das Bayerische Landeskriminalamt und seine «Zigeunerpolizei», S. 227–232.

29 Ebenda, S. 256–386.

30 Ebenda, S. 371–383.

31 Vgl. zur Entstehung der Landfahrerordnung Diener, Das Bayerische Landeskriminalamt und seine «Zigeunerpolizei», S. 199–204; Ulrich Friedrich Opfermann, Weimar: «Die Rassenkunde gibt Aufschluß», in: von Mengersen (Koord.), Sinti und Roma, S. 77 f.

32 Peter Widmann, An den Rändern der Städte. Sinti und Jenische in der deutschen Kommunalpolitik, Berlin 2001, S. 81.

33 Zit. nach Martin Feyen, «Wie die Juden»? Verfolgte «Zigeuner» zwischen Bürokratie und Symbolpolitik, in: Norbert Frei/José Brunner/Constantin Goschler (Hrsg.), Die Praxis der Wiedergutmachung. Geschichte, Erfahrung und Wirkung in Deutschland und Israel, Göttingen 2009, S. 330.

34 Vgl. Widmann, An den Rändern der Städte, S. 83; Schenk, Rassismus gegen Sinti und Roma, S. 276.

35 Vgl. Schenk, Rassismus gegen Sinti und Roma, S. 371; Diener, Das Bayerische Landeskriminalamt und seine «Zigeunerpolizei», S. 220–224.

36 Bayerisches Landeskriminalamt, Tätigkeitsbericht 1973, in: BayHStA München, MInn, 92481; Alexopoulou, Deutschland und die Migration, S. 108.

37 Zu Uschold und seinem herabwürdigenden «Zigeuner»-Bild vgl. Diener, Das Bayerische Landeskriminalamt und seine «Zigeunerpolizei», S. 275–285 und S. 394–402.

38 Schreiben des Bayerischen Landeskriminalamtes vom 4.9.1956 über «Prozentuale Beteiligung von Zigeunern an Straftaten», in: BayHStA München, LKA, 558.

39 Zit. nach Josef Bura, Die unbewältigte Gegenwart. «Zigeunerpolitik» und alltäglicher Rassismus in der Bundesrepublik, in: Rudolph Bauer/Josef Bura/Klaus Lang (Hrsg.), Sinti in der Bundesrepublik. Beiträge zur sozialen Lage einer verfolgten Minderheit, Bremen 1984, S. 65.

40 Schreiben des Bayerischen Landeskriminalamtes vom 4.9.1956, in: BayHStA München, LKA, 558.

41 Zu Geyer vgl. Diener, Das Bayerische Landeskriminalamt und seine «Zigeunerpolizei», S. 285–297.

42 Schreiben des Bayerischen Landeskriminalamtes an Staatsanwalt G. F. Otto vom 14.9.1956, in: BayHStA München, LKA, 558.

43 Vgl. Diener, Das Bayerische Landeskriminalamt und seine «Zigeunerpolizei», S. 402–404 und S. 408 f.

44 Bayerisches Landeskriminalamt, Polizeiliche Kriminalstatistik Bayerns, Monat Januar 1958, in: BayHStA München, LKA, 522.

45 Bayerisches Landeskriminalamt, Polizeiliche Kriminalstatistik, Monat Dezember 1965, in: BayHStA München, LKA, 530.

46 Bayerisches Landeskriminalamt, Polizeiliche Kriminalstatistik, Monat Dezember 1970, in: BayHStA München, LKA, 534.

47 BayHStA München, LKA, 534: Polizeiliche Kriminalstatistik Bayerns. Mit Blick auf die gesamte Bundesrepublik ergab sich 1955 folgendes Bild: Von den 1.134.302 ermittelten Tätern waren 1449 Landfahrer (Zigeuner). Kriminaloberinspektor Geyer an Staatsanwalt G. F. Otto, 14.9.1956, in: BayHStA München, LKA, 558.

48 Zu ähnlichen Ergebnissen kam nach einer Auswertung der Kriminalstatistik des Bundeskriminalamtes Bura, Die unbewältigte Gegenwart, S. 59–66.

49 Vgl. Diener, Das Bayerische Landeskriminalamt und seine «Zigeunerpolizei», S. 387–420; Wolfgang Feuerhelm, Polizei und «Zigeuner». Strategien, Handlungsmuster und Alltagstheorien im polizeilichen Umgang mit Sinti und Roma, Stuttgart 1987; Udo Engbring-Romang/Wilhelm Solms (Hrsg.), «Diebstahl im Blick». Zur Kriminalisierung der «Zigeuner», Marburg 2005; Markus End, Antiziganismus und Polizei. Mit Dokumentation der Fachveranstaltung «Die Polizei und Minderheiten – Das Beispiel Antiziganismus» und einem ergänzenden Beitrag zum OEZ-Attentat, Heidelberg 2019; Andrej Stephan, «Kein Mensch sagt HWAO-Schnitzel» – BKA-Kriminalpolitik zwischen beständigen Konzepten, politischer Reform und «Sprachregelungen», in: Imanuel Baumann/Herbert Reinke/Andrej Stephan/Patrick Wagner (Hrsg.), Schatten der Vergangenheit. Das

BKA und seine Gründungsgeneration in der frühen Bundesrepublik, Köln 2011, S. 247–285; Volker Berbüsse, Das Bild «der Zigeuner» in deutschsprachigen kriminologischen Lehrbüchern seit 1949. Eine erste Bestandsaufnahme, in: Jahrbuch für Antisemitismusforschung 1 (1992), S. 117–151; Maria Meuser, Vagabunden und Arbeitsscheue. Der Zigeunerbegriff der Polizei als soziale Kategorie, in: Wulf D. Hund (Hrsg.), Zigeuner. Geschichte und Struktur einer rassistischen Konstruktion, Duisburg 1996, S. 107–128; Schenk, Rassismus gegen Sinti und Roma, S. 347–404.

2
Unruhe in einem friedfertigen Dorf

1 Urteil des Schwurgerichts des Landgerichts München II, 11.2.1977, in: StA München, Staatsanwaltschaften, 38033/5.
2 Mündliche Mitteilung von Rupert Reinhardt vom 24.6.2021.
3 Münchner Merkur, 9.2.1977.
4 Ilmgau Kurier, 7.11.1972.
5 Abendzeitung, 8.11.1972.
6 Ebenda.
7 Ebenda.
8 Vgl. Ramona Mechthilde Treinen/Herbert Uerlings, Vom ‹unzivilisierten Wandervolk› zur ‹diskriminierten Minderheit›: ‹Zigeuner› im *Brockhaus*, in: Herbert Uerlings/Iulia-Karin Patrut (Hrsg.), ‹Zigeuner› und Nation. Repräsentation – Inklusion – Exklusion, Frankfurt a. M. 2008, S. 638.
9 tz, 8.11.1972.
10 Ilmgau Kurier, 9.11.1972.
11 Ebenda.
12 Abendzeitung, 8.11.1972.
13 Ebenda.
14 Ebenda.
15 Süddeutsche Zeitung, Neujahr 1973.
16 Abendzeitung, 7.11. und 8.11.1972.
17 Münchner Merkur, 7.11.1972.
18 tz, 7.11.1972.
19 Süddeutsche Zeitung, 7.11.1972.
20 Ilmgau Kurier, 9.11.1972.
21 Ebenda.
22 Abendzeitung, 8.11.1972.
23 Ilmgau Kurier, 10.11.1972.
24 Abendzeitung, 8.11.1972.
25 Ilmgau Kurier, 9.11.1972.
26 1. Strafkammer des Landgerichts München II, Haftprüfungstermin in der Ermittlungssache gegen Brunnwieser, 13.12.1972, in: StA München, Staatsanwaltschaften, 38033/1.
27 Vgl. die Todesanzeige in der Süddeutschen Zeitung vom 14. oder 15.4.2009.

28 Rolf Bossi, Ich fordere Recht. Erinnerungen eines Strafverteidigers, München 1975, S. 318.
29 Bayerische Landespolizei, Kriminalpolizeiinspektion Ingolstadt, Schlußbericht, 19.2.1973, in: StA München, Staatsanwaltschaften, 38033/1.
30 Amtsgericht Ingolstadt, Ermittlungsrichter, 7.11.1972, Haftbefehl, in: StA München, Staatsanwaltschaften, 38033/1.
31 Ebenda.

3

Die Odyssee der Opfer

1 Peter Schult, Zigeuner in Bayern. Zum Beispiel München, in: Joachim S. Hohmann/Roland Schopf (Hrsg.), Zigeunerleben. Beiträge zur Sozialgeschichte einer Verfolgung, Darmstadt 1979, S. 182, zit. nach Winfried Nerdinger (Hrsg.), Die Verfolgung der Sinti und Roma in München und Bayern 1933–1945, Berlin 2016, S. 269; Hans Weiß, Armut und Erziehung. Früherziehung und Schulbesuch von Kindern einer Wohnwagensiedlung am Rande der Großstadt, Berlin 1982, S. 39 f.; George von Soest, Zigeuner zwischen Verfolgung und Integration. Geschichte, Lebensbedingungen und Eingliederungsversuche, Weinheim/Basel 1979, S. 97 f.; Ludwig Eiber, «Ich wußte, es wird schlimm». Die Verfolgung der Sinti und Roma in München 1933–1945. Mit Beiträgen von Eva Strauß und Michail Krausnick, München 1993, S. 121–123.
2 Bayerische Landpolizei, Kriminalaußenstelle Pfaffenhofen a. d. Ilm, Anzeige von Sterbefällen bei amtlichen Ermittlungen, in: StA München, Staatsanwaltschaften, 38033/1.
3 Mündliche Mitteilung von Nedelko Slavic vom 1.12.2020.
4 Bayerische Landpolizei, Kriminalaußenstelle Pfaffenhofen a. d. Ilm, Zeugen-Vernehmung, 5.11.1972, in: StA München, Staatsanwaltschaften, 38033/1.
5 Protokoll der öffentlichen Sitzungen des Schwurgerichts des Landgerichts München II am 18.3., 19.3., 20.3. und 21.3.1974, in: StA München, Staatsanwaltschaften, 38033/2.
6 Bayerische Landpolizei, Kriminalaußenstelle Pfaffenhofen a. d. Ilm, Beschuldigten-Vernehmung, 5.11.1972, in: StA München, Staatsanwaltschaften, 38033/1. Mila Denisov wird in mehreren Dokumenten auch Milena genannt.
7 Amtsgericht Pfaffenhofen, Ermittlungsrichter, Beschuldigten-Vernehmung, 1.12.1972, in: StA München, Staatsanwaltschaften, 38033/1; vgl. die Zeugen- und Beschuldigten-Vernehmungen, 5.11.1972, in: StA München, Staatsanwaltschaften, 38033/1.
8 Zu den Biografien der fünf Romnja vgl. Amtsgericht Pfaffenhofen a. d. Ilm, Ermittlungsrichter, 6.11.1972, in: StA München, Staatsanwaltschaften, 38033/1, und die Zeugen- und Beschuldigten-Vernehmungen in: Ebenda.
9 Fernschreiben an Polizeiamt Ingolstadt vom 19.12. und 21.12.1972, in:

StA München, Staatsanwaltschaften, 38033/1. Vgl. auch Urteil des Schwurgerichts des Landgerichts München II, 11.2.1977, in: StA München, Staatsanwaltschaften, 38033/5.

10 Kriminaloberinspektor Geyer an Staatsanwalt G. F. Otto, 14.9.1956, in: BayHStA München, LKA 558.

11 Übersetzung, IP Belgrad an IP Wbn, 7.2.1973, in: StA München, Staatsanwaltschaften, 38033/1.

12 Vgl. Andreas Hundsalz, Soziale Situation der Sinti in der Bundesrepublik Deutschland. Endbericht. Lebensverhältnisse Deutscher Sinti unter besonderer Berücksichtigung der eigenen Aussagen und Meinungen der Betroffenen, Stuttgart/Berlin/Köln/Mainz 1982, S. 60.

13 Bayerische Landpolizei, Kriminalaußenstelle Pfaffenhofen, Beschuldigten-Vernehmungen, 5.11. und 6.11.1972, in: StA München, Staatsanwaltschaften, 38033/1; Zeugenvernehmung Lidija Pavlov, Amtsgericht München, Abteilung für Strafsachen, Ermittlungsrichter, 18.12.1972, in: StA München, Staatsanwaltschaften, 38033/1.

14 Ebenda, und Bayerische Landpolizei, Kriminalaußenstelle Pfaffenhofen, Beschuldigten-Vernehmung, Maza Konstantinov, 6.11.1972, in: StA München, Staatsanwaltschaften, 38033/1.

15 Vgl. die Zeugen- und Beschuldigten-Vernehmungen durch die Kriminalaußenstelle Pfaffenhofen a. d. Ilm, 5.11. und 6.11.1972, in: StA München, Staatsanwaltschaften, 38033/1.

16 Vgl. Margret Weiler, Zur Frage der Integration der Zigeuner in der Bundesrepublik Deutschland. Eine Untersuchung der gegenwärtigen Situation der Zigeuner und der sozialpolitischen und sozialarbeiterischen Maßnahmen für Zigeuner, Diss. Köln 1979, S. 154–245; von Soest, Zigeuner zwischen Verfolgung und Integration, S. 106–119; Svenja Kemmerling, Die Entwicklung der Wohnsituation der Sinti und Roma in Köln seit 1945. Diplomarbeit am Geographischen Institut der Mathematisch-Naturwissenschaftlichen Fakultät der Universität Köln 2008.

17 Abendzeitung, 11./12.11.1972.

18 Mündliche Mitteilung von Nedelko Slavic vom 1.12.2020.

19 Ilmgau Kurier, 1.12.1972.

4
Rolf Bossi: Ein Staranwalt für Roma

1 Oberstadtdirektor der Stadt Köln an Staatsanwaltschaft beim Landgericht München II, 26.7.1973, in: StA München, Staatsanwaltschaften, 38033/2.

2 Rolf Bossi, Ich fordere Recht, S. 86.

3 Ebenda, S. 94.

4 Zit. nach ebenda, S. 114.

5 Bossis Angaben sind hier widersprüchlich. So ist nicht ganz klar, ob der inkriminierte Vorfall sich in Erding oder bei der Flakeinheit in München abspielte.

6 Rolf Bossi, Halbgötter in Schwarz. Deutschlands Justiz am Pranger, Frankfurt a. M. 2005, S. 212.

7 Bossi, Ich fordere Recht, S. 44.

8 Abendzeitung, 10.11.1972.

9 Vgl. von Soest, Zigeuner zwischen Verfolgung und Integration, S. 97–105; Stadtarchiv München, Bestand Sozialreferat (unbearbeitete Abgabe), Bd. 203: Landeshauptstadt München, Sozialreferat, Grundsatzabteilung: Konzept zur Eingliederung von Landfahrer- und Zigeunerfamilien, München 1973; Süddeutsche Zeitung, 3.10.1973: Neues Stadtasyl für Landfahrer.

10 Zit. nach von Soest, Zigeuner zwischen Verfolgung und Integration, S. 99.

11 Abendzeitung, 17.11.1972.

12 Ebenda.

13 Abendzeitung, 10.11.1972.

14 Ebenda.

15 Der Brief von Priska von Martin, der Ehefrau von Toni Stadler, konnte nicht gefunden werden. Der Inhalt ergibt sich aber aus einem Schreiben, das Priska Stadler am 19.3.1974 an das Schwurgericht München II richtete. In: StA München, Staatsanwaltschaften, 38033/2.

16 Der Spiegel, 18.12.1972.

17 Steffen Ufer/Göran Schattauer, Nicht schuldig. Gerechtigkeit ist keine Verhandlungssache. Ein Plädoyer des legendären Strafverteidigers, München 2016, S. 10.

18 Abendzeitung, 13.11.1972.

19 Der Spiegel, 27.11.1972.

20 Abendzeitung, 13.11.1972.

21 Aktenvermerk von Witschital, Kriminalaußenstelle Pfaffenhofen a. d. Ilm, 14.11.1972, in: StA München, Staatsanwaltschaften, 38033/1.

22 Undatierte Verfügung des Ersten Staatsanwalts Fehr von der Staatsanwaltschaft beim Landgericht München II, in: StA München, Staatsanwaltschaften, 38033/2.

23 Ebenda.

24 Mündliche Mitteilung von Eckhart Müller vom 11.3.2020.

25 Abendzeitung, 17.11.1972.

26 Abendzeitung, 29.11.1972; tz, 15.11.1972; Süddeutsche Zeitung, Neujahr 1973.

5
Der verstockte Täter und seine Ratgeber

1 Undatierte Verfügung des Ersten Staatsanwalts Fehr von der Staatsanwaltschaft beim Landgericht München II, in: StA München, Staatsanwaltschaften, 38033/2.

2 Bayerische Landpolizei, Landpolizeistation Pfaffenhofen a. d. Ilm, Verzeichnis über beschlagnahmte, sichergestellte bzw. in Verwahrung ge-

nommene Gegenstände, 5.11.1972, in: StA München, Staatsanwaltschaften, 38033/1.

3 Protokoll der öffentlichen Sitzungen des Schwurgerichts des Landgerichts München II am 18.3.,19.3., 20.3. und 21.3.1974, in: StA München, Staatsanwaltschaften, 38033/2.

4 Der «Grund [für den Waffenkauf] war die Selbstverteidigung», sagte Brunnwieser dem Ermittlungsrichter; Amtsgericht Ingolstadt, Ermittlungsrichter, 7.11.1972, in: StA München, Staatsanwaltschaften, 38033/1.

5 Süddeutsche Zeitung, 12./13.2.1977.

6 Amtsgericht Ingolstadt, Beschuldigten-Vernehmung, 7.11.1972, in: StA München, Staatsanwaltschaften, 38033/1.

7 Dietrich Nippold an Landgericht München II, 1. Strafkammer, 15.11.1972, in: StA München, Staatsanwaltschaften, 38033/1. (Die Schreiben von Rechtsanwälten tragen im Briefkopf meist alle Namen der Rechtsanwälte einer Kanzlei; hier in den Anmerkungen wird in der Regel nur der Ersterwähnte genannt).

8 1. Strafkammer des Landgerichts München II, 13.12.1972: Haftprüfungstermin in der Ermittlungssache Brunnwieser, in: StA München, Staatsanwaltschaften, 38033/1.

9 Ebenda.

10 Landgerichtsarzt beim Landgericht München II an Staatsanwaltschaft beim Landgericht München II, 24.4.1973, in: StA München, Staatsanwaltschaften, 38033/2.

11 tz, 18.3.1974.

12 Ilmgau Kurier, 12.12.1974.

13 Ilmgau Kurier, 12.1.1973.

6

Vier Tage vor Gericht

1 Kellner an Landgerichtsarzt Dr. Bundschu, 15.3.1973, in: StA München, Staatsanwaltschaften, 38033/2.

2 Mündliche Mitteilung von Eckhart Müller vom 11.3.2020.

3 Landgerichtsarzt beim Landgericht München II an Staatsanwaltschaft beim Landgericht München II, 24.4.1973, in: StA München, Staatsanwaltschaften, 38033/2.

4 Kellner an Vorsitzenden der 1. Strafkammer beim Landgericht München II, 14.5.1973, in: StA München, Staatsanwaltschaften, 38033/2.

5 Diplom-Psychologin Uta Droxler an die Staatsanwaltschaft beim Landgericht München II, 19.9.1973, in: StA München, Staatsanwaltschaften, 38033/2.

6 Dr. Sebastian Maier, Direktor des Nervenkrankenhauses Regensburg, an die Staatsanwaltschaft beim Landgericht München II, 2.10.1973, in: StA München, Staatsanwaltschaften, 38033/2.

7 Anklageschrift in der Strafsache gegen Brunnwieser, 7.1.1974, in: StA München, Staatsanwaltschaften, 38033/2.

8 Beschluß der 1. Strafkammer des Landgerichts München II, 12.2.1974, und Eröffnungsbeschluß der 1. Strafkammer des Landgerichts München II, 12.2.1974, in: StA München, Staatsanwaltschaften, 38033/2.

9 Nippold an Landgericht München II, 18.2.1974, in: StA München, Staatsanwaltschaften, 38033/2.

10 Oberstaatsanwalt Scheller (Oberlandesgericht) an Vorsitzenden des 1. Strafsenats des Oberlandesgerichts, 5.3.1974, in: StA München, Staatsanwaltschaften, 38033/2.

11 Abendzeitung, 19.3.1974; tz, 19.3.1974.

12 Mündliche Mitteilung von Peter Doebel vom 30.6.2021.

13 Paul wurde später Oberstaatsanwalt am Bayerischen Obersten Landesgericht und Präsident des Landgerichts München I.

14 Der Spiegel, 5.12.1977.

15 Protokoll der öffentlichen Sitzungen des Schwurgerichts des Landgerichts München II am 18.3., 19.3., 20.3. und 21.3.1974, in: StA München, Staatsanwaltschaften, 38033/2.

16 Ebenda.

17 Ebenda.

18 Widmaier an Landgericht München II, Schwurgericht, 18.3.1974, in: StA München, Staatsanwaltschaften, 38033/2.

19 Ebenda.

20 Münchner Merkur, 19.3.1974.

21 Süddeutsche Zeitung, 20.3.1974.

22 Bild, 19.3.1974.

23 tz, 20.3.1974.

24 Protokoll der öffentlichen Sitzungen des Schwurgerichts des Landgerichts München II am 18.3, 19.3., 20.3. und 21.3.1974, in: StA München, Staatsanwaltschaften, 38033/2.

25 Ebenda.

26 Ebenda.

27 Ebenda.

28 Ebenda. Wie weit der Staaatsanwalt bzw. das Gericht darunter blieben, war Ermessensspielraum.

29 Süddeutsche Zeitung, 21.3.1974.

30 Münchner Merkur, 21.3.1974. Vgl. auch Protokoll der öffentlichen Sitzungen des Schwurgerichts des Landgerichts München II am 18.3., 19.3., 20.3. und 21.3.1974, in: StA München, Staatsanwaltschaften, 38033/2.

31 Süddeutsche Zeitung, 22.3.1974.

32 Urteil im Strafverfahren gegen Brunnwieser wegen Totschlag u. a., in: StA München, Staatsanwaltschaften, 38033/2.

33 Ebenda, und Ilmgau Kurier, 22.3.1974.

34 Urteil im Strafverfahren gegen Brunnwieser wegen Totschlags u. a., in: StA München, Staatsanwaltschaften, 38033/2.

35 Ilmgau Kurier, 21.3.1974.

36 Bild, 19.3.1974.

37 Münchner Merkur, 22.3.1974.

7
Wutbürger in ihrem Element

1 Alle diese Zuschriften finden sich in: StA München, Staatsanwaltschaften, 38033/2.
2 Ilmgau Kurier, 22.3.1974.
3 Schreiben in: StA München, Staatsanwaltschaften, 38033/2.
4 Zuschrift von Theo Koppers an Landgericht München, 24.3.1974, in: StA München, Staatsanwaltschaften, 38033/2.
5 Das Schreiben war an die Stadtverwaltung von Pfaffenhofen a. d. Ilm gerichtet. Ilmgau Kurier, 6.5.1974.
6 Vgl. dazu und zur Rolle des Bayerischen Landeskriminalamtes bei der Wiedergutmachung für Sinti und Roma Diener, Das Bayerische Landeskriminalamt und seine «Zigeunerpolizei», S. 421–462.
7 Vgl. Arnold Spitta, Entschädigung für Zigeuner? Geschichte eines Vorurteils, in: Ludolf Herbst/Constantin Goschler (Hrsg.), Wiedergutmachung in der Bundesrepublik Deutschland, München 1989, S. 385–401; Grattan Puxon, Verschleppte Wiedergutmachung, in: Tilman Zülch für die «Gesellschaft für bedrohte Völker» (Hrsg.), In Auschwitz vergast, bis heute verfolgt. Zur Situation der Roma (Zigeuner) in Deutschland und Europa, Reinbek bei Hamburg 1979, S. 149–161; Romani Rose, Bürgerrechte für Sinti und Roma. Das Buch zum Rassismus in Deutschland, Heidelberg 1987, S. 46–59.
8 Vgl. Daniela Gress, «Lasst uns unser Recht fordern». Die Anfänge der Bürgerrechtsbewegung der Sinti und Roma in der Bundesrepublik Deutschland, Masterarbeit an der Ruprecht-Karls-Universität Heidelberg 2013, S. 27–31.
9 Die Organisation nannte sich zeitweise auch «Zentral-Komitee der Sinti West-Deutschlands».
10 Vgl. Daniela Gress, Zwischen Protest und Dialog. Die Bürgerrechtsbewegung deutscher Sinti und Roma, in: Landeszentrale für politische Bildung Baden-Württemberg (Hrsg.), Bürger & Staat 68 (2018), Heft 1/2: Antiziganismus, S. 21–27; dies., «Wir wollen Gerechtigkeit!» Die Ursprünge der Bürgerrechtsbewegung deutscher Sinti und Roma in Heidelberg, in: Heidelberg. Jahrbuch zur Geschichte der Stadt, 22 (2018), S. 111–128; dies., Protest und Erinnerung. Der Hungerstreik in Dachau und die Entstehung der Bürgerrechtsbewegung deutscher Sinti und Roma, in: Karola Fings/Sybille Steinbacher (Hrsg.), Sinti und Roma: Der nationalsozialistische Völkermord in historischer und gesellschaftspolitischer Perspektive, Göttingen 2021, S. 190–219.
11 Rhein-Neckar-Zeitung, 19.6.1973. Vgl. dazu auch Gerhard F. Rüdiger, «Jeder Stein ist ein Blutstropfen». Zigeuner in Auschwitz-Birkenau, Oświęcim-Brzezinka, in: Zülch (Hrsg.), In Auschwitz vergast, bis heute verfolgt, S. 136.
12 Abendzeitung, 22.3.1974.

13 Ilmgau Kurier, 23./24.3.1974.

14 Ebenda.

15 Pfaffenhofener Kurier, 16./17.3.1996. Der 1996 verstorbene Gramlich trat 1957 auch als Schöpfer eines Kirchenliedes hervor. Es trug den Titel: Frauenbrünndl-Lied. Erzbischöfliches Archiv München, PD, Nr. 6076.

16 Ilmgau Kurier, 30./31.3.1974. In einem späteren Aufruf von Landrat Scherg und Bürgermeister Elfinger war von Gerichtskosten in Höhe von 30 000 DM die Rede.

8
Die Reihen fest geschlossen:
Die CSU und der Todesschütze

1 Schmidt-Leichner an Landgericht, Schwurgericht München II, 7.8.1974; Vermerk von Staatsanwalt Kellner, 17.9.1974, in: StA München, Staatsanwaltschaften, 38033/3.

2 Ilmgau Kurier, 23.11.1970.

3 Elfinger war im Juni 1972 mit 96,3 Prozent zum Bürgermeister gewählt worden. Vgl. Ilmgau Kurier, 12.6.1972.

4 Ilmgau Kurier, 23.11.1970.

5 Der Aufruf ist abgedruckt in: Abendzeitung, 30./31.3.1974.

6 Bossi an Regierungspräsidenten Dr. Albert Deinlein, Regierung von Oberbayern, 28.3.1974, in: StA München, Staatsanwaltschaften, 38033/2.

7 Zit. nach Die Zeit, 12.4.1974. Vgl. auch Regierung von Oberbayern an Bossi, 11.4.1974, in: StA München, Staatsanwaltschaften, 38033/2.

8 Der Spiegel, 22.4.1974.

9 Ebenda.

10 Stern, 10.4.1974.

11 Ebenda.

12 Ilmgau Kurier, 22.4.1974.

13 Mündliche Mitteilung von Dieter Felder vom 29.6.2021.

14 Ilmgau Kurier, 22.4.1974.

15 Ebenda.

16 Mündliche Mitteilung von Dieter Felder vom 29.6.2021.

17 Ilmgau Kurier, 18.4., 22.4. und 23.4.1974.

18 Es handelte sich dabei um Franz Rutsch, einen «200 %igen CSU-Mann», wie sich ein Zeitzeuge erinnerte. Rutsch saß für die CSU auch im Kreistag und war ein Duzfreund von Eisenmann. Rutsch an Eisenmann, 26.3.1973, und Teilnehmerliste für die Flugreise am 28.1. mit 1.2.1971 mit den Kreisräten nach Berlin zum Besuch der Grünen Woche, in: BayHStA München, MELF, 2038.

19 Scherg war ebenfalls ein Duzfreund von Eisenmann, der ihn in einem Schreiben als «Lieber Heimo» bezeichnete. Eisenmann an Scherg, 5.12.1973, in: BayHStA München, MELF, 2038.

20 Ilmgau Kurier, 6.5.1974.

21 Ebenda.

22 Mündliche Mitteilung von Dieter Felder vom 29.6.2021.

23 Mündliche Mitteilung von Dieter Felder vom 29.6.2021.

24 Ilmgau Kurier, 12./13.6.1974.

25 Vgl. die umfangreichen Aktenbestände in: Der Bundesbeauftragte für die Unterlagen des Staatssicherheitsdienstes der ehemaligen Deutschen Demokratischen Republik (BStU), Archiv der Zentralstelle, MfS-ZAIG; BStU, Außenstelle Leipzig, BVfS Leipzig, Abt. XX, 02061; BStU, Zentralarchiv, MfS-HA XX/AKG, 1558.

26 Gutachten über Charakter und Tätigkeit mehrerer Organisationen, Einrichtungen und Gruppen in der Bundesrepublik Deutschland und Westberlin, Januar 1977, in: BStU, Zentralarchiv, MfS-HA IX, 8594.

27 Hauptabteilung XX/5, Analyse über die feindliche Organisation «Human Rights International. Liga für Menschenrechte», Berlin, Dezember 1977, in: BStU, Außenstelle Leipzig, BVfS Leipzig, Abt. XX, 02061. Als Lindmaier in Kirchdorf auftrat, war der Verein noch nicht einmal im Registergericht eingetragen; das geschah erst Wochen später. Vgl. Schreiben des Amtsgerichts Frankfurt a. M., Registergericht, an den Verfasser vom 10.1.2020 (Aktenzeichen: VR 6582 Fall: 1).

28 Einladung zur Mitglieder-Hauptversammlung am 4.6.1977 in Bad Nauheim, in: BStU, Außenstelle Leipzig, BVfS Leipzig, Abt. XX, 02061 (Hauptabteilung XX/5, Analyse über die feindliche Organisation «Human Rights International. Liga für Menschenrechte», Berlin, Dezember 1977, Anlage 13).

29 Eine Kopie des Artikels findet sich in: BStU, Zentralarchiv, MfS-HA XX/AKG, 1558 (Hauptabteilung XX/5: Analyse über die feindliche Organisation «Human Rights International. Liga für Menschenrechte», Berlin, Dezember 1977, Anlage 7).

30 Die Welt am Sonntag, 2.2.1975.

31 Ilmgau Kurier, 12./13.6.1974, und mündliche Mitteilung von Dieter Felder vom 29.6.2021.

32 Ilmgau Kurier, 12./13.6.1974.

33 Ilmgau Kurier, 8./9.6.1974.

34 Ilmgau Kurier, 7.6. und 8./9.6.1974.

35 Donau Kurier 5./6.2.1977.

36 Schmidt-Leichner an Landgericht, 1. Strafkammer, 19.8.1974, in: StA München, Staatsanwaltschaften, 38033/3.

37 Donau Kurier, 21.3.1974.

38 tz, 7.2.1977.

39 Ebenda.

40 tz, 7.2.1977.

41 Die Prozessakten gibt es anscheinend nicht mehr. Auskünfte der beiden Gerichte.

42 Schreiben vom 5.10.1979, in: StA München, Staatsanwaltschaften, 38033/5.

9
Der «Große S-L» und die
Aufrüstung der Verteidigung

1 Hubert Seliger, Politische Anwälte? Die Verteidiger der Nürnberger Prozesse, Baden-Baden 2016, S. 491; Walter Lewald, Erich Schmidt-Leichner zum 70. Geburtstag, in: Neue Juristische Wochenschrift, 33. Jahrgang (1.10.1980), S. 2565.

2 Stern, 14/1974.

3 Vgl. Seliger, Politische Anwälte?, S. 160.

4 Die Zeit, 8.9.1967.

5 Seliger, Politische Anwälte?, S. 402. Vgl. auch Annette Weinke, Eine Gesellschaft ermittelt gegen sich selbst. Die Geschichte der Zentralen Stelle Ludwigsburg 1958–2008, 2., um ein Vorwort erweiterte Auflage Darmstadt 2009.

6 Stern, 14/1974.

7 Vgl. Andreas Eichmüller, Keine Generalamnestie. Die strafrechtliche Verfolgung von NS-Verbrechen in der frühen Bundesrepublik, München 2012, S. 169.

8 Vgl. Seliger, Politische Anwälte?, S. 491–493, und Eichmüller, Keine Generalamnestie, S. 108 f.

9 Zit. nach Eichmüller, Keine Generalamnestie, S. 109.

10 Stern, 14/1974.

11 Ebenda.

12 Mündliche Mitteilung von Hartmut Wächtler vom 20.10.2019.

13 Mündliche Mitteilung von Dieter Felder vom 29.6.2021.

14 Schmidt-Leichner sei «sündhaft teuer» gewesen, schrieb der Stern, 14/1974.

15 Ilmgau Kurier, 12.12.1974.

16 Ilmgau Kurier, 27./28.3.1975.

17 Gerhard Paetsch an Landgericht, 21.8.1974, in: StA München, Staatsanwaltschaften, 38033/3.

18 Landgericht München II an Direktion der Justizvollzugsanstalt München-Stadelheim, 4.9.1974, in: StA München, Staatsanwaltschaften, 38033/3.

19 Schmidt-Leichner an Landgericht, Strafkammer, Schwurgericht, 6.5.1974, in: StA München, Staatsanwaltschaften, 38033/2; Nippold an Landgericht München II, 9.5.1974, in: Ebenda.

20 Schmidt-Leichner an Landgericht, Strafkammer, Schwurgericht, 6.5.1974, in: StA München, Staatsanwaltschaften, 38033/2. Schmidt-Leichner gab diese Bezeichnungen nicht korrekt wieder.

21 Beschluß der 1. Strafkammer des Landgerichts München II, 10.5.1974, in: StA München, Staatsanwaltschaften, 38033/2.

22 Beschluß der Staatsanwaltschaft beim Oberlandesgericht München, 20.5.1974, in: StA München, Staatsanwaltschaften, 38033/2.

23 Beschluß des 1. Strafsenats des Oberlandesgerichts München, 27.5.1974, in: StA München, Staatsanwaltschaften, 38033/2.

24 Landrat des Kreises Pfaffenhofen (Scherg) an Landgericht München II, 22.8.1974, in: StA München, Staatsanwaltschaften, 38033/3; Gemeinde Schweitenkirchen an Landgericht München II, 21.8.1974, in: Ebenda.

25 Schmidt-Leichner an Landgericht, 1. Strafkammer, 19.8.1974, in: StA München, Staatsanwaltschaften, 38033/3.

26 Beschluß der 1. Strafkammer des Landgerichts München II, 27.8.1974, in: StA München, Staatsanwaltschaften, 38033/3.

27 Staatsanwaltschaft beim Oberlandesgericht München an den Vorsitzenden des 1. Strafsenats beim Oberlandesgericht, 5.9.1974, 3.10.1974, in: StA München, Staatsanwaltschaften, 38033/3.

28 Beschluß der 1. Strafkammer des Landgerichts München II, 20.9.1974, in: StA München, Staatsanwaltschaften, 38033/3.

29 Schmidt-Leichner an Oberlandesgericht München, 1.10.1974, in: StA München, Staatsanwaltschaften, 38033/3.

30 Beschluß des 1. Strafsenats des Oberlandesgerichts München, 10.10.1974, in: StA München, Staatsanwaltschaften, 38033/3.

31 Schmidt-Leichner an Landgericht-Schwurgericht München II, 7.8.1974, in: StA München, Staatsanwaltschaften, 38033/3.

32 Aktennotiz von Kellner, 1.10.1974, in: StA München, Staatsanwaltschaften, 38033/3.

33 Generalbundesanwalt beim Bundesgerichtshof an Vorsitzenden des 1. Strafsenats, 13.3.1975, in: StA München, Staatsanwaltschaften, 38033/3.

34 Bossi an Bundesgerichtshof, 24.2.1975, in: StA München, Staatsanwaltschaften, 38033/3.

35 Urteil des Bundesgerichtshofes in der Strafsache gegen B[runnwieser], 27.5.1975, in: StA München, Staatsanwaltschaften, 38033/3. Der Text des Urteils findet sich auch in: https://research.wolterskluwer-online.de/document/6f86e05c-dc87-417a-9938-225ba3d39274 [11.1.2022].

36 Ebenda.

37 Öffentliche Sitzung des 1. Strafsenats des Bundesgerichtshofes, 27.5.1975, und Urteil des Bundesgerichtshofes in der Strafsache gegen Brunnwieser, 27.5.1975, in: StA München, Staatsanwaltschaften, 38033/3.

38 Mündliche Mitteilung von Hartmut Wächtler vom 28.10.2019.

10
Rassistische Hetze in der Revision

1 Lacqua an Staatsanwaltschaft beim Landgericht München II, 16.7.1975; Staatsanwaltschaft beim Landgericht München I an Vorsitzenden des Schwurgerichts des Landgerichts, 29.7.1975; Beschluß des Schwurgerichts des Landgerichts München I, 6.8.1975, in: StA München, Staatsanwaltschaften, 38033/4.

2 Beschluß des Schwurgerichts des Landgerichts München I, 6.5.1976, in: StA München, Staatsanwaltschaften, 38033/4.

3 Schmidt-Leichner an Landgericht, Schwurgericht, 10.6.1976; Beschluß des Schwurgerichts des Landgerichts München I, 29.7.1976, in: StA München, Staatsanwaltschaften, 38033/4.

4 Vermerk des Vorsitzenden Richters am Landgericht, 20.10.1976, in: StA München, Staatsanwaltschaften, 38033/4.

5 Protokoll der öffentlichen Sitzungen des Schwurgerichts des Landgerichts München I, 7.2.–11.2.1977, in: StA München, Staatsanwaltschaften, 38033/4.

6 Münchner Merkur, 8.2.1977.

7 Abendzeitung, 12./13.2.1977; Münchner Merkur, 8.2.1977.

8 Süddeutsche Zeitung, 11.2.1977.

9 Protokoll der öffentlichen Sitzungen des Schwurgerichts des Landgerichts München I, 7.2.–11.2.1977, in: StA München, Staatsanwaltschaften, 38033/4.

10 Bossi an Staatsanwaltschaft beim Landgericht München I, 26.8.1975, in: StA München, Staatsanwaltschaften, 38033/4.

11 Bossi an das Landgericht München, Schwurgericht, 27.12.1976, in: StA München, Staatsanwaltschaften, 38033/4. Vgl. auch Fernschreiben der Kriminalpolizei Köln vom 4.1.1977, in: StA München, Staatsanwaltschaften, 38033/4.

12 tz, 7.2.1977.

13 Abendzeitung, 8.2.1977.

14 Ilmgau Kurier, 8.2.1977.

15 Süddeutsche Zeitung, 9.2.1977.

16 Protokoll der öffentlichen Sitzungen des Schwurgerichts des Landgerichts München I, 7.2.–11.2.1977, in: StA München, Staatsanwaltschaften, 38033/4.

17 Bayerischer Landtag, Stenographischer Bericht 9/66 vom 17.7.1980, S. 4159.

18 Frankfurter Rundschau, 12.2.1977.

19 Süddeutsche Zeitung, 8.2.1977.

20 Donau Kurier, 8.2.1977.

21 Stern 14/1974.

22 Ilmgau Kurier, 10.2.1977, und Protokoll der öffentlichen Sitzungen des Schwurgerichts des Landgerichts München I, 7.2.–11.2.1977, in: StA München, Staatsanwaltschaften, 38033/4. Beslmüller, 1915 in Isen geboren, trat 1936 in den Orden der Benediktiner ein und wurde 1947 Kaplan in Scheyern. Seit 1965 leitete er die Kuratie Niederthann, die mehrere kleine Dörfer mit rund 300 Einwohnern umfasste. Erzbischöfliches Archiv München, Bestand: Pfarrarchiv Niederthann-St. Dionysius (CB319,67).

23 Ilmgau Kurier, 10.2.1977.

24 Ilmgau Kurier, 10.2.1977.

25 Ebenda.

26 Ebenda; Protokoll der öffentlichen Sitzungen des Schwurgerichts des Landgerichts München I, 7.2.–11.2.1977, in: StA München, Staatsanwaltschaften, 38033/4.

27 Ilmgau Kurier, 10.2.1977.

230

28 Süddeutsche Zeitung, 9.2.1977.

29 Urteil im Strafverfahren gegen Brunnwieser wegen Totschlags u. a., in: StA München, Staatsanwaltschaften, 38033/2.

30 Bayerische Landpolizei, Kriminalaußenstelle Pfaffenhofen a. d. Ilm, 9.11.1972; Amtsgericht Pfaffenhofen a. d. Ilm, Ermittlungsrichter, 29.11.1972, in: StA München, Staatsanwaltschaften, 38033/1. Auch die bayerische Landespolizei, Kriminalpolizeiinspektion Ingolstadt, betonte in ihrem Schlussbericht vom 19.2.1973: «Ob sie dazu gekommen sind, Zimmer zu betreten und nach Stehlgut zu suchen, bleibt offen.» Anhaltspunkte dafür waren nicht gefunden worden. In: StA München, Staatsanwaltschaften, 38033/1.

31 Ilmgau Kurier, 10.2.1077.

32 Donau Kurier, 10.2.1977.

33 Ilmgau Kurier, 9.2.1977.

34 Urteil des Schwurgerichts des Landgerichts München I, 11.2.1977, in: StA München, Staatsanwaltschaften, 38033/5.

35 Ilmgau Kurier, 11.2.1977; Süddeutsche Zeitung, 11.2.1977.

36 tz, 8.2.1977.

37 Ilmgau Kurier, 10.2.1977.

38 Protokoll der öffentlichen Sitzungen des Schwurgerichts des Landgerichts München I, 7.2.–11.2.1977, in: StA München, Staatsanwaltschaften, 38033/4; Urteil des Schwurgerichts des Landgerichts München I, 11.2.1977, in: StA München, Staatsanwaltschaften, 38033/5.

39 Protokoll der öffentlichen Sitzungen des Schwurgerichts des Landgerichts München I, 7.2.–11.2.1977, in: StA München, Staatsanwaltschaften, 38033/4; Urteil des Schwurgerichts des Landgerichts München I, 11.2.1977, in: StA München, Staatsanwaltschaften, 38033/5.

40 Protokoll der öffentlichen Sitzungen des Schwurgerichts des Landgerichts München I, 7.2.–11.2.1977, in: StA München, Staatsanwaltschaften, 38033/4.

41 Donau Kurier, 11.2.1977.

42 Ebenda.

43 Süddeutsche Zeitung, 14.2.1977.

44 Süddeutsche Zeitung, 11.2.1977.

45 Ebenda.

46 Ebenda.

47 tz, 12./13.2.1977.

48 tz, 11.2.1977.

49 Ebenda.

50 Ilmgau Kurier, 11.2.1977.

51 Münchner Merkur, 12./13.2.1977, Abendzeitung, 12./13.2.1977. Vgl. dazu Bogdal, Europa erfindet die Zigeuner, S. 403.

52 Abendzeitung, 12./13.2.1977.

53 Münchner Merkur, 12./13.2.1977.

54 Abendzeitung, 12./13.2.1977.

55 Donau Kurier, 12./13.2.1977.

56 Münchner Merkur, 12./13.2.1977. Die Landfahrerordnung wurde 1970 aufgehoben.

57 Protokoll der öffentlichen Sitzungen des Schwurgerichts des Landgerichts München I, 7.2.–11.2.1977, in: StA München, Staatsanwaltschaften, 38033/4.

58 Urteil des Schwurgerichts des Landgerichts München I, 11.2.1977, in: StA München, Staatsanwaltschaften, 38033/5.

59 Bossi an Oberlandesgericht München, 3. Strafsenat, 5.10.1979, in: StA München, Staatsanwaltschaften, 38033/5.

60 Urteil des Schwurgerichts des Landgerichts München I, 11.2.1977, in: StA München, Staatsanwaltschaften, 38033/5.

61 Ebenda.

62 Münchner Merkur, 12./13.2.1977; Abendzeitung, 12./13.2.1977; tz, 12./13.2.1977.

63 Süddeutsche Zeitung, 12./13.2.1977.

64 Urteil des Schwurgerichts des Landgerichts München I, 11.2.1977, in: StA München, Staatsanwaltschaften, 38033/5.

65 Ebenda.

66 Ilmgau Kurier, 12./13.2.1977.

67 Münchner Merkur, 12./13.2.1977.

68 Diese Forderung erhob Grader laut eines Leserbriefes der beiden angesprochenen Pfarrer, Gramlich und Beslmüller. Ilmgau Kurier, 17.2.1977.

69 Ilmgau Kurier, 12./13.2.1977; Donau Kurier, 12./13.2.1977.

70 Ilmgau Kurier, 12./13.2.1977.

71 Ebenda.

11

Strafnachlass wegen politischer Protektion?

1 Ilmgau Kurier, 17.2.1977; Süddeutsche Zeitung, 25.2.1977.

2 Abendzeitung, 12./13.2.1977.

3 tz, 12./13.2.1977.

4 Süddeutsche Zeitung, 14.2.1977.

5 Ebenda.

6 Süddeutsche Zeitung, 18.2.1977.

7 Ebenda.

8 Sebastian S. an Grader, 12.2.1977, in: StA München, Staatsanwaltschaften, 38033/4.

9 Ebenda.

10 Ebenda.

11 Paetsch an Landgericht München I, Schwurgericht, 11.2.1977, in: StA München, Staatsanwaltschaften, 38033/5.

12 Schmidt-Leichner an Schwurgerichtskammer des Landgerichts München I, 20.5.1977, in: StA München, Staatsanwaltschaften, 38033/5.

13 Generalbundesanwalt beim Bundesgerichtshof an Vorsitzenden des 1. Strafsenats, 6.9.1977, in: StA München, Staatsanwaltschaften, 38033/5;

Bundesgerichtshof, Beschluß in der Strafsache gegen Brunnwieser, 11.10.1977, in: StA München, Staatsanwaltschaften, 38033/5.

14 Staatsanwaltschaft beim Landgericht München II, Ladung zum Strafantritt, 22.11.1977, in: StA München, Staatsanwaltschaften, 38033/6.

15 Schmidt-Leichner an Staatsanwaltschaft beim Landgericht München II, 8.12.1977, in: StA München, Staatsanwaltschaften, 38033/6.

16 Staatsanwalt Mützel an Schmidt-Leichner, 14.12.1977, in: StA München, Staatsanwaltschaften, 38033/6.

17 Rauer an Staatsminister der Justiz, 22.12.1977, in: StA München, Staatsanwaltschaften, 38033/6.

18 Vgl. die Korrespondenz zwischen den beiden in: BayHStA München, MELF, 2029.

19 Die entsprechende Korrespondenz findet sich in: StA München, Staatsanwaltschaften, 38033/7.

20 Neubauer an Rauer und Schmidt-Leichner, 22.12.1977, in: StA München, Staatsanwaltschaften, 38033/6.

21 Oberstaatsanwalt Koppenhöffer an Generalstaatsanwalt beim Oberlandesgericht München, 14.2.1978, in: StA München, Staatsanwaltschaften, 38033/7.

22 Rauer an Graml, 27.9.1978, in: StA München, Staatsanwaltschaften, 38033/6.

23 Bayerisches Staatsministerium der Justiz an Schmidt-Leichner und Rauer, 10.3.1978, in: StA München, Staatsanwaltschaften, 38033/6.

24 Schmidt-Leichner an Landgericht München II, Schwurgerichtskammer, 8.8.1978, in: StA München, Staatsanwaltschaften, 38033/6.

25 Gemeinde Schweitenkirchen an Bayerisches Staatsministerium der Justiz, 29.5.1978, in: StA München, Staatsanwaltschaften, 38033/6.

26 Polizeiinspektion Pfaffenhofen a. d. Ilm an Gemeinde Schweitenkirchen, 14.6.1978, in: StA München, Staatsanwaltschaften, 38033/6.

27 Beslmüller an Hillermeier, 10.6.1978, in: StA München, Staatsanwaltschaften, 38033/6. In dem handschriftlichen Entwurf des Schreibens heißt es: «Ohne die tragische Kurzschlußhandlung des Brunnwieser Max vom 5.11.72 billigend rechtfertigen zu wollen, fühle ich mich als Heimatseelsorger der durch den Strafvollzug von ihrem Ernährer langdauernd getrennten Familie B. gedrängt, darum zu bitten, den vom Gesetz her möglichen Strafnachlaß voll ausschöpfen zu wollen. Ich fürchte, daß der sensible B. durch die Strenge des Gesetzes je länger je mehr verbittert wird. Ergebenst». Erzbischöfliches Archiv München, Bestand: Pfarrarchiv Niederthann-St. Dionysius (CB319,67). Das Antwortschreiben des Staatsministeriums der Justiz an Beslmüller vom 6.7.1978 findet sich ebenda.

28 Justizvollzugsanstalt Landsberg am Lech an Staatsanwaltschaft beim Landgericht München II, 31.7.1978, in: StA München, Staatsanwaltschaften, 38033/6.

29 In: StA München, Staatsanwaltschaften, 38033/6.

30 Vgl. die Personalakte von Bernhard Graml in: BayHStA München, MJu 25107.

31 Rauer an Vorsitzenden der Großen Strafvollstreckungskammer beim Landgericht Augsburg, 27.9.1978, in: StA München, Staatsanwaltschaften, 38033/6.

32 Rauer an Graml, 27.9.1978, in: StA München, Staatsanwaltschaften, 38033/6.

33 Rauer an Graml, 9.10.1978, in: StA München, Staatsanwaltschaften, 38033/6.

34 Ebenda.

35 Beschluß der Großen Strafvollstreckungskammer des Landgerichts Augsburg, 11.10.1978, in: StA München, Staatsanwaltschaften, 38033/6.

12
Der Tod als langer Schatten

1 Mündliche Mitteilung von Nedelko Slavic vom 1.12.2020.

2 Mündliche Mitteilungen von Nedelko Slavic vom 20.3.2021 und von Ruždija Russo Sejdović vom 22.3.2021.

3 Das bayerische Bestattungsgesetz vom 24.9.1970 findet sich in: Bayerisches Gesetz- und Verordnungsblatt, Nr. 21, 30.9.1970, S. 417–420.

4 Mitteilung der Ilmtalklinik Pfaffenhofen vom 25.3.2021.

5 Mündliche Mitteilungen von Dr. Gabi Horsmann-Blauth und Joan Brüggemeier vom 24.3.2021.

6 Bossi an Landgericht München, Schwurgericht, 27.12.1976, in: StA München, Staatsanwaltschaften, 38033/4; Kölner Stadt-Anzeiger, 13./14.11.1976.

7 Vgl. Kemmerling, Die Entwicklung der Wohnsituation der Sinti und Roma in Köln seit 1945, S. 68.

8 Ebenda, S. 69. Zur Situation der Sinti und Roma in Köln vgl. Weiler, Zur Frage der Integration der Zigeuner in der Bundesrepublik Deutschland, S. 154–245.

9 Kölner Stadt-Anzeiger, 17./18.11.1976.

10 Kölner Stadt-Anzeiger, 7.12. und 24./25.12.1976.

11 Kölner Stadt-Anzeiger, 1.4.1977.

12 Ebenda.

13 Vgl. Wolfram Stender, Der Konflikt zwischen der Bürgerrechtsbewegung der Sinti und Roma und der Sozialen Arbeit. Oder: Warum rassismuskritische Bildung für die Soziale Arbeit unverzichtbar ist, in: Sigurður A. Rohloff/Mercedes Martínez Calero/Dirk Lange (Hrsg.), Soziale Arbeit und Politische Bildung in der Migrationsgesellschaft, Wiesbaden 2018, S. 177–187; Anton Franz/Romani Rose/Ranco Brantner, «Zigeunerseelsorge» und Rassenideologie. Die Beziehung der «Katholischen Zigeunerseelsorge» und des Bundesfamilienministeriums zu dem Rassehygieniker Dr. med. Hermann Arnold. Ein Stück deutscher Geschichte, in: Pogrom. Zeitschrift für bedrohte Völker 12 (80/81), Sonderausgabe, S. 163–174; Wilhelm Solms, Sie bedürfen wegen ihrer «ethnischen Eigenart» einer «eigenen geistlichen Betreuung». Zum Konzept der «Katholischen Zigeuner- und Nomadenseelsorge», in: Ders., «Kulturloses Volk»? Berichte

über «Zigeuner» und Selbstzeugnisse von Sinti und Roma, Seeheim 2006, S. 59–69; Gernot Haupt, Antiziganismus und Religion. Elemente einer Theologie der Roma-Befreiung, Wien/Berlin/Münster 2009, S. 143–147.

14 Mündliche Mitteilung von Nedelko Slavic vom 20.3.2021.

15 Bericht vom 5.4.1977, zit. nach Kemmerling, Die Entwicklung der Wohnsituation der Sinti und Roma in Köln seit 1945, S. 69.

16 Kölner Stadt-Anzeiger, 27.4.1977.

17 Kölner Stadt-Anzeiger, 8.11.1976.

18 Kölner Stadt-Anzeiger, 11.2.1977.

19 Kölner Stadt-Anzeiger, 27.4.1977.

20 Kemmerling, Die Entwicklung der Wohnsituation der Sinti und Roma in Köln seit 1945, S. 70.

21 Kölner Stadt-Anzeiger, 8.6.1977.

22 Zeko Slavic war in Frankfurt nicht gemeldet. Mitteilung der Stadt Frankfurt a. M., Bürgeramt, Statistik und Wahlen vom 13.4.2021.

23 Vgl. Lidwine Spoormans/Daniel Navas-Carrillo/Hielkje Zijlstra/Teresa Pérez-Cano, Planning History of a Dutch New Town. Analysing Lelystad through Its Residential Neighbourhoods, in: Urban Planning, 2019, Volume 4, Issue 3, S. 102–116, http://pure.tudelft.nl/ws/files/57244341/ UP_4_3_Planning_History_of_a_Dutch_New_Town_Analysing_ Lelystad_through_Its_Residential_Neighbourhoods.pdf [11.1.2022].

24 https://www.anderetijden.nl/aflevering/293/Lelystad [11.1.2022]; Joris van Casteren, Lelystad, Amsterdam 2009.

25 Vgl. dazu die digitale Datenbank der Königlichen Bibliothek in Den Haag, die fast alle niederländischen Zeitungen bis zum Ende des 20. Jahrhunderts enthält, https://www.delpher.nl/nl/kranten [11.1.2022]. Für diesen sehr wertvollen Hinweis und für andere Ratschläge danke ich meinem Kollegen Rick Tazelaar von der Universität Leiden sehr herzlich.

26 Weiler, Zur Frage der Integration der Zigeuner in der Bundesrepublik Deutschland, S. 23.

27 Mündliche Mitteilung von Nedelko Slavic vom 20.3.2021.

28 Städtisches Krankenhaus Pfaffenhofen a. d. Ilm, Ärztliche Bestätigung, 7.11.1972, in: StA München, Staatsanwaltschaften, 38033/1.

29 Protokoll der Zeugenbefragung von Zeko Slavic vor dem Landgericht München II, 29.1.1976, in: StA München, Staatsanwaltschaften, 38033/5.

30 Einschätzung von Ruždija Russo Sejdović vom 2.6.2021.

13
Die Tat als langer Schatten

1 Rauer an Landgericht München I, Schwurgerichtskammer, 16.2.1987, in: StA München, Staatsanwaltschaften, 38033/5.

2 Bossi an Landgericht München II, 3.5.1978, in: StA München, Staatsanwaltschaften, 38033/5.

3 Laqua an Landgericht München II, 3.7.1978, in: StA München, Staatsanwaltschaften, 38033/5.

4 Laqua an Landgericht München II, 7.2.1979, in: StA München, Staatsanwaltschaften, 38033/5.

5 Bossi an Landgericht München II, 19.2.1979, in: StA München, Staatsanwaltschaften, 38033/5.

6 Landgericht München II, Kostenfeststellungsbeschluß, 16.8.1978, in: StA München, Staatsanwaltschaften, 38033/5.

7 Kostenfeststellungsbeschluß, 4.9.1979, in: StA München, Staatsanwaltschaften, 38033/5.

8 Rauer an Landgericht München II, Schwurgericht, 8.9.1979, in: StA München, Staatsanwaltschaften, 38033/5.

9 Beschluß des Landgerichts München II, Schwurgericht, 13.9.1979, in: StA München, Staatsanwaltschaften, 38033/5.

10 Beschluß des 3. Strafsenats des Oberlandesgerichts München, 12.10.1979, in: StA München, Staatsanwaltschaften, 38033/5.

11 Beschluß des Schwurgerichts des Landgerichts München II, 23.10.1979, in: StA München, Staatsanwaltschaften, 38033/5.

12 Beschluß des 3. Strafsenats des Oberlandesgerichts München, 13.11.1979, in: StA München, Staatsanwaltschaften, 38033/5.

13 Rauer an Staatsanwaltschaft beim Landgericht München II, 25.3.1979: Vermögensverhältnisse von Brunnwieser, in: StA München, Staatsanwaltschaften, 38033/6; Staatsanwaltschaft beim Landgericht München II, Strafvollstreckungsbehörde, an Brunnwieser, 29.5.1980, in: Ebenda, und Brunnwieser an Rauer, 22.10.1980, in: Ebenda.

14 Die Gerichtskosten beliefen sich ursprünglich auf 16 000 DM. Hinzu kamen die «nachträglich entstandenen Kosten für den den Nebenklägern im Armenrecht beigeordneten Rechtsanwalt Widmaier in Höhe von 2712,86 DM», wie der Bezirksrevisor beim Landgericht München II am 20.6.1979 dem Präsidenten des Amtsgerichts München mitteilte. In: StA München, Staatsanwaltschaften, 38033/6.

15 Rauer an den Staatsanwalt beim Landgericht München II, 3.3.1980, in: StA München, Staatsanwaltschaften, 38033/6.

16 Rauer an Staatsanwaltschaft beim Landgericht München II, 25.10.1980, in: StA München, Staatsanwaltschaften, 38033/6. 1983 polemisierte Rauer noch immer über überhöhte «Zigeuner-Zeugengebühren». Hätten «diese Herrschaften nicht im Anwesen des Herrn Brunnwieser stehlen wollen […], wären die verhängnisvollen Schüsse nicht gefallen. Mitleid [mit den Zigeunern] in Ehren. Aber in Grenzen sollte man meinen.» Rauer an Staatsanwaltschaft beim Landgericht München II, 4.1.1983, in: StA München, Staatsanwaltschaften, 38033/7.

17 Schreiben des Rechtspflegers Koller an Brunnwieser vom 27.6.1980, in: StA München, Staatsanwaltschaften, 38033/6.

18 Rauer an Staatsanwaltschaft beim Landgericht München II, 11.7.1980, in: StA München, Staatsanwaltschaften, 38033/6.

19 Staatsanwaltschaft beim Landgericht München II, Strafvollstreckung, an Präsidenten des Amtsgerichts München, 28.5.1982, und Verfügung des Präsidenten des Amtsgerichts München, 11.6.1982 über Erlaßersuchen,

3.5. und 14.5.1982; Staatsanwaltschaft beim Landgericht München II an Rauer, 18.6.1982, in: StA München, Staatsanwaltschaften, 38033/6.

20 Staatsanwaltschaft beim Landgericht München II, Pfändungs- und Überweisungsbeschluß, 26.10.1982, in: StA München, Staatsanwaltschaften, 38033/6.

21 Rauer an Staatsanwaltschaft beim Landgericht München II, 4.1.1983, in: StA München, Staatsanwaltschaften, 38033/6.

22 Rauer an Staatsanwaltschaft beim Landgericht München II, 23.1.1983, in: StA München, Staatsanwaltschaften, 38033/6.

23 Ebenda.

24 Staatsanwaltschaft beim Landgericht München II an Rauer, 18.1.1983; Staatsanwaltschaft beim Landgericht München II an Rauer, 15.10.1983; Präsident des Amtsgerichts München, Verfügung, 27.10.1983; Staatsanwaltschaft beim Landgericht München II, Strafvollstreckungsabteilung, 10.11.1983, in: StA München, Staatsanwaltschaften, 38033/6.

25 Metzgerei Grebmair an Brunnwieser, 26.10.1982, in: StA München, Staatsanwaltschaften, 38033/6.

26 Staatsanwaltschaft München II, Haftprüfungstermin in der Ermittlungssache Brunnwieser, 13.12.1972, in: StA München, Staatsanwaltschaften, 38033/1.

27 Schreiben vom 11.7.1980, in: StA München, Staatsanwaltschaften, 38033/6.

14
Was bleibt?

1 Auch dieser Name wurde geändert.

2 Generalbundesanwalt beim Bundesgerichtshof an Staatsanwaltschaft beim Landgericht Traunstein, 20.10.1987: Verzeichnis der Straftaten, in: StA München, Staatsanwaltschaften, 45527.

3 Irena Reinberger an Landgericht Traunstein, 10.12.1980, in: StA München, Staatsanwaltschaften, 45527.

4 Gemeinde Hohenthann an Landgericht Traunstein, 9.12.1980, in: StA München, Staatsanwaltschaften, 45527.

5 Staatsanwaltschaft beim Landgericht Traunstein, 15.12.1980, in: StA München, Staatsanwaltschaften, 45527.

6 Rechtsanwalt Wolfgang Kreuzer an Bayerisches Staatsministerium der Justiz, Gnadenabteilung, 1.6.1981, in: StA München, Staatsanwaltschaften, 45527.

7 Verband Deutscher Sinti e. V. an Bayrisches Justizministerium, 13.5.1981, in: StA München, Staatsanwaltschaften, 45527.

8 Gemeinde Hohenthann an Ranco Brantner, 20.5.1981, in: StA München, Staatsanwaltschaften, 45527.

9 Leitender Oberstaatsanwalt beim Landgericht Traunstein an Generalstaatsanwalt beim Oberlandesgericht München, 20.7.1981, in: StA München, Staatsanwaltschaften, 45527.

10 Sozialdienst Katholischer Frauen e. V. München an Rechtsanwalt Kreuzer, 24.3.1982, in: StA München, Staatsanwaltschaften, 45527.

11 Regierungsdirektor Deuschl an Staatsanwaltschaft Traunstein, 5.10.1982, in: StA München, Staatsanwaltschaften, 45527.

12 Leitender Oberstaatsanwalt beim Landgericht Traunstein an Generalstaatsanwalt beim Oberlandesgericht München, 4.11.1982, in: StA München, Staatsanwaltschaften, 45527.

13 Entscheidung des Bayerischen Staatsministeriums der Justiz, 18.11.1982, in: StA München, Staatsanwaltschaften, 45527. Irena Reinberger beging während der Bewährungszeit zwei Ladendiebstähle, die von der Justiz allerdings nicht zum Anlass genommen wurden, die Bewährung zu widerrufen; sie wurde nur um ein Jahr verlängert.

14 Süddeutsche Zeitung, 4./5.7.1981.

15 Vgl. Daniela Gress, Memorandum des Verbandes Deutscher Sinti und der Romani-Union (1979), in: Quellen zur Geschichte der Menschenrechte, herausgegeben vom Arbeitskreis Menschenrechte im 20. Jahrhundert, September 2018, https://www.geschichte-menschenrechte.de/schluesseltexte/memorandum-verband-sinti-roma [11.1.2022].

16 Vgl. Gress, «Lasst uns unser Recht fordern», S. 37 f.

17 Gress, Memorandum des Verbandes Deutscher Sinti und der Romani-Union (1979), S. 3/23-5/23.

18 Zit. nach Daniela Gress, Geburtshelfer einer Bewegung? Die mediale Kampagne der «Gesellschaft für bedrohte Völker» für Bürgerrechte deutscher Sinti und Roma, in: Birgit Hofmann (Hrsg.), Menschenrecht als Nachricht. Medien, Öffentlichkeit und Moral seit dem 19. Jahrhundert, Frankfurt a. M. 2020, S. 279; dies., Memorandum des Verbandes Deutscher Sinti und der Romani-Union (1979), S. 5/23.

19 Zit. nach Gress, Geburtshelfer einer Bewegung?, S. 282.

20 Gress, Memorandum des Verbandes Deutscher Sinti und der Romani-Union (1979); Die Zeit, 7.12.1979.

21 Ernst Tugendhat, Vorwort, in: Zülch (Hrsg.), In Auschwitz vergast, bis heute verfolgt, S. 9.

22 Zit. nach Gress, Geburtshelfer einer Bewegung?, S. 287.

23 Ebenda, S. 286.

24 Zit. nach Gress, «Lasst uns unser Recht fordern», S. 46.

25 Zit. nach ebenda, S. 47.

26 Fritz Greußing/Romani Rose an Innenminister Tandler, 13.7.1979, zit. nach Gress, Protest und Erinnerung, S. 196.

27 Presseerklärung der Gesellschaft für bedrohte Völker, 10.7.1979, zit. n. ebd.

28 Ebenda, und Nerdinger (Hrsg.), Die Verfolgung der Sinti und Roma, S. 274–279.

29 taz, 8.4.1980, zit. nach Gress, Protest und Erinnerung, S. 199.

30 Erklärung von Johannes Hanselmann, Landesbischof der Evangelisch-Lutherischen Kirche in Bayern, und Joseph Kardinal Ratzinger, Erzbischof von München und Freising, 10.4.1980, in: Erzbischöfliches Archiv München, Bestand: Generalvikariat, Sachakten, Nr. 2891.

31 Erklärung der drei Landtagsfraktionen und von Staatssekretär Neubauer, 11.4.1980, zit. nach Gress, Protest und Erinnerung, S. 201.

32 Bundeskanzleramt an Joseph Kardinal Ratzinger und Landesbischof Johannes Hanselmann, 11.4.1980, zit. nach Gress, Protest und Erinnerung, S. 201.

33 Süddeutsche Zeitung, 14.4.1980, zit. nach Gress, Protest und Erinnerung, S. 202.

34 Vgl. Dringlichkeitsantrag. Betreff: Situation der Sinti und Roma in Bayern, in: Bayerischer Landtag, 9. Wahlperiode, Drucksache 9/4891, 17.4.1980; Antrag. Betreff: Dokumentationszentrum der Sinti in der Stadt Dachau, in: Ebenda, Drucksache 9/4899, 17.4.1980.

35 Bayerischer Landtag, Stenographischer Bericht 9/66 vom 17.7.1980, S. 4157 f.

36 Ebenda, S. 4158.

37 Ebenda, S. 4160.

38 Ebenda, S. 4161.

39 Ebenda, S. 4162.

40 Zit. nach Gress, Protest und Erinnerung, S. 204.

41 Bayerischer Landtag, Stenographischer Bericht 9/66 vom 17.7.1980, S. 4159.

42 Ebenda, S. 4168.

43 Vgl. Widmann, An den Rändern der Städte, S. 23.

44 Vgl. Ingrid Braach, Zum Konflikt zwischen der «Katholischen Zigeunerfürsorge» und den Roma-Selbstorganisationen, in: Bauer/Bura/Lang (Hrsg.), Sinti in der Bundesrepublik, S. 107–133.

45 Stender, Der Konflikt zwischen der Bürgerrechtsbewegung der Sinti und Roma und der Sozialen Arbeit, S. 177–187.

46 Vgl. Reemtsma, Sinti und Roma, S. 140.

47 Erklärung von Johannes Hanselmann, Landesbischof der Evangelisch-Lutherischen Kirche in Bayern, und Joseph Kardinal Ratzinger, Erzbischof von München und Freising, 10.4.1980, in: Erzbischöfliches Archiv München, Bestand: Generalvikariat, Sachakten, Nr. 2891; Stuttgarter Nachrichten, 12.4.1980, zit. nach Franz/Rose/Brantner, «Zigeunerseelsorge» und Rassenideologie, S. 167. Vgl. dazu auch die Presseerklärung des Ordinariats in München zum Hungerstreik Deutscher Sinti im ehemaligen Konzentrationslager Dachau, 10.4.1980, in: Erzbischöfliches Archiv München, Bestand: Generalvikariat, Sachakten, Nr. 2891. In der Presseerklärung hieß es: «Es kann keinen Zweifel daran geben, daß unter dem nationalsozialistischen Regime dem Volk der Zigeuner schweres Unrecht zugefügt worden ist. Ebenso kann es keinen Zweifel daran geben, daß es Vorurteile gegenüber Zigeunern bei manchen Bürgern unseres Landes, genauso aber auch bei manchen Bürgern anderer europäischer Länder gibt. Es ist daher mit aller Deutlichkeit zu sagen, daß Menschen, die dem Volk der Zigeuner angehören, ebenso wie alle anderen Menschen geachtet und gerade auch in ihrem Anderssein, in ihrer eigenen Kultur respektiert werden müssen. [...] Der Ort des Hungerstreiks, das ehemalige Konzentrationslager Dachau, führt darüber hi-

naus zu der Erkenntnis, daß das vom nationalsozialistischen Regime begangene Unrecht immer noch weiterwirkt, daß es auch nicht nach einem großen Abstand von Jahren einfach ungeschehen gemacht werden kann, daß es etwa mit finanziellen Leistungen letztlich auch nicht wiedergutgemacht werden kann.»

48 Der Briefwechsel soll sich ein Jahr hingezogen haben, er ist nicht zugänglich. Mitteilung des Erzbischöflichen Archivs München vom 12.4.2021.

49 Kommuniqué (vom 21.5.1981) über eine Unterredung zwischen dem Erzbischof von München und Freising, Joseph Kardinal Ratzinger, und einer Delegation des Verbandes Deutscher Sinti e. V., in: Erzbischöfliches Archiv München.

50 Vgl. Daniela Gress, Nachgeholte Anerkennung. Sinti und Roma als Akteure in der bundesdeutschen Erinnerungskultur, in: Philipp Neumann-Thein/Daniel Schuch/Markus Wegewitz (Hrsg.), Organisiertes Gedächtnis. Kollektive Aktivitäten von Überlebenden der nationalsozialistischen Verfolgungs- und Vernichtungspolitik, Göttingen 2022, S. 425–458.

51 Süddeutsche Zeitung, 15.2.1982.

52 Zit. nach Gress, «Lasst uns unser Recht fordern», S. 73.

53 Vgl. Gabi Meyer, Offizielles Erinnern und die Situation der Sinti und Roma in Deutschland. Der nationalsozialistische Völkermord in den parlamentarischen Debatten des Deutschen Bundestages, Wiesbaden 2013, S. 233.

54 Vgl. Sebastian Lotto-Kusche, Kann eine Gesellschaft umdenken? Die Anerkennung des NS-Völkermords an Sinti und Roma in der Bonner Republik, in: Deutschland Archiv, 15.9.2021, https://www.bpb.de/geschichte/zeitgeschichte/deutschlandarchiv/339945/verfolgung-von-sinti-und-roma-kann-eine-gesellschaft-umdenken [11.1.2022].

55 Vgl. Andreas Hundsalz, Stand der Forschung über Zigeuner und Landfahrer. Eine Literaturanalyse unter vorwiegend sozialwissenschaftlichen Gesichtspunkten, Stuttgart/Berlin/Köln/Mainz 1978; ders., Soziale Situation der Sinti in der Bundesrepublik Deutschland. Endbericht.

56 Ebenda, S. 300.

57 Zit. nach Sebastian Lotto-Kusche, Spannungsfelder im Vorfeld der Anerkennung des Völkermords an den Sinti und Roma. Das Gespräch zwischen dem Zentralrat Deutscher Sinti und Roma und der Bundesregierung am 17. März 1982, in: Marco Brenneisen/Christine Eckel/Laura Haendel/Julia Pietsch (Hrsg.), Stigmatisierung – Marginalisierung – Verfolgung. Beiträge des 19. Workshops zur Geschichte und Gedächtnisgeschichte der nationalsozialistischen Konzentrationslager, Berlin 2015, S. 240.

58 Vgl. Romani Rose, Dreieinhalb Jahrzehnte verlassen – zur Entstehung des neuen Selbstbewußtseins der Sinti, in: Zeitschrift für Kulturaustausch, 31 (1981), 4. VJ: Sinti und Roma – ein Volk auf dem Weg zu sich selbst, S. 412.

59 Ebenda.

60 Zit. nach Romani Rose, Bürgerrechte für Sinti und Roma, S. 101.

61 Gress, Nachgeholte Anerkennung, S. 425–458; Lotto-Kusche, Spannungsfelder im Vorfeld der Anerkennung des Völkermords an den Sinti und Roma, S. 224–244.

62 Vgl. Herbert Heuß, Das Dokumentations- und Kulturzentrum Deutscher Sinti und Roma in Heidelberg. Aufgaben und Perspektiven vor dem Hintergrund des Holocaust, in: Jahrbuch für Antisemitismusforschung 1 (1992), S. 152–159.

63 Zit. nach Gress, «Lasst uns unser Recht fordern», S. 3. Vgl. dazu auch dies., Zwischen Protest und Dialog, S. 21–27.

Epilog
Nedelkos Traum

1 Mündliche Mitteilung von Anita Kieferl (Gemeindeverwaltung Schweitenkirchen) vom 2.6.2021.

2 Antidiskriminierungsstelle des Bundes (Hrsg.), Zwischen Gleichgültigkeit und Ablehnung. Bevölkerungseinstellungen gegenüber Sinti und Roma. Expertise für die Antidiskriminierungsstelle des Bundes, Projektleitung: Zentrum für Antisemitismusforschung, Institut für Vorurteils- und Konfliktforschung e. V., Berlin 2014.

3 Ebenda, S. 72.

4 Ebenda, S. 73.

5 Ebenda, S. 82.

6 Deutscher Bundestag, 19. Wahlperiode, Drucksache 19/30310, 21.5.2021, Unterrichtung durch die Bundesregierung: Bericht der Unabhängigen Kommission Antiziganismus. Perspektivwechsel – Nachholende Gerechtigkeit – Partizipation, S. 291, https://dserver.bundestag.de/btd/19/303/ 1930310.pdf [11.1.2022]. Die Kommission bezieht sich hier auf die FES-Mitte-Studie von 2018/19, die andere Befunde präsentiert als die Leipziger-Mitte-Studie von 2015. Ihr zufolge sind AfD-Wähler noch deutlich negativer gegenüber Sinti und Roma eingestellt.

7 Bericht der Unabhängigen Kommission Antiziganismus, S. 288.

8 Der Ausdruck stammt aus der Frankfurter Rundschau vom 4.8.1990, zit. nach Reemtsma, Sinti und Roma, S. 168.

9 Oliver Decker/Elmar Brähler (Hrsg.), Autoritäre Dynamiken. Alte Ressentiments – neue Radikalität. Leipziger Autoritarismus Studie 2020, Gießen 2020, S. 65.

10 Bericht der Unabhängigen Kommission Antiziganismus, S. 294.

11 Ebenda.

12 Ebenda, S. 289.

13 Ergebnisse der Repräsentativumfrage des Zentralrats Deutscher Sinti und Roma über den Rassismus gegen Sinti und Roma in Deutschland, Heidelberg, 11. Oktober 2006, https://osteuropa.lpb-bw.de/fileadmin/ost europa/pdf/Zentralrat_Umfrage_Rassismus.pdf [11.1.2022].

14 Bericht der Unabhängigen Kommission Antiziganismus, S. 143–177.

15 Daniel Strauß (Hrsg.), RomnoKher-Studie 2021. Ungleiche Teilhabe. Zur Lage der Sinti und Roma in Deutschland, Mannheim 2021.

16 So Daniel Strauß, der Projektleiter der RomnoKher-Studie, bei der Präsentation der Studie, und so heißt es auch in der Zusammenfassung der wichtigsten Ergebnisse der Untersuchung.

17 Vgl. Stender (Hrsg.), Die Wandlungen des ‹Antiziganismus› nach 1945, S. 25.

18 Bericht der Unabhängigen Kommission Antiziganismus, S. 167.

19 Bayerisches Bündnis für Toleranz. Demokratie und Menschenrechte schützen: Interview mit Erich Schneeberger, 17.6.2020.

20 taz, 15.9.2020.

21 Mündliche Mitteilung von Ruždija Russo Sejdović vom 10.5.2021.

22 Mündliche Mitteilung von Radoslav Ganev vom 10.5.2021.

23 Mündliche Mitteilung von Nedelko Slavic vom 20.3.2021.

Literaturverzeichnis

Alexopoulou, Maria, Deutschland und die Migration. Geschichte einer Einwanderungsgesellschaft wider Willen, Ditzingen 2020

Antidiskriminierungsstelle des Bundes (Hrsg.), Zwischen Gleichgültigkeit und Ablehnung. Bevölkerungseinstellungen gegenüber Sinti und Roma. Expertise für die Antidiskriminierungsstelle des Bundes, Zentrum für Antisemitismusforschung, Institut für Vorurteils- und Konfliktforschung e. V., Berlin 2014

Arndt, Susan, Rassismus begreifen. Vom Trümmerhaufen der Geschichte zu neuen Wegen, München 2021

Arnold, Hermann, Sinti und Roma. Von der Zigeunertragödie zur Politkomödie, Landau 2000

Bauer, Rudolph/Bura, Josef/Lang, Klaus (Hrsg.), Sinti in der Bundesrepublik. Beiträge zur sozialen Lage einer verfolgten Minderheit, Bremen 1984

Bauerdick, Rolf, Zigeuner. Begegnungen mit einem ungeliebten Volk, München 2013

Benecke, Mark, Mordspuren. Neue spektakuläre Kriminalfälle – erzählt vom bekanntesten Kriminalbiologen der Welt, Köln 2007

Benz, Wolfgang, Sinti und Roma: Die unerwünschte Minderheit. Über das Vorurteil Antiziganismus, Berlin 2014

Berbüsse, Volker, Das Bild «der Zigeuner» in deutschsprachigen kriminologischen Lehrbüchern seit 1949. Eine erste Bestandsaufnahme, in: Jahrbuch für Antisemitismusforschung 1 (1992), S. 117–151

Bielefeld, Ulrich (Hrsg.), Das Eigene und das Fremde. Neuer Rassismus in der Alten Welt?, Hamburg 1991

Bogdal, Klaus-Michael, Europa erfindet die Zigeuner. Eine Geschichte von Faszination und Verachtung, Berlin 2011

Bohn, Irina/Hamburger, Franz/Rock, Kerstin, Die Konstruktion der Differenz. Diskurse über Roma und Sinti in der Lokalpresse. Unveröffentlichter Endbericht an die DFG, 1993

Bohn, Irina/Hamburger, Franz/Rock, Kerstin, Polizei und Presse. Eine Untersuchung zum «staatlich genährten Rassismus» am Beispiel der Berichterstattung über Roma und Sinti, in: Jahrbuch für Antisemitismusforschung 4 (1995), S. 166–183

Bonillo, Marion, Sinti und Roma im Deutschen Kaiserreich 1871 bis 1918. Eine Minderheit im Fokus der verschärften «Zigeunerpolitik», in: von Mengersen (Koord.), Sinti und Roma, S. 49–70

Bossi, Rolf, Ich fordere Recht. Erinnerungen eines Strafverteidigers, München 1975

Bossi, Rolf, Halbgötter in Schwarz. Deutschlands Justiz am Pranger, Frankfurt a. M. 2005

Braach, Ingrid, Zum Konflikt zwischen der «Katholischen Zigeunerfürsorge» und den Roma-Selbstorganisationen, in: Bauer/Bura/Lang (Hrsg.), Sinti in der Bundesrepublik, S. 107–133

Brand, Mechthild, Unsere Nachbarn. Zigeuner, Sinti, Roma – Lebensbedingungen einer Minderheit in Hamm, Essen 2007

Buchheim, Hans, Die Zigeunerdeportationen vom Mai 1940, in: Gutachten des Instituts für Zeitgeschichte, Bd. 1, S. 51–60

Bura, Josef, Die unbewältigte Gegenwart. «Zigeunerpolitik» und alltäglicher Rassismus in der Bundesrepublik, in: Bauer/Bura/Lang (Hrsg.), Sinti in der Bundesrepublik, S. 9–84

Casteren, Joris van, Lelystad, Amsterdam 2009

Davies, H. Catherine, «Gastarbeiterkriminalität» und die Anfänge der Polizeilichen Kriminalstatistik in der frühen Bundesrepublik, in: Geschichte und Gesellschaft 47 (2021), S. 467–497

Decker, Oliver/Elmar Brähler (Hrsg.), Autoritäre Dynamiken. Alte Ressentiments – neue Radikalität. Leipziger Autoritarismus Studie 2020, Gießen 2020

Diener, Eveline, Das Bayerische Landeskriminalamt und seine «Zigeunerpolizei» (1946 bis 1965). Kontinuitäten und Diskontinuitäten der bayerischen «Zigeunerermittlung» im 20. Jahrhundert, Frankfurt a. M. 2021

Eiber, Ludwig, «Ich wußte, es wird schlimm». Die Verfolgung der Sinti und Roma in München 1933–1945. Mit Beiträgen von Eva Strauß und Michail Krausnick, München 1993

Eichmüller, Andreas, Keine Generalamnestie. Die strafrechtliche Verfolgung von NS-Verbrechen in der frühen Bundesrepublik, München 2012

End, Markus, Antiziganismus in der deutschen Öffentlichkeit: Strategien und Mechanismen medialer Kommunikation, Heidelberg 2014

End, Markus, Antiziganismus und Polizei. Mit Dokumentation der Fachveranstaltung «Die Polizei und Minderheiten – Das Beispiel Antiziganismus» und einem ergänzenden Beitrag zum OEZ-Attentat, Heidelberg 2019

Engbring-Romang, Udo/Solms, Wilhelm (Hrsg.), «Diebstahl im Blick»? Zur Kriminalisierung der «Zigeuner», Marburg 2005

Feuerhelm, Wolfgang, Polizei und «Zigeuner». Strategien, Handlungsmuster und Alltagstheorien im polizeilichen Umgang mit Sinti und Roma, Stuttgart 1987

Feuerhelm, Wolfgang, Die fortgesetzte «Bekämpfung des Landfahrerunwesens». Zur Struktur polizeilichen Umgangs mit Sinti und Roma, in: Monatsschrift für Kriminologie und Strafrechtsreform 71 (1988), S. 299–314

Feyen, Martin, «Wie die Juden»? Verfolgte «Zigeuner» zwischen Bürokratie und Symbolpolitik, in: Frei, Norbert/Brunner, José/Goschler, Constantin (Hrsg.), Die Praxis der Wiedergutmachung. Geschichte, Erfahrung und Wirkung in Deutschland und Israel, Göttingen 2009, S. 323–355

Fings, Karola, «Rasse: Zigeuner». Sinti und Roma im Fadenkreuz von Kriminologie und Rassenhygiene 1933–1945, in: Uerlings/Patrut (Hrsg.), ‹Zigeuner› und Nation, S. 273–309

Fings, Karola, Opferkonkurrenzen. Debatten um den Völkermord an den Sinti und Roma und neue Forschungsperspektiven, http://simon-previous-issues.vwi.ac.at/images/Documents/SWL_Reader/2015-1/2015-1_SWL_Fings/SWL-Reader_Fings.pdf [26.8.2021]

Fings, Karola, Der Völkermord an den Sinti und Roma im Nationalsozialismus. Lokale Vorstöße, zentrale Initiativen und europäische Dimension, in: von Mengersen (Koord.), Sinti und Roma, S. 101–123

Fings, Karola, Schuldabwehr durch Schuldumkehr. Die Stigmatisierung der Sinti und Roma nach 1945, in: von Mengersen (Koord.), Sinti und Roma, S. 145–164

Fings, Karola, Sinti und Roma. Geschichte einer Minderheit, München 2016

Fings, Karola/Steinbacher, Sybille (Hrsg.), Sinti und Roma. Der nationalsozialistische Völkermord in historischer und gesellschaftspolitischer Perspektive, Göttingen 2021

Franz, Anton/Rose, Romani/Brantner, Ranco, «Zigeunerseelsorge» und Rassenideologie. Die Beziehung der «Katholischen Zigeunerseelsorge» und des Bundesfamilienministeriums zu dem Rassehygieniker Dr. med. Hermann Arnold. Ein Stück deutscher Geschichte, in: Pogrom. Zeitschrift für bedrohte Völker 12 (80/81), Sonderausgabe, S. 163–174

Franz, Philomena, Zwischen Liebe und Haß. Ein Zigeunerleben, Freiburg im Breisgau 1985

Freese, Christoph/Murko, Matthias/Wurzbacher, Gerhard, Hilfen für Zigeuner und Landfahrer. Vorschläge zur Zielsetzung, Planung und Durchführung sozialer Hilfen für Zigeuner und Landfahrer unter besonderer Berücksichtigung der Möglichkeiten des §72 Bundessozialhilfegesetz, Stuttgart/Berlin/Köln/Mainz 1980

Gauß, Karl-Markus, Die Hundeesser von Svinia, Wien 2004

Geigges, Anita/ Wette, Bernhard W., Zigeuner heute. Verfolgung und Diskriminierung in der BRD: eine Anklageschrift, Bornheim-Merten 1979

Geulen, Christian, Geschichte des Rassismus, 3., durchgesehene Auflage München 2017

Gress, Daniela, «Lasst uns unser Recht fordern». Die Anfänge der Bürgerrechtsbewegung der Sinti und Roma in der Bundesrepublik Deutschland, Masterarbeit an der Ruprecht-Karls-Universität Heidelberg 2013

Gress Daniela, Memorandum des Verbandes Deutscher Sinti und der Romani-Union (1979), in: Quellen zur Geschichte der Menschenrechte, herausgegeben vom Arbeitskreis Menschenrechte im 20. Jahrhundert, September 2018 https://www.geschichte-menschenrechte.de/schluesseltexte/memorandum-verband-sinti-roma [26.8.2021]

Gress, Daniela, «Wir wollen Gerechtigkeit!» Die Ursprünge der Bürgerrechtsbewegung deutscher Sinti und Roma in Heidelberg, in: Heidelberg. Jahrbuch zur Geschichte der Stadt 22 (2018), S. 111–128

Gress, Daniela, Zwischen Protest und Dialog. Die Bürgerrechtsbewegung deutscher Sinti und Roma, in: Landeszentrale für politische Bildung Baden-Württemberg (Hrsg.), Bürger & Staat: Antiziganismus, 68 (2018), Heft 1/2, S. 21–27

Gress, Daniela, Geburtshelfer einer Bewegung? Die mediale Kampagne der «Gesellschaft für bedrohte Völker» für Bürgerrechte deutscher Sinti und Roma, in: Birgit Hofmann (Hrsg.), Menschenrecht als Nachricht. Medien, Öffentlichkeit und Moral seit dem 19. Jahrhundert, Frankfurt a. M./New York 2020, S. 267–306

Gress, Daniela, Protest und Erinnerung. Der Hungerstreik in Dachau 1980 und die Entstehung der Bürgerrechtsbewegung deutscher Sinti und Roma, in: Fings/Steinbacher (Hrsg.), Sinti und Roma, S. 190–219

Gress, Daniela, Nachgeholte Anerkennung. Sinti und Roma als Akteure in der bundesdeutschen Erinnerungskultur, in: Neumann-Thein, Philipp/Schuch, Daniel/Wegewitz, Markus (Hrsg.), Organisiertes Gedächtnis. Kollektive Aktivitäten von Überlebenden der nationalsozialistischen Verfolgungs- und Vernichtungspolitik, Göttingen 2022, S. 425–458

Gress, Daniela, Protest und Selbstbestimmung. Bürger- und Menschenrechtsbewegungen der Sinti und Roma in der Bundesrepublik Deutschland, Dissertation in Arbeit

Gronemeyer, Reimer (Hrsg.), Eigensinn und Hilfe. Zigeuner in der Sozialpolitik heutiger Leistungsgesellschaften, Gießen 1983

Hachmeister, Lutz, Der Gegnerforscher. Die Karriere des SS-Führers Franz Alfred Six, München 1998

Haupt, Gernot, Antiziganismus und Religion. Elemente einer Theologie der Roma-Befreiung, Wien/Berlin/Münster 2009

Hedemann, Volker, «Zigeuner!» – Zur Kontinuität der rassistischen Diskriminierung in der alten Bundesrepublik, Münster 2007

Henke, Josef, Quellenschicksale und Bewertungsfragen. Archivische Probleme bei der Überlieferungsbildung zur Verfolgung der Sinti und Roma im Dritten Reich, in: VfZ 41 (1993), S. 61–77

Herbert, Ulrich, Geschichte Deutschlands im 20. Jahrhundert, München 2014

Heuß, Herbert, Das Dokumentations- und Kulturzentrum Deutscher Sinti und Roma in Heidelberg. Aufgaben und Perspektiven vor dem Hintergrund des Holocaust, in: Jahrbuch für Antisemitismusforschung 1 (1992), S. 152–159

Hohmann, Joachim S., Geschichte der Zigeunerverfolgung, Frankfurt a. M./ New York 1981

Hohmann, Joachim S., Verfolgte ohne Heimat. Geschichte der Zigeuner in Deutschland, Frankfurt a. M. 1990

Hohmann, Joachim S., Robert Ritter und die Erben der Kriminalbiologie. «Zigeunerforschung» im Nationalsozialismus und in Westdeutschland im Zeichen des Rassismus, Frankfurt a. M. u. a. 1991

Hohmann, Joachim S., Sinti und Roma in Deutschland. Versuch einer Bilanz, Frankfurt a. M. 1995

Hohmann, Joachim S./Schopf, Roland (Hrsg.), Zigeunerleben. Beiträge zur Sozialgeschichte einer Verfolgung, Darmstadt 1980

Hund, Wulf D. (Hrsg.), Zigeuner. Geschichte und Struktur einer rassistischen Konstruktion, Duisburg 1996

Hund, Wulf D., Das Zigeuner-Gen. Rassistische Ethik und der Geist des Kapitalismus, in: Ders., Zigeuner, S. 11–35

Hund, Wulf D. (Hrsg.), Faul, fremd und frei. Dimensionen des Zigeunerstereotyps, Münster 2014

Hundsalz, Andreas, Stand der Forschung über Zigeuner und Landfahrer. Eine Literaturanalyse unter vorwiegend sozialwissenschaftlichen Gesichtspunkten, Stuttgart/Berlin/Köln/ Mainz 1978

Hundsalz, Andreas, Soziale Situation der Sinti in der Bundesrepublik Deutschland. Endbericht. Lebensverhältnisse Deutscher Sinti unter besonderer Berücksichtigung der eigenen Aussagen und Meinungen der Betroffenen, Stuttgart/Berlin/Köln/Mainz 1982

Institut für Auslandsbeziehungen (Hrsg.), Sinti und Roma. Ein Volk auf dem Weg zu sich selbst, Stuttgart 1981

Jochimsen, Lukrezia, Zigeuner heute. Untersuchung einer Außenseitergruppe in einer deutschen Mittelstadt, Stuttgart 1963

Josten, Petra/Roeder, Caroline/Reuter, Frank/Wolters, Ute (Hrsg.), «Denn sie rauben sehr geschwind jedes böse Gassenkind». «Zigeuner»-Bilder in Kinder- und Jugendmedien, Göttingen 2017

Jovanovic, Gianni mit Oyindamola Alashe, Ich, ein Kind der kleinen Mehrheit, Berlin 2022

Kalkuhl, Christina/Solms, Wilhelm (Hrsg.), Antiziganismus heute, Seeheim 2005

Kemmerling, Svenja, Die Entwicklung der Wohnsituation der Sinti und Roma in Köln seit 1945, Diplomarbeit am Geographischen Institut der Mathematisch-Naturwissenschaftlichen Fakultät der Universität zu Köln 2008

Kießling, Friedrich/Safferling, Christoph, Staatsschutz im Kalten Krieg. Die Bundesanwaltschaft zwischen NS-Vergangenheit, Spiegel-Affäre und RAF, München 2021

246

Krausnick, Michail (Hrsg.), «Da wollten wir frei sein!» Eine Sinti-Familie erzählt, Weinheim 1983

Krausnick, Michail, Wo sind sie hingekommen? Der unterschlagene Völkermord an den Sinti und Roma, Gerlingen 1995

Krokowski, Heike, Die Last der Vergangenheit. Auswirkungen nationalsozialistischer Verfolgung auf deutsche Sinti, Frankfurt a. M./New York 2001

Kugler, Stefani, Zigeuner als Kinderräuber. Fontanes *Graf Petöfy* und die Tradition eines Vorwurfs, in: Uerlings/Patrut, ‹Zigeuner› und Nation, S. 571–586

Lewald, Walter, Erich Schmidt-Leichner zum 70. Geburtstag, in: Neue Juristische Wochenschrift, 33. Jahrgang (1.10.1980), S. 2565.

Lewy, Guenter, «Rückkehr nicht erwünscht». Die Verfolgung der Zigeuner im Dritten Reich, München/Berlin 2001

Lindheim, Thomas von, Bezahlte Freiheit. Der Häftlingsfreikauf zwischen beiden deutschen Staaten, Baden-Baden 2011

Lotto-Kusche, Sebastian, Spannungsfelder im Vorfeld der Anerkennung des Völkermords an den Sinti und Roma. Das Gespräch zwischen dem Zentralrat Deutscher Sinti und Roma und der Bundesregierung am 17. März 1982, in: Brenneisen, Marco/Eckel, Christine/Haendel, Laura/Pietsch, Julia (Hrsg.), Stigmatisierung – Marginalisierung – Verfolgung. Beiträge des 19. Workshops zur Geschichte und Gedächtnisgeschichte der nationalsozialistischen Konzentrationslager, Berlin 2015, S. 224–244

Lotto-Kusche, Sebastian, Kann eine Gesellschaft umdenken? Die Anerkennung des NS-Völkermords an Sinti und Roma in der Bonner Republik, in: Deutschland Archiv, 15.9.2021, Link: www.bpb.de/339945

Lucassen, Leo, Zigeuner. Die Geschichte eines polizeilichen Ordnungsbegriffes in Deutschland, 1700–1945, Köln/Weimar/Wien 1996

Mappes-Niediek, Norbert, Arme Roma, Böse Zigeuner. Was an den Vorurteilen über die Zuwanderer stimmt, Berlin 2012

Margalit, Gilad, Die deutsche Zigeunerpolitik nach 1945, in: VfZ 45 (1997), S. 557–588

Margalit, Gilad, Die Nachkriegsdeutschen und «ihre Zigeuner». Die Behandlung der Sinti und Roma im Schatten von Auschwitz, Berlin 2001

Matras, Yaron/Winterberg, Hans,/Zimmermann, Michael (Hrsg.), Sinti, Roma, Gypsies. Sprache – Geschichte – Gegenwart, Berlin 2003

Mengersen, Oliver von (Koord.), Sinti und Roma. Eine deutsche Minderheit zwischen Diskriminierung und Emanzipation, Bonn/München 2015

Meuser, Maria, Vagabunden und Arbeitsscheue. Der Zigeunerbegriff der Polizei als soziale Kategorie, in: Hund (Hrsg.), Zigeuner, S. 107–128

Meyer, Gabi, Offizielles Erinnern und die Situation der Sinti und Roma in Deutschland. Der nationalsozialistische Völkermord in der parlamentarischen Debatte des Deutschen Bundestages, Wiesbaden 2013

Mihok, Brigitte/Widmann, Peter, Sinti und Roma als Feindbilder, in: Bundeszentrale für politische Bildung (Hrsg.), Informationen zur politischen Bildung, Bonn 2005, https://www.bpb.de/izpb/9720/sinti-und-roma-als-feindbilder [26.8.2021]

Münzel, Mark/Streck, Bernhard (Hrsg.), Kumpania und Kontrolle. Moderne Behinderungen zigeunerischen Lebens, Gießen 1981

Nerdinger, Winfried (Hrsg.), Die Verfolgung der Sinti und Roma in München und Bayern 1933–1945, Berlin 2016

Opfermann, Ulrich Friedrich, Weimar: «Die Rassenkunde gibt Aufschluß», in: von Mengersen (Koord.), Sinti und Roma, S. 71–86

Puxon, Grattan, Verschleppte Wiedergutmachung, in: Zülch (Hrsg.), In Auschwitz vergast, bis heute verfolgt, S. 149–161

Reemtsma, Katrin, Sinti und Roma. Geschichte, Kultur, Gegenwart, München 1996

Reinhardt, Dotschy, Gypsy. Die Geschichte einer großen Sinti-Familie, Frankfurt a. M. 2008

Reuss, Anja, Kontinuitäten der Stigmatisierung. Sinti und Roma in der deutschen Nachkriegszeit, Berlin 2015

Reuter, Frank, Der Bann des Fremden. Die fotografische Konstruktion des «Zigeuners», Göttingen 2014

Rinser, Luise, Wer wirft den Stein? Zigeuner sein in Deutschland. Eine Anklage, Frankfurt a. M./Berlin 1987

Robel, Yvonne, Auf der Suche nach Brüchen. Überlegungen zu einer Geschichte des bundesdeutschen Antiziganismus nach 1945, in: Fings/Steinbacher (Hrsg.), Sinti und Roma, S. 167–189

Rose, Romani, Dreieinhalb Jahrzehnte verlassen – zur Entstehung des neuen Selbstbewußtseins der Sinti, in: Zeitschrift für Kulturaustausch, 31 (1981), 4. VJ: Sinti und Roma – ein Volk auf dem Weg zu sich selbst, S. 411–422

Rose, Romani, Bürgerrechte für Sinti und Roma. Das Buch zum Rassismus in Deutschland, Heidelberg 1987

Rose, Romani, Wir wollen Bürgerrechte und keinen Rassismus, Heidelberg 1985

Rosenberg, Otto, Das Brennglas. Aufgezeichnet von Ulrich Enzensberger, Frankfurt a. M. 1998

Rüdiger, Gerhard F., «Jeder Stein ist ein Blutstropfen». Zigeuner in Auschwitz-Birkenau, Oświęcim-Brzezinka, in: Zülch (Hrsg.), In Auschwitz vergast, bis heute verfolgt, S. 135–146

Schenk, Dieter, Die braunen Wurzeln des BKA, Frankfurt a. M. 2003

Schenk, Michael, Rassismus gegen Sinti und Roma. Zur Kontinuität der Zigeunerverfolgung innerhalb der deutschen Gesellschaft von der Weimarer Republik bis in die Gegenwart, Frankfurt a. M. u. a. 1994

Schmidt, Tatjana und Nicole, Leben nach dem Lager. Ein Gespräch über die Nachwirkungen auf spätere Generationen, in: Fings/Steinbacher (Hrsg.), Sinti und Roma, S. 236–249

Seliger, Hubert, Politische Anwälte? Die Verteidiger der Nürnberger Prozesse, Baden-Baden 2016

Sinti und Roma. Eine Studie der Evangelischen Kirche in Deutschland, Hannover 1991

Soest, George von, Zigeuner zwischen Verfolgung und Integration. Geschichte, Lebensbedingungen und Eingliederungsversuche, Weinheim/ Basel 1979

Solms, Wilhelm, Sie bedürfen wegen ihrer «ethnischen Eigenart» einer «eigenen geistlichen Betreuung». Zum Konzept der «Katholischen Zigeuner- und Nomadenseelsorge», in: Ders., «Kulturloses Volk»? Berichte über «Zigeuner» und Selbstzeugnisse von Sinti und Roma, Seeheim 2006

Sparing, Frank, NS-Verfolgung von «Zigeunern» und «Wiedergutmachung» nach 1945, in: Aus Politik und Zeitgeschichte 22–23/2011, http://bpb.de/ apuz/33275/ns-verfolgung-von-zigeunern-und-wiedergutmachung-nach-1945?p=all [26.8.2021]

Spitta, Arnold, Entschädigung für Zigeuner? Geschichte eines Vorurteils, in: Herbst, Ludolf/Goschler, Constantin (Hrsg.), Wiedergutmachung in der Bundesrepublik Deutschland, München 1989, S. 385–401

Spoormans, Lidwine/ Navas-Carrillo, Daniel/Zijlstra, Hielkje/Pérez-Cano, Teresa, Planning History of a Dutch New Town. Analysing Lelystad through Its Residential Neighbourhoods, in: Urban Planning, 2019, Volume 4, Issue 3, S. 102–116, http://pure.tudelft.nl/ws/files/57244341/ UP_4_3_Planning_History_of_a_Dutch_New_Town_Analysing_Lelystad_through_Its_Residential_Neighbourhoods.pdf [26.8.2021]

Stender, Wolfram, Die Wandlungen des ‹Antiziganismus› nach 1945. Zur Einleitung, in: Stender (Hrsg.), Konstellationen des Antiziganismus, S. 1–50

Stender Wolfram (Hrsg.), Konstellationen des Antiziganismus. Theoretische Grundlagen, empirische Forschung und Vorschläge für die Praxis, Wiesbaden 2016

Stender, Wolfram, Der Konflikt zwischen der Bürgerrechtsbewegung der Sinti und Roma und der Sozialen Arbeit. Oder: Warum rassismuskritische Bildung für die Soziale Arbeit unverzichtbar ist, in: Rohloff, Sigurður A. /Martínez Calero, Mercedes/Lange, Dirk (Hrsg.), Soziale Arbeit und Politische Bildung in der Migrationsgesellschaft, Wiesbaden 2018, S. 177–187

Stengel, Katharina, Tradierte Feindbilder. Die Entschädigung der Sinti und Roma in den fünfziger und sechziger Jahren, Frankfurt a. M. 2004

Stephan, Andrej, «Kein Mensch sagt HWAO-Schnitzel» – BKA-Kriminalpolitik zwischen beständigen Konzepten, politischer Reform und «Sprachregelungen», in: Baumann, Imanuel/Reinke, Herbert/Stephan, Andrej/ Wagner, Patrick (Hrsg.), Schatten der Vergangenheit. Das BKA und seine Gründungsgeneration in der frühen Bundesrepublik, Köln 2011, S. 247–285

Strauß, Daniel, … weggekommen. Berichte und Zeugnisse von Sinti, die die NS-Verfolgung überlebt haben, Berlin/Wien 2000

Strauß, Daniel (Hrsg.), Studie zur aktuellen Bildungssituation deutscher Sinti und Roma. Dokumentation und Forschungsbericht, Marburg 2011

Strauß, Daniel (Hrsg.), RomnoKher-Studie 2021. Ungleiche Teilhabe. Zur Lage der Sinti und Roma in Deutschland, Mannheim 2021

Terkessidis, Mark, Die Banalität des Rassismus. Migranten zweiter Generation entwickeln eine neue Perspektive, Bielefeld 2004

Treinen, Ramona Mechthilde/Uerlings, Herbert, Vom ‹unzivilisierten Wandervolk› zur ‹diskriminierten Minderheit›: ‹Zigeuner› im *Brockhaus*, in: Uerlings/Patrut (Hrsg.), ‹Zigeuner› und Nation, S. 631–696

Tuckermann, Anja, «Denk nicht, wir bleiben hier!» Die Lebensgeschichte des Sinto Hugo Höllenreiner, München 2005

Tugendhat, Ernst, Vorwort, in: Zülch (Hrsg.), In Auschwitz vergast, bis heute verfolgt, S. 9–11

Uerlings, Herbert/Patrut, Iulia-Karin (Hrsg.), ‹Zigeuner› und Nation. Repräsentation – Inklusion – Exklusion, Frankfurt a. M. 2008

Ufer, Steffen/Schattauer, Göran, Nicht schuldig. Gerechtigkeit ist keine Verhandlungssache. Ein Plädoyer des legendären Strafverteidigers, München 2016

Völklein, Ulrich, Zigeuner. Das verachtete Volk, Oldenburg/Hamburg/München 1981

Vossen, Rüdiger, Zigeuner. Roma, Sinti, Gitanos, Gypsies zwischen Verfolgung und Romantisierung. Katalog zur Ausstellung «Zigeuner zwischen Romantisierung und Verfolgung – Roma, Sinti, Manusch, Calè in Europa» des Hamburgischen Museums für Völkerkunde mit Beiträgen von Wolf Dietrich, Michael Faber, Michael Peters, Aparna Rao, Karla Vossen, Frankfurt a. M./Berlin/Wien 1983

Weiler, Margret, Zur Frage der Integration der Zigeuner in der Bundesrepublik Deutschland. Eine Untersuchung der gegenwärtigen Situation der Zigeuner und der sozialpolitischen und sozialarbeiterischen Maßnahmen für Zigeuner, Diss. Köln 1979

Weinke, Annette, Eine Gesellschaft ermittelt gegen sich selbst. Die Geschichte der Zentralen Stelle Ludwigsburg 1958–2008, 2., um ein Vorwort erweiterte Auflage Darmstadt 2009

Weiß, Hans, Armut und Erziehung. Früherziehung und Schulbesuch von Kindern einer Wohnwagensiedlung am Rande der Großstadt, Berlin 1982

Widmann, Peter, An den Rändern der Städte. Sinti und Jenische in der deutschen Kommunalpolitik, Berlin 2001

Widmann, Peter, Fortwirkende Zerrbilder. Sinti und Roma im Nationalsozialismus und im Nachkriegsdeutschland, in: Sibylle Quack (Hrsg.), Dimensionen der Verfolgung. Opfer und Opfergruppen im Nationalsozialismus, München 2003, S. 203–221

Widmann, Peter, Der lange Abschied vom Feindbild «Zigeuner». Kommunale Minderheitenpolitik und gesellschaftlicher Wandel in der Bundesrepublik, in: von Mengersen (Koord.), Sinti und Roma, S. 165–184

Winckel, Ännecke, Antiziganismus. Rassismus gegen Sinti und Roma im vereinigten Deutschland, Münster 2002

Wippermann, Wolfgang, Geschichte der Sinti und Roma in Deutschland. Darstellung und Dokumente, Berlin 1993

Wippermann, Wolfgang, «Wie die Zigeuner». Antisemitismus und Antiziganismus im Vergleich, Berlin 1997

Wolff, Frank, Die Mauergesellschaft. Kalter Krieg, Menschenrechte und deutsch-deutsche Migration 1961–1989, Berlin 2019

Wuttke, Walter, Das Leiden und die Lebenspläne des Sinto Ranco Brantner, in: Blaubeurer Geographische Hefte 42, 2012, S. 299–335

Zick, Andreas/Küpper, Beate (Hrsg.), Die geforderte Mitte. Rechtsextreme und demokratiegefährdende Einstellungen in Deutschland 2020/21, Bonn 2021

Zimmermann, Michael, Verfolgt, vertrieben, vernichtet. Die nationalsozialistische Vernichtungspolitik gegen Sinti und Roma, Essen 1989

Zimmermann, Michael, Rassenutopie und Genozid. Die nationalsozialistische «Lösung der Zigeunerfrage», Hamburg 1996

Zimmermann, Michael, Antiziganismus – ein Pendant zum Antisemitismus? Überlegungen zu einem bundesdeutschen Neologismus, in: ZfG 55 (2007), S. 304–314

Zimmermann, Michael (Hrsg.), Zwischen Erziehung und Vernichtung. Zigeunerpolitik und Zigeunerforschung im Europa des 20. Jahrhunderts, Stuttgart 2007

Zülch, Tilman für die «Gesellschaft für bedrohte Völker» (Hrsg.), In Auschwitz vergast, bis heute verfolgt. Zur Situation der Roma (Zigeuner) in Deutschland und Europa, Reinbek bei Hamburg 1979

Quellenverzeichnis

1. Konsultierte Archive und Einrichtungen

Amt für Landschaftspflege und Grünflächen, Friedhofsverwaltung, Köln
Amtsgericht Frankfurt a. M., Registergericht
Archiv für Christlich-Soziale Politik, München
Bayerisches Hauptstaatsarchiv München
    LKA, 513–559, 669–680
    MInn, 82 305–82 341, 86 381–86 382, 92 480–92 481, 93 095/1–3,
    102 135–102 158
    MF, 70 626–70 629, 82 341, 93 095/I-III
    MF, 70 635–37, 70 630–70 633
    MSo, 0070–0090
    MJu, 23 432–24 124, 25 107
    MELF, 1829–1834, 2029, 2038–2041, 2051
    NL Alfred Seidl
Bayerisches Landesamt für Statistik
Bayerisches Staatsministerium der Justiz, Personalabteilung
Bundesarchiv
Bürgeramt der Stadt Frankfurt a. M.
Der Bundesbeauftragte für die Unterlagen des Staatssicherheitsdienstes
    der ehemaligen Deutschen Demokratischen Republik
    Archiv der Zentralstelle, MfS-ZAIG 28 413
    Außenstelle Leipzig, BVfS Leipzig, Abt. XX, 02061
    Zentralarchiv, MfS-HA IX, 8594
    Zentralarchiv, MfS-HA XX/AKG, 1558
Erzbischöfliches Archiv München
    Generalvikariat, Sachakten
    Pfarrarchiv Niederthann-St. Dionysius
    Personendokumentation (PD), Nr. 6076
    Ordinariats-Korrespondenz
Gemeinde Bad Wiessee
Gemeinde Hohenthann
Gemeinde Schweitenkirchen
Generalstaatsanwaltschaft München
Historisches Archiv der Stadt Köln
Historisches Archiv des Erzbistums Köln
Ilmtalklinik Pfaffenhofen
Institut für Stadtgeschichte im Karmeliterkloster, Frankfurt a. M.

Institut für Zeitgeschichte, Archiv
Landgericht München II
Polizeipräsidium München
Rechtsanwälte Bossi & Ziegert
Staatsanwaltschaft München II
Staatsarchiv München
    RA, 82 186-199 (Berichte der Regierung von Oberbayern von 1963–1970)
    Staatsanwaltschaften, 38 033/1–7, 45 518–45 523, 45 525, 45 527–45 530
    Oberlandesgericht München, Pressestelle, Nr. 228–238
Stadtarchiv München
    Bestand: Sozialreferat (unbearbeitete Abgabe), Bd. 203: Landeshaupt-
    stadt München, Sozialreferat, Grundsatzabteilung: Konzept zur Ein-
    gliederung von Landfahrer- und Zigeunerfamilien, München 1973
    NL Georg Kronawitter

2. Presse

Abendzeitung
Bayernkurier
Bild
Der Spiegel
Die Zeit
Donau Kurier
FAZ
Frankfurter Rundschau
Ilmgau Kurier
Katholische Kirchenzeitung
Kölner Stadt-Anzeiger
Landshuter Zeitung
Stern
Süddeutsche Zeitung
taz
tz

3. Interviews

Brandt, Manfred (Oberamtsrat, Leiter der Allgemeinen Verwaltung der Stadt Pfaffenhofen), 22. Juni 2021

Doebel, Peter (ZDF-Journalist), 30. Juni 2021

Felder, Dieter (Organisator der Benefizveranstaltungen im Landkreis Pfaffenhofen), 29. Juni 2021

Ganev, Radoslav (Initiator von «Romanity»), 10. Mai 2021 und 25. Mai 2021

Geier, Josef (Nachbar und Gemeinderat in Schweitenkirchen), 14. und 20. April 2021, 5. Mai 2021 und 10. Juni 2021

Geltermeier, Josef (Nachbar), 30. April 2021

Hailer, Willy (Journalist), 20. Januar 2021 und 11. Juni 2021

Horstmann, Uta (Teilnehmerin am Hungerstreik der Sinti und Roma in Dachau), 6. Mai 2021

Kieferl, Anita (Gemeinde Schweitenkirchen), 13., 20. und 28. April 2021

Kolbinger, Willihard (Sozialdemokrat in Pfaffenhofen), 27. Oktober 2020 und 10. Juni 2021

Müller, Prof. Dr. Eckhart (Rechtsanwalt in der Kanzlei Bossi), 11. März 2020

Reinhardt, Rupert (Rom aus Pfaffenhofen), 24. Juni 2021

Sejdović, Ruždija Russo (Autor und Mitbegründer von «Rom e. V.»), 16. Dezember 2020, 10. Mai 2021 und 2. Juni 2021

Siebler, Anton (Nachbar), 20. April 2021

Slavic, Nedelko (Sohn von Anka Denisov), 1. Dezember 2020, 20. März 2021, 20. April 2021 und 19. Mai 2021

Wächtler, Hartmut (Rechtsanwalt), 28. Oktober 2019

Abkürzungen

AfD	Alternative für Deutschland
BayHStA	Bayerisches Hauptstaatsarchiv
BGH	Bundesgerichtshof
BMW	Bayerische Motoren Werke
BStU	Der Bundesbeauftragte für die Unterlagen des Staatssicherheitsdienstes der ehemaligen Deutschen Demokratischen Republik
BVfS	Bezirksverwaltung für Staatssicherheit
CDU	Christlich Demokratische Union Deutschlands
CSU	Christlich-Soziale Union in Bayern
DDR	Deutsche Demokratische Republik
DM	D-Mark
EU	Europäische Union
FES	Friedrich-Ebert-Stiftung
Gestapo	Geheime Staatspolizei
HJ	Hitlerjugend
KZ	Konzentrationslager
LKA	Landeskriminalamt
MELF	Ministerium für Ernährung, Landwirtschaft und Forsten
MF	Ministerium für Finanzen
MfS	Ministerium für Staatssicherheit
MInn	Ministerium des Innern
MJu	Ministerium der Justiz
MSo	Ministerium für Sonderaufgaben (Entnazifizierung)
NL	Nachlass
NPD	Nationaldemokratische Partei Deutschlands
NS	Nationalsozialismus/nationalsozialistisch
NSDAP	Nationalsozialistische Deutsche Arbeiterpartei
OEZ	Olympia Einkaufszentrum (München)
OLG	Oberlandesgericht
SA	Sturmabteilung
SPD	Sozialdemokratische Partei Deutschlands
StA	Staatsarchiv
StGB	Strafgesetzbuch
Stasi	Staatssicherheitsdienst
SZ	Süddeutsche Zeitung
UNO	United Nations Organization
USA	United States of America
VfZ	Vierteljahrshefte für Zeitgeschichte
ZDF	Zweites Deutsches Fernsehen
ZfG	Zeitschrift für Geschichte

Namenregister

(Max Brunnwieser, sprich der anonymisierte Name des Todesschützen, wurde nicht in das Namenregister aufgenommen.)